房地产估价

主　编　左　静　刘昌斌
副主编　张力成　佟世炜　张东华

北京理工大学出版社
BEIJING INSTITUTE OF TECHNOLOGY PRESS

内 容 提 要

本书为适应房地产类专业教学改革和房地产估价行业发展的需要而编写。全书共分十章，第一～三章为估价理论部分，包括房地产与房地产估价、房地产价格、估价原则与估价程序；第四～九章为估价方法部分，包括比较法、收益法、成本法、假设开发法、长期趋势法和土地估价方法；第十章是房地产估价案例。章后有思考题和练习题，书后附全国房地产估价师执业资格考试题。

本书可以作为高等院校房地产类相关专业教材，也可以供房地产估价及相关专业人员自学参考。

图书在版编目(CIP)数据

房地产估价/左静，刘昌斌主编.—北京：北京理工大学出版社，2016.2

ISBN 978-7-5682-1624-1

Ⅰ.①房…　Ⅱ.①左…　②刘…　Ⅲ.①房地产价格－估价－高等学校－教材
Ⅳ.F293.35

中国版本图书馆CIP数据核字(2015)第311542号

出版发行 / 北京理工大学出版社有限责任公司
社　　址 / 北京市海淀区中关村南大街5号
邮　　编 / 100081
电　　话 / (010)68914775(总编室)
82562903(教材售后服务热线)
68948351(其他图书服务热线)
网　　址 / http://www.bitpress.com.cn
经　　销 / 全国各地新华书店
印　　刷 / 北京紫瑞利印刷有限公司
开　　本 / 787毫米×960毫米　1/16
印　　张 / 16.5
字　　数 / 359千字
版　　次 / 2016年2月第1版　2016年2月第1次印刷
定　　价 / 48.00元

责任编辑 / 钟　博
文案编辑 / 钟　博
责任校对 / 周瑞红
责任印制 / 边心超

编委会名单

编写说明

高等教育教材建设工作，对“提高人才培养质量”有着至关重要的作用。

为全面推进高等教育教材建设工作，将教学改革的成果和教学实践的积累体现到教材建设和教学资源统合的实际工作中去，以满足不断深化的教学改革的需要，更好地为学校教学改革、人才培养与课程建设服务，北京理工大学出版社搭建了平台，组织辽宁石油化工大学等18所院校共同参与编写了本系列教材。该系列教材由参与院校院系领导、专业带头人等组建的编委会组织主导，经北京理工大学出版社及18所院校土建大类专业学科各位专家近两年的精心组织，以创新、合作、融合、共赢、整合跨院校优质资源的工作方式，结合各院校对土建大类专业学科和课程教学理念、学科建设和体系搭建等研究建设成果，以及当前工程建设的形势和发展编写完成。

本系列教材力求结构严谨、逻辑清晰、叙述详细、通俗易懂。全书有较多例题，便于实践教学和自学，同时注意尽量多给出一些应用实例；可供各高等院校土建类专业师生学习和使用，也可供广大工程技术人员参考。

辽宁省18所院校土建学科建设及教材编写专委会和编委会

前言 FOREWORD

房地产估价是房地产市场发展的必然产物，也是房地产市场走向成熟的重要标志之一，在房地产的开发、经营、管理等各方面中均起到重要的作用，也逐渐被行业所重视。而房地产估价工作正常开展，需要一大批专业的房地产估价从业人员，他们不仅具有良好的职业道德，而且掌握估价理论知识和操作技能。为此，我们以高等院校学生教育培养为目的，结合房地产估价机构实际工作，依据国家教指委的专业教学基本要求和估价师职业资格要求，编写了本教材。

本教材以岗位需求和职业能力标准为依据，一方面注重实用性，教材内容以房地产估价规范为指南，与行业标准紧密接轨；另一方面注重在校学生的技能培养和专业技术实践能力的训练，在重要章节后设计了相关的实训题目，供高等院校师生参考和选用。

本教材由左静、刘昌斌担任主编，张力成、佟世炜、张东华担任副主编。具体编写分工为：张力成编写第一、二章，张东华编写第五章，刘昌斌编写第六、七章，佟世炜编写第八、九章及附录，左静编写第三、四、十章并负责全书的统稿工作。

本教材在编写过程中参考了大量的国内外相关文献资料及同类教材，重点参考了中国房地产估价师执业资格考试辅导教材，在此谨向这些作者及编写单位表示衷心的感谢！感谢北京理工大学出版社，没有出版社领导的支持及其他相关工作人员的辛勤付出，此书不得出版并面世。另外，本书在编写过程中，得到了相关单位领导和同事的大力支持，还有家人、朋友的关心和帮助，在此一并致谢！

由于作者的学识、水平和能力有限，书中谬误之处难免，恳请专家和广大读者批评指正。

编　者

目录 CONTENTS

第一章　房地产与房地产估价

知识目标

1. 熟悉房地产的概念和存在形态；
2. 熟悉房地产的特性和类型；
3. 掌握房地产描述的内容；
4. 熟悉房地产估价要素；
5. 掌握房地产估价师职业道德。

能力目标

1. 能够正确进行房地产的分类；
2. 能够正确描述房地产的基本状况；
3. 能够正确计算房地产的主要指标。

第一节　房地产

学习房地产估价，首先要了解房地产估价对象是什么，如果对估价对象——房地产没有正确的认识和深入的了解，那么房地产估价理论的学习，便无从谈起。

一、房地产的概念

房地产是房产和地产的总称。因其不可移动的特征，也称为“不动产”，中国香港又称“物业”。如果给房地产下个完整的定义应该是这样的：房地产是土地、建筑物和其他土地附着物，是实物、权益和区位的结合体。下面我们来了解房地产的各个组成部分。

(一)实物形态

房地产的实物形态包括土地、建筑物和其他土地附着物。它是指看得见、摸得着的部分，对建筑物而言是指外观、结构、材质、设备、装修等，对土地而言是指形状、平整程度、基础设施完备程度等。两宗权益、区位状况相同的房地产，如果在建筑结构、设备、装修、空间布局、新旧程度等方面不同，其价值也会不同，甚至会有很大的差异。可见，房地产实物状况对房地产价值有很大的影响。

1. 土地

从房地产估价的角度看，土地是一个立体的三维空间。其空间范围可分为三层：地球表面，称为地表；地球表面以上一定范围内的空间，称为地上空间；地球表面以下一定范围内的空间，称为地下空间。

一宗土地的水平范围，是指该土地在地表上的“边界”所围合的区域。这个“边界”是以权属界线组成的封闭曲线。土地的自然实物形态是连绵无垠的，本身无范围可言，但因为人们在地表上人为的“划野分疆”，所以形成了一块一块或一宗一宗的土地，也使每块或每宗土地有了平面界址、形状和面积。

一宗土地的地上纵深范围，通常以飞机的飞行高度为限，地下空间的深度以人类的能力所及为限。另外，地下资源、埋藏物等，法律可能规定属于国家或他人，也允许以出售、出租等方式将相应权益转让他人。

2. 建筑物

建筑物有狭义和广义两种含义。狭义的建筑物主要指房屋，不包括构筑物；广义的建筑物是指人工建筑而成的所有东西，不仅包括房屋，还包括构筑物。在房地产估价中一般将建筑物作为广义理解。

房屋是指有基础、墙、顶、门、窗，能够遮风避雨，供人在内居住、工作、学习、娱乐、储藏物品或进行其他活动的空间场所；构筑物是指房屋以外的建筑物，人们一般不直接在内进行生产和生活活动，如烟囱、水塔、水井、道路、桥梁、隧道、水坝等。

3. 其他土地附着物

所谓其他土地附着物是指土地上除建筑物以外的自然物体和人造物体。自然物体如花草树木、矿物等，人造物体如埋设在地下的水管、电线、暖气设施，建造在地上的围墙、假山、水池等。这些物体附着或嵌入土地或建筑物之中，通过有效的手段与主体部分结合为一体。如果将其剥离则会破坏土地或建筑物的完整性，会使土地或建筑物的价值明显减损，一般随着土地或建筑物的转让而一并转让。

在现实估价中，这些附着物往往被视为土地或建筑物的组成部分。

(二)权益体系

随着经济的发展，房地产的权益逐步衍生。房地产所代表的社会财富比重越来越大，在房地产实物上往往附带着越来越多的权利，如所有权、使用权、租赁权、抵押权等，房地产从法律意义上看，本质上是一种财产权利，这种财产权利是指寓含于房地产实体中的各种经济利益以及由此而形成的各种权益，这些权益构成了一个体系。于是，权益便成为房地产内容的组成部分。

房地产的权益是指无形的、不可触摸的部分，是基于房地产实物而衍生出来的权利、利益和好处。“房地产”中的“产”，就是将“房地”看成一项抽象化的财产。我国目前的房地产权益中，地产主要有土地所有权、建设用地使用权、宅基地使用权、土地承包经营权、地役权、抵押权和租赁权等。房产权益可以单独行使，主要有所有权、使用权、抵押权和租赁权等。房地产权利的完整程度、权利期限对房地产价值的影响很大，可以说，房地产价值的实质就是权益价格。

(三)区位因素

房地产的区位是指一宗房地产与其他物体在空间方位和距离上的关系，房地产始终处于一定的地理环境中，与区位的影响因素密不可分，包括位置、交通条件、外部配套设施、周围环境等。对区位的评价是一个综合的结果，除必须关注房地产的地理坐标外，还要考虑它的其他影响因素，而且这些因素的作用在不停地变化，如通信和交通技术的飞速发展，使人们过去的距离感在迅速缩短，过去很不方便的地方，可能区位条件很快得到改善。一个好的区位，也可能受环境污染的影响，变得很糟。

人们越来越关注房地产的区位条件，两宗实物和权益状况相同的房地产，如果区位不同，价值会有很大的差异。区位对房地产价值具有决定性的影响，于是区位便成为房地产内容的又一组成部分。

所以，在理解房地产的概念时，要同时考虑它的实物形态、权益体系和区位因素。

二、房地产的存在形态

(一)土地

土地作为房地产的一种存在形态，往往是指单纯的土地。在评估土地价值时，即使土地上有建筑物，也需要把土地作为独立的部分单独看待。如为确定划拨土地使用权进入市场需要补交土地使用权出让金时，就需要单独评估土地的价值。如何单独看待有建筑物的土地，具体做法有两种：一是无视建筑物的存在，将其设想为空地；二是考虑建筑物的存在对土地价值的影响，如待拆迁房屋对该土地的价值会有减价的影响。

(二)建筑物

建筑物作为房地产的另一种存在形态，往往是指单纯的建筑物，不包含土地部分。尽管建筑物与土地不可分离，但在特定情形下，可以把建筑物单独看待。如在房地产投保火灾险时评估其保险价值，就需要单独评估建筑物的价值。如何单独看待建筑物，具体做法有两种：一是无视土地的存在，将其设想为“空中楼阁”；二是考虑土地的存在对建筑物价值的影响，如在较偏僻的地方建造商场，该商场因土地位置较差不能充分发挥效用而导致市场价值较低。

(三)房地

房地即房与地的结合体，是指土地与建筑物合在一起时的情形，是较为常见的房地产存在形态。此时不仅土地与建筑物在实物上是合在一起的，在估价时也需要把它们作为整体看待。

三、房地产的特性

房地产除具有财产的一般属性外，还具有特殊的属性，其特殊性导致房地产的存续、使用及交易也具有特殊的属性。由于土地是房地产的根本，因此房地产的特性是以土地的特性为基础的。学习房地产估价必须对房地产的特性，尤其是土地的特性有全面、深入的了解。房地产具有自然和经济两方面属性。

(一)自然属性

房地产的自然属性决定于土地的自然属性，土地是大自然的产物，本身具有自然特征。具体包括以下几项。

1. 位置固定

每块土地都是位置固定的一个立体空间，与相邻空间的位置是固定不变的，所以房地产又称“不动产”，不可移动性是房地产最重要的一个特性，也是房地产不同于其他财产的最主要特征。

土地空间内的土壤、砂石及附着物等虽然可以移动、搬走，但是作为完整意义上的土地空间依然存在且位置不变。土地上的建筑物由于像树木“扎根”于土地之上，其位置通常也是固定的，不能移动。随着新技术的发展，已经可以对建筑物实施整体“平移”，但是我们要清楚，建筑物被移动的情况代价巨大，从经济角度看，是得不偿失的，往往是不得已而为之，很少应用。被移动的建筑物与原土地分离后，因为土地已经不再是原来的土地，作为房地产整体来说已经不再是原来的房地产。

值得注意的是，房地产的自然地理位置虽然固定不变，但其社会经济位置却是可以改变的。因为对外交通、外部配套设施等的变化，均可以影响房地产的社会经济位置。

2. 非同质化

房地产的非同质化特点，也称为独特性、个别性、差异性，是由房地产的不可移动性派生而来的。房地产的不可移动特性，决定了任何一宗房地产都会具有独一无二的空间位置，即使两宗房地产的物质实体一模一样，因为空间位置不同，也会造成差异。可以说，没有完全相同的两宗房地产。房地产的这种非同质化特点表现在以下几个方面：

(1)从大范围上看：房地产的不可移动特性，决定了任何一宗房地产只能就地开发、利用或消费，并且要受制于其所在的空间环境，如当地的制度政策、社会经济发展状况及邻里关系等。由于人们无法把房地产从低价地区搬到高价地区，所以房地产市场只能是地区性市场，而不是全国性市场，更不是全球性市场。

(2)从不同的区位角度看：每宗房地产的日照、温度、湿度、交通、景观以及与重要场所(如市中心)的距离、外部配套设施、周围环境等，均处于相对稳定的状态，从而形成独有的自然地理位置和社会经济位置，使得不同区位的房地产有优劣之分。

(3)从同一区位的角度看：同一区位的房地产也会有位置、朝向、地形、地势、日照、温度、湿度、景观等方面的差异，如一栋楼的上下两个相邻的单元，它们的日照时间都会有一定差异。

由于房地产的独一无二的特性，房地产市场不能实现完全竞争，房地产价格千差万别，使得房地产之间不能彼此完全替代，因此，房地产交易就不适宜采取看样品交易的方式。如商品房交易，购房者看样板房、沙盘、售楼书、照片等，只是作为了解产品的辅助手段，想要全面了解产品，还是要到楼盘所在地去观察、感受和体验。由于房地产这一特性，要求房地产估价必须进行实地查勘。

3. 使用期长

对土地而言，使用期长也称为不可毁灭性或永续性。只要对土地进行适当的保护，土地的生产力或利用价值一般就不会丧失，能够一次又一次地被反复利用，可以说，土地的使用是无期限的。而建筑物虽然不像土地可以无限循环使用，但其寿命通常可达数十年甚至上百年，也称为耐久性。在正常情况下，建筑物很少发生自然倒塌，通常是为了土地的更好利用或更高价值才会被拆除。由于使用期限长久，房地产可以为其拥有者带来持续不断的利益，因此，房地产可以作为长期投资对象。

房地产的使用期限决定于国家的土地制度。从中国来看，由于土地使用权是有期限的，因此，房地产的寿命受到土地使用权期限的制约。目前，我国建设用地使用权出让的最高年限：居住用地为70年；工业用地为50年；教育、科技、文化、卫生、体育用地为50年；商业、旅游、娱乐用地为40年；综合或者其他用地为50年。以出让方式取得建设用地使用权的，转让房地产后，受让人的使用期限不得超过原出让合同约定的使用期限减去原土地使用者已经使用期限后的剩余期限。建设用地使用权期满，除住宅建设用地使用权自动续期外，非住宅建设用地使用权人未申请续期或者虽然申请续期但未获批准的，建设用地使用权由国家无偿收回。了解使用期限对房地产估价有重要的意义，如坐落位置很好、建筑物状况也很好的房地产，可能由于土地使用期限较短而降低房地产的价值。

(二)经济属性

房地产的经济属性是指人类在开发、使用房地产过程中所表现出的特征。具体包括：

1. 供给稀缺

土地是大自然的产物，不是人工生产的，属于不可再生资源。而地球表面积基本上是固定不变的，因此，地球上土地总供给量不能增加。土地的这种特性称为有限性、不可再生性。人类历史上，有过“填海、填湖造地”的行为，可以微量增加土地使用面积，但这种“造地”行为，代价高昂，面积不可能很大，其数量相对于现存的土地数量来说可以忽略。

由于土地供给的稀缺，导致建筑物的数量也是有限的，尤其是好地段上的建筑物更是有限，这使得房地产具有独占性。一宗特定位置尤其是好位置的房地产被人占有以后，占有者可以获得生产或生活的场所，享受特定的光、热、空气、雨水和风景(如海水、阳光、沙滩)，或者可以支配相关的自然资源和生产力，而他人无法拥有这些，除非支付相当的代价购买，这就是房地产价格产生的原因。

随着人类社会的发展和人民生活水平的提高，人类社会对各类房地产用地的需求不断增加，于是，产生供给有限与需求不断增长之间的矛盾，最终导致土地价格不断上涨。

2. 投资巨大

城市中的房地产，不仅单价较高，而且每项房地产的总值巨大。从单价来看，每平方米土地或每平方米建筑面积房屋的价格，低则数千元，高则上万元甚至十几万元，繁华商业地段经常有“寸土寸金”之说。从总价来看，每项房地产都有一定的规模(如一定的面积)，单元划分后，不可以按照平方米之类的小单位零星交易，因此，一项房地产通常为上百万元、上千万元、上亿元以及更多。可供利用的一块土地或一套住房的价值，比一件家具或一台电视机的价值要大得多，对普通居民来说，购买一套普通商品住宅通常需要花费其一生的积蓄。因为单项价值巨大，房地产的管理、投资、交易等行为，必然与普通商品体现出不同的特点。

3. 用途广泛

一幅土地往往有多种用途，既可以用于农业生产，也可以用于工业、商业、住宅、交通运输、公共建设等。在不同用途中还可以选择不同的利用方式，如居住用途有普通住宅、高档公寓和别墅；公寓中有老年公寓、青年公寓和学生公寓；既可以建平房也可以建多层或高层建筑。用途广泛主要是空地所具有的特性，土地一旦被开发完毕，再改变用途就比较困难。在市场经济中，房地产拥有者为了取得更高的回报，往往将土地用于高收益的用途，土地收益从高到低的顺序一般是：商业、办公、居住、工业、耕地、牧地、森林、毛地、荒地。房屋的用途，在一定的范围内，也可以变化，如将临街的住宅改为门市。

房地产虽然具有用途广泛的特性，但现实中房地产的用途并不是其拥有者可以随意决定的。房地产的开发和利用，一方面要符合国家法律和城市规划等的规定；另一方面存在着不同用途之间的竞争和优选。

4. 环境影响

由于土地是自然联结在一起的，不能移动和分割，因此，每宗房地产都具有了特定的环境条件。这些环境因素构成房地产的外部影响因素，即经济学上所讲的“外部性”。相邻房地产之间互为环境因素，它们的用途、建筑高度、外观，配套设施等状况通常会影响对方。因此，房地产的价值不仅与其本身的状况有关，还受周围房地产的用途和开发利用情况的影响。这种影响可分为有利影响和有害影响。凡是改善环境条件的，均会提高其价值，即为有利因素，如在一幢住宅附近建花园、开辟绿地，或建造一个购物中心，完善交通；凡是破坏环境条件的，均会降低其价值，即为不利影响，如在其附近建有污染项目或减少绿地等。

正是由于房地产具有相互影响性，产生了“相邻关系”，所以法律规定“不动产的相邻权利人应当按照有利生产、方便生活、团结互助、公平合理的原则，正确处理相邻关系。”

5. 政策限制

现代社会中，房地产行业越来越重要，是各种生产、生活活动都不可缺少的基础要素，关系到民生及社会、经济的稳定，所以，房地产不可能完全依靠市场自由调节。世界上几乎所有的国家和地区，对房地产的利用、交易等都有一些限制，甚至是严格管制的。

政府对房地产的限制和管制，一般是通过制定法律、法规、政策来规范房地产行业。政府制定法律、法规、政策，保障国家、地方政府和公众利益，协调国家、团体和个人利益。如为了保障国家利益、增加财政收入等，可以对房地产征税或提高房地产税收；为了社会公共利益的需要，如修公路、建学校等，可以强制、有偿地取得单位和个人的房地产所有权或使用权，如土地征用、征收和房屋拆迁便属于这种情况；为了保障个人安全、健康、道德和一般福利，通过制定城市规划，可以直接对房地产用途做出限制，通过城市规划对土地用途、容积率、建筑高度、建筑密度、绿地率等做出规定，限制在居住区内建设某些工业或商业设施等。

6. 流动性差

由于房地产差异化，导致房地产交易选择困难；由于房地产单项价值巨大，需要筹集的资金也同样巨大；由于政策的限制，导致交易手续较复杂、交易税费较多。以上原因，使得同一宗房地产的买卖不会频繁发生，一旦想出售，往往需要数月甚至一两年才能找到合适的买者，讨价还价的时间一般也较长，通常需要较长的时间才能脱手，所以房地产与其他财产相比，流动性差，难以变现。

通过房地产快速筹措资金可以有两种途径：一种是可以用一定幅度的折扣为代价，将房地产尽快变现；另一种是可以采取房地产抵押贷款的办法，取得一定比例的贷款，一般贷款比例在房地产市价的七折以下。影响某宗房地产变现能力的因素主要有以下几项：

(1)通用性。市场竞争导致的结果是：通用性强的房地产会有更多的买主，容易变现；通用性差的房地产则买主少，变现能力会较弱。如大户型住宅比小户型住宅变现能力弱；厂房通常比住宅的变现能力弱；厂房中，特殊厂房通常比标准厂房的变现能力弱。

(2)独立性。房地产的独立性，表示使用者能否单独地使用而不受限制，独立程度越强，使用者越方便，越容易获得利益。如我们租用同样面积的厂房，独门独院的厂房就方便，而大厂区内划分出的厂房就不方便，受到整个环境的影响。通常情况下，独立使用性越差的房地产，越妨碍房地产的使用，变现能力会越弱。

(3)分割性。房地产的分割是指分离使用，既可以是空间上的分割、也可以是权益上的分割。可以或容易分割转让的房地产，变现能力较强；反之，变现能力较弱。

(4)区位条件。通常情况下，区位条件越好的房地产，变现能力越强，所处位置越偏僻、越不成熟区域的，变现能力越弱。如商圈外的商业用房通常比商圈内的商业用房变现能力弱。

(5)开发程度。因为房地产的受限性，通常情况下，开发程度越低的房地产，不确定因素越多，风险越大，变现能力越弱。如生地、毛地通常比熟地的变现能力弱，在建工程通常比现房的变现能力弱。

(6)总体价款。在遵循正常价格条件下，价值越大的房地产，购买所需要的资金越多，越不容易找到买者，变现能力越弱。如一大型商场通常比小店铺的变现能力弱。

(7)市场状况。人们买涨不买跌，房地产市场越不景气，出售房地产会越困难，变现能力就越弱。

7. 保值增值

房地产具有保值功能，是因为它能抵御通货膨胀。如果出现通货膨胀，就意味着货币贬值、购买力下降，而房地产的重置价格就会增加，增加部分能够抵消货币的贬值速度。

房地产具有增值功能，是由土地的有限性决定的。在人口增加、人均占有面积提高、城市基础设施需要不断完善的情况下，土地会变得越来越稀缺，需求与供给的矛盾会越来越大。从市场竞争角度看，稀缺资源会越来越值钱，因此，房地产的价值在大的趋势上，可以随着时间的推移而自然增值。

四、房地产的类型

房地产的类型可以根据不同的需要、不同的角度、不同的标准进行划分。以下列举其中主要的划分方式。

1. 按房地产用途划分

(1)居住房地产：是指供家庭或个人居住使用的房地产，包括各种住宅及用地。

(2)商业房地产：是指供商品流通使用的房地产。这里的商业，是指我国传统意义上的商品出售行业。这类房地产包括商场、商铺、购物中心、超级市场、批发市场等房产和用地。

(3)办公房地产：是指供处理公事使用的房地产，包括写字楼、行政办公楼及用地。

(4)旅馆房地产：是指供旅客住宿使用的房地产，包括饭店、酒店、宾馆、旅店、招待所、度假村等房产及用地。

(5)餐饮房地产：是指供人就餐使用的营业性房地产，包括酒楼、美食城、餐馆、快餐店等房产及用地。

(6)娱乐房地产：是指供人消遣使用的房地产，包括游乐场、娱乐城、康乐中心、俱乐部、夜总会、影剧院、高尔夫球场等房产及用地。

(7)工业和仓储房地产：是指供工业生产使用或直接为工业生产服务的房地产，包括工业厂房、仓库等房产及用地。

(8)农业房地产：是指供农业生产使用或直接为农业生产服务的房地产，包括农地、农场、林场、牧场、果园、种子库、拖拉机站、饲养牲畜用房等房产及用地。

(9)特殊用途房地产：包括车站、机场、医院、学校、教堂、寺庙、墓地等房产及用地。

(10)综合房地产：是指具有上述两种以上用途的房地产。

2. 按房地产开发程度划分

(1)生地：是指不具有城市基础设施的土地，如荒地、农地。

(2)毛地：是指具有一定城市基础设施，但尚未完成房屋拆迁补偿安置的土地。

(3)熟地：是指具有较完善的城市基础设施且土地平整，能直接在其上进行房屋建设的土地。按照基础设施完备程度，还可做如下详细划分：

1)“三通一平”的土地：是指具备了通路、通水、通电和场地平整的土地。

2)“五通一平”的土地：是指具备了道路、供水、排水、电力、通信等基础设施条件以及场地平整的土地。

3)“七通一平”的土地：是指具备了道路、供水、排水、电力、通信、燃气、供热等基础设施条件以及场地平整的土地。

(4)在建工程：也称未完工工程，是指处在某种开发建设阶段而尚未完成工程竣工验收的房地产。

(5)现房：是指已建造完成、可直接使用的房地产。因为房屋最能代表房地产，所以用现房代表所有完备的房地产。按照新旧程度，可分为新房和旧房，其中新房可分为毛坯房、粗装修房和精装修房。

3. 按是否产生收益划分

(1)收益性房地产：是指能够给所有者直接产生租赁收益或其他经济收益的房地产，如住宅、商店、写字楼、旅馆、餐馆、影剧院、游乐场、加油站、厂房、仓库、农地等。

(2)非收益性房地产：是指不能直接产生经济收益的房地产，如行政办公楼、教堂、寺庙等。

划分收益性与非收益性房地产可以帮助我们判断是否可以采取收益法进行估价。是否为收益性房地产，不是看它目前是否正在产生经济收益，而是看它是否具有产生经济收益的能力。如某套公寓目前尚未出租而空置着，但它仍属于收益性房地产，因为它具有产生收益的潜在能力，其收益可以通过与其相似公寓的收益推算。

4. 按经营使用方式划分

(1)销售房地产：如住宅、商住两用楼、写字楼等。

(2)出租房地产：如商超、连锁餐馆等。

(3)自营房地产：如旅馆、汽车加油站、影剧院等。

(4)自用房地产：如住宅、行政办公楼、学校、特殊厂房等。

当然有的房地产如住宅，既可以销售也可以出租或自用，适用的估价方法就有比较法、收益法以及成本法等多种估价方法。

这种分类对于选用估价方法十分有用，如出售的房地产可以采用比较法估价；出租或自营的房地产可以采用收益法估价；自用的房地产可以采用成本法估价。有的房地产如住宅，既可以销售也可以出租或自用。适用的估价方法有比较法、收益法以及成本法等多种估价方法。

五、房地产的描述

根据房地产的特性要求，我们需要对房地产的估价对象进行详细的描述，房地产的描述可以分解为房地产的基本状况描述、区位描述、实物描述和权益描述四大部分。

(一)基本状况描述

对房地产基本状况的描述，应简要说明以下几个方面。

1. 名称

说明估价对象的名字。例如，估价对象是地产：为××项目用地、××商场、××大厦；估价对象是房产：为××小区××楼(座、幢)××门(单元)××号住宅。

2. 坐落

说明估价对象的具体地点，例如，估价对象位于××市××区××路××号。

3. 四至

对于土地，需要说明估价对象的四邻，以表明具体方位。例如，估价对象东至××，南至××，西至××，北至××。

4. 范围

说明估价对象包括哪些财产和权益。因为在估价对象中，除本身包含的土地、房屋和其他附属物外；还可能包含配套的家具、机器设备；也可能涉及债权债务、特许经营权等。必须分清哪些项目包含在房地产的范围内。

5. 规模

说明估价对象的主要面积指标。对于土地，说明总面积；对于建筑物，一般说明建筑面积或者套内建筑面积、使用面积等；另外，还要根据估价对象具体情况说明能够表明规模的相关“数量指标”，如旅馆要说明客房数或床位数；餐馆要说明可容纳的用餐人数；影剧院要说明座位数等。

6. 用途

说明估价对象的规划用途、实际用途、登记用途和预期用途。

7. 权属

因为土地权益比较复杂，需要比较详细的说明土地的权益状况。主要说明是国有土地还是集体土地，土地使用权是建设用地使用权、宅基地使用权还是土地承包经营权，权利人是谁；对于建设用地使用权，还要说明是出让的还是划拨的或者是其他情形。对于房屋所有权，主要说明房屋所有权人。

(二)区位描述

房地产区位描述包括位置、交通、周围环境、景观和外部配套设施的描述。

1. 位置描述

对位置的描述，主要说明以下几个方面：

(1)坐落：说明估价对象具体地点，还应附上位置图。例如，估价对象位于××市××区××路××号。

(2)方位：说明估价对象在某个区域中的方向和位置。例如，估价对象位于××市中部，××路口东北角，××路西侧。

(3)距离：说明估价对象与重要场所的距离。例如，估价对象距离市中心××公里，距离火车站××公里，距离机场××公里。

(4)朝向：说明估价对象建筑物的正门或房间的窗户等正对着的方向，如“坐北朝南”。

(5)楼层：当估价对象为某幢房屋中的某层、某套时，说明其所在的楼层。例如，估价对象位于××大厦地上12层。

2. 交通描述

对于交通条件的描述，主要说明以下几个方面：

(1)道路状况：说明附近有几条道路，到达这些道路的距离，各条道路的路况，有无过路费、过桥费及收费标准。

(2)可利用的交通工具：说明附近公交线路的数量，到达公交站点的距离，公交班次的疏密等。例如，附近有××路公共汽车经过，距离公共汽车站约××米(步行约××分钟)，平均每隔××分钟有一辆公共汽车通过。

(3)交通管制情况：说明是否为步行街、单行道；是否有某些车辆被限制通行，限制通行的时间、限制行车速度等情况。

(4)停车方便程度和收费标准：说明有无停车场、车位数量、到停车场的距离等。

3. 周围环境和景观描述

对于周围环境和景观的描述，主要说明自然环境、人文环境和景观三个方面。

(1)自然环境：说明环境是否优美、整洁，有无空气污染、水污染等。对于住宅，需要说明周边有无高压输电线路、无线电发射塔、垃圾站等。

(2)人文环境：说明估价对象所在地区的声誉、居民特征、治安状况、相邻房地产的利用状况等。

(3)景观：如有无山景，有无海景、江景、河景、湖景等。

4. 外部配套设施描述

房地产外部配套设施包括基础设施和公共服务设施两个方面。

(1)基础设施：说明道路、供水、排水、供电、供气、供热、通信等的完备程度。

(2)公共服务设施：说明教育、医疗卫生、文化、体育、商业服务、金融、邮电、社区服务、市政公用和行政管理等设施的完备程度。

(三)实物描述

对房地产实物状况的描述，一般分为土地和建筑物两大部分。

1. 土地实物描述

对土地进行实物描述，主要说明以下几个方面：

(1)土地面积：通常以平方米(m^2)为单位，面积较大的多以公顷(hm^2)为单位。

(2)土地形状：通常用文字并附图来说明。土地均是封闭多边形，其文字上的描述，如“形状规则”“长方形”等。

(3)地形：说明是平地还是坡地等。

(4)地势：说明该宗土地与相邻土地及道路的高低关系、自然排水状况、被洪水淹没的可能性等。

(5)土壤：说明土壤是否受过污染，是否为垃圾填埋场，是否为化工厂原址等。

(6)地基(地质)：说明地基的承载力和稳定性，地下水位和水质，有无不良地质现象，如崩塌、滑坡、泥石流等。

(7)土地条件：说明土地的开发程度，包括基础设施完备程度和场地平整程度，即通常所说的是“三通一平”“五通一平”“七通一平”及其具体内容等。

(8)其他：如临街商业用地要说明其临街宽度、临街深度和宽深比。农用地要说明其排水和灌溉等。

2. 建筑物实物描述

对建筑物实物的描述，主要说明以下几个方面：

(1)建筑规模：根据建筑物的使用性质说明其面积、体积等。面积类别有多种，如房屋建筑面积、套内建筑面积、使用面积、居住面积、营业面积、可出租面积等。房屋建筑面积和套内建筑面积的计算公式如下：

房屋建筑面积＝套内建筑面积＋分摊的共有建筑面积

套内建筑面积＝套内房屋使用面积＋套内墙体面积＋套内阳台建筑面积

【例 1-1】 某套住宅总价为 75 万元，套内建筑面积为 130 m^2，套内墙体面积为 20 m^2，分摊的共有建筑面积为 20 m^2。求该套住宅每平方米建筑面积的价格。

【解】 依据公式得出：

房屋建筑面积＝套内建筑面积＋分摊的共有建筑面积

＝130＋20＝150(m^2)

该套住宅每平方米建筑面积价格＝750 000÷150

＝5 000(元/m^2)

(2)层数和高度：说明建筑物的总层数和总高度。建筑物通常根据层数或总高度来划分。

住宅按照层数划分：1～3 层为低层住宅，4～6 层为多层住宅，7～9 层为中高层住宅，10 层以上(含 10 层)为高层住宅；公共建筑及综合性建筑按照建筑总高度划分：总高度超过 24 m 的为高层；不论何种建筑物，建筑总高度超过 100 m 的均称为超高层建筑。

(3)外观：是指外立面风格等，应附外观照片来说明。

(4)建筑结构：是指建筑物中由承重构件(基础、墙体、柱、梁、楼板、屋架等)组成的体系。一般分为钢结构、钢筋混凝土结构、砖混结构、砖木结构和简易结构。

(5)设施设备：说明给水、排水、采暖、通风与空调、燃气、电梯、电气等设施设备的配置情况及性能。

(6)装饰装修：说明是毛坯房还是装修房。如果有装饰装修，还要说明墙面、顶棚、地面、门窗等部位的装饰装修程度，所用材料及工程质量等。

(7)防水、保温、隔热、隔声、通风、采光、日照。

(8)层高和室内净高：层高是指上下两层楼面之间的垂直距离；室内净高是指地面至上部楼板底面之间的垂直距离。

(9)空间布局：说明空间分区以及各个空间的交通流线是否合理，并附房产平面图、户型图等来说明。

(10)年龄和设计使用年限：对于建筑物年龄，最好说明开工日期、竣工日期或建成年月。设计使用年限是指设计规定的建筑物的结构或构件，在正常情况下无须大修就可以按预定目的使用的时间。

(11)维护情况及完损程度：说明基础的稳固程度和沉降情况，地面、墙面、门窗的破损情况等。

(12)其他：说明可间接反映建筑物实物状况的有关情况，如建设单位等。对于在建工程或期房，还要说明其工程进度、预计竣工日期等。对于商业用房特别是临街铺面房，还要说明其面宽、进深和宽深比。

(四)权益描述

1. 土地权益描述

对土地权益的描述，主要说明以下几个方面：

(1)土地所有权：说明是国有土地还是集体土地。对于集体土地，说明土地所有权由谁行使，如“估价对象土地为农民集体所有，由××村民委员会代表集体行使所有权”。

(2)土地使用权：说明是建设用地使用权还是宅基地使用权，或者是土地承包经营权，权利人是谁。对于建设用地使用权，说明是通过出让方式还是划拨方式取得。对于出让的建设用地使用权，说明土地使用期限及其起止日期、剩余期限、可否续期。

(3)土地使用管制：说明是农用地、建设用地还是未利用地，城市规划对土地用途、容积率、建筑高度和建筑密度等的规定。

1)容积率是指一定地块内总建筑面积与建筑用地面积的比值，是反映和衡量地块开发强度的一项重要指标。用公式表示为：

$$容积率=\frac{总建筑面积}{建筑用地面积}$$

在一定地块内，如果各层建筑面积均相同，那么上述公式又可表示为：

$$总建筑面积=土地总面积\times建筑密度\times建筑层数$$

$$容积率=建筑密度\times建筑层数。$$

2)建筑密度又称建筑覆盖率，是指一定地块内所有建筑物的基底总面积占建筑用地面积的比率。用公式表示为：

$$建筑密度=\frac{建筑基底总面积}{建筑用地面积}\times100\%$$

【例 1-2】 某块土地总面积为 10 000 m^2，其上建筑物的基底面积为 6 000 m^2，建筑物的总建筑面积为 40 000 m^2，求容积率和建筑密度。

【解】

$$容积率=\frac{40\ 000}{10\ 000}=4$$

$$建筑密度=\frac{6\ 000}{10\ 000}\times100\%=60\%$$

【例 1-3】 某房地产的用地面积为 10 000 m^2，城市规划规定的容积率为 3，建筑密度为 30%。求该房地产设计的最大建筑基底面积和总建筑面积。

【解】 依据公式得出：

$$\begin{aligned}建筑基底面积&=用地面积\times建筑密度\\&=10\ 000\times30\%=3\ 000(m^2)\end{aligned}$$

$$\begin{aligned}总建筑面积&=用地面积\times容积率\\&=10\ 000\times3=30\ 000(m^2)\end{aligned}$$

(4)目前使用情况：说明土地利用现状，如土地上是否有房屋、林木等定着物；有无出租或占用情形。对于已出租的，说明承租人、租赁期限、租金水平等。

(5)其他权利设立情况：说明是否设立了抵押权、地役权等。

(6)其他特殊情况：要说明：①是否达到了规定的转让条件；②是否属于不得抵押或者不得作为出资的财产；③有无拖欠建设工程价款；④是否被列入征收、征用范围；⑤是否被依法查封、采取财产保全措施等限制；⑥土地取得手续是否齐全；⑦土地所有权或土地使用权的归属是否有争议；⑧是否为临时用地；⑨是否为违法占地。

2. 建筑物权益描述

对建筑物权益状况的描述，主要包括以下几个方面：

(1)房屋所有权：说明房屋所有权人；是单独所有、共有还是区分所有。

(2)出租或占用情况：说明有无出租、占用的情形。对于已出租的，说明承租人、租赁期限、租金水平等。

(3)其他权利设立情况：说明是否设立了抵押权、地役权等。

(4)其他特殊情况：说明是否达到了规定的转让条件；是否属于不得抵押的财产；有无拖欠建设工程价款等。

(5)其他：如物业管理情况，包括物业服务企业、物业服务费标准、管理规约等。

第二节 房地产估价

一、房地产估价的概念

现今社会，房地产已经成为人们交易和投资的主要对象之一，房地产价值和价格普遍受到关注，房地产估价也就成为房地产行业必须了解和掌握的一门学科。

房地产估价，通俗的理解就是估计房地产的价值或价格。对房地产估价，任何人都可以做。例如，你有一处房产要卖，你会估计一下房屋的价格然后将其投放市场。这种意义上的房地产估价，称为非专业房地产估价；然而，要想获得客观合理、具有公信力的估价结果，就需要专业房地产估价。专业房地产估价只能由具有房地产估价资质的专业机构和专业人员来完成。

从专业估价的角度讲，房地产估价可以这样表述：房地产估价机构接受他人委托，选派注册房地产估价师对房地产的价值或价格进行分析、测算和判断，并提供相关专业意见的活动。具体来说，房地产估价是指房地产估价机构接受他人委托，选派注册房地产估价师，为了特定目的，遵循公认的原则，按照严谨的程序，依据有关法规、政策和标准，在合理的假设下，采用科学的方法，对特定房地产在特定时间的特定价值或价格进行分析、测算和判断并提供相关专业意见的活动。

与非专业的房地产估价相比，专业的房地产估价具有以下特点：

(1)由专业人员和专业机构完成。专业估价机构是指具备足够数量的专业估价人员等条件，专门从事有关估价活动的单位。专业估价人员是指具有估价专业知识和经验，专门从事有关估价活动的个人。

(2)提供专业意见。专业估价提供的意见不是用直觉或者仅凭经验得出的，而是按照严谨的程序，采用科学的方法，经过审慎的分析、测算和判断得出的，较客观合理。

(3)具有公信力。专业估价由于是专业估价机构和专业估价人员完成，估价结果较客观合理，所以具有证明效力，能使人们信服、认可或接受。

(4)实行有偿服务。专业估价是接受他人委托而提供的一种有偿服务，要向委托人收取一定的费用。

(5)承担法律责任。专业估价机构和专业估价人员要对其提供的估价结果负责，违反有关规定的，不仅会被责令限期改正，还会依法受到行政处罚，承担民事赔偿责任，甚至被追究刑事责任。

二、对房地产估价的正确认识

(1)房地产估价本质上是评估房地产的价值而不是价格。

从理论上来讲，价值与价格是有着严格区分的，价值是物的内在的真实所值，而价格是价值的外在表现。既然房地产估价是通过估价师的专业行为把房地产的内在所值表达出来，因此，对房地产评估的只能是房地产的价值而不是价格。

由于历史原因，中国在恢复房地产估价业务时采取了“价格评估”的称谓，而未采取“价值评估”的称谓。可谓习惯成自然，人们在多数场合，还是习惯于称“价格”而非“价值”，二者通常交换使用。

(2)房地产估价应是模拟市场定价而不是代替市场定价。

估价是提供关于价值或价格的专业意见，为相关当事人做出有关判断或决策提供参考依据；定价通常是相关当事人自己的行为，如卖方要价、买方出价在本质上是交易当事人自己决定的。房地产估价不应是估价师的主观随意定价，而应是估价师模拟大多数市场参与者的定价思维和行为，在充分认识房地产价格形成机制和过程的基础上，深入调查房地产市场行情，通过科学的分析、测算和判断活动，把客观存在的房地产价值揭示出来。换句话说，房地产估价是基于房地产价值本来就存在，估价师只是运用自己的专业知识和经验去“发现”或“探测”房地产价值，而不是去“发明”或“创造”房地产价值。

(3)房地产估价是提供价值意见而不是作价格保证。

人们通常认为，估价机构和估价师评估出的估价结果差不多应是在市场上可以实现的，否则就是估价失误。实际上，估价是估价师对估价对象价值或价格的专业意见，而不应被视为对估价对象在市场上可实现价格的保证。

估价可分为鉴证性估价和咨询性估价。鉴证性估价也称公证性估价、证据性估价，是为委托人向第三方证明或说服第三方而提供的估价，如为证券发行、房地产抵押贷款、房地产司法拍卖等提供参考依据的估价，通常属于鉴定性估价；咨询性估价也称参考性估价，是为委托人自己使用而提供的估价，如为委托人购买房地产确定出价提供参考的估价，通常属于咨询性估价。鉴定性估价承担的法律责任一般要大于咨询性估价承担的法律责任。

(4)房地产估价难免有误差，但误差应在合理范围内。

对估价准确性问题的认识，主要包括以下几点：

1)即使都是合格的估价师，也不可能得出完全相同的评估价值，因为估价师掌握的信息不可能完全相同，只能得出近似的评估值。

2)所有评估价值都有一定程度的误差，即评估价值＝真实价值＋误差。估价对象的真实价值只是理论上存在，实际中不可得知，因此，评估价值有误差是不可避免的。

3)应允许估价有较大的误差，但估价的误差又要适度。在英国和其他英联邦国家，在估价委托人起诉估价师的诉讼中，法官使用的误差范围通常是±10%，有时放宽到±15%，对于难度很大的估价业务甚至放宽到±20%。如果评估价值超出了误差范围，即可认为估价师有“专业疏忽”。

4)估价鉴定中一般不轻易直接评判一个评估价值的对与错及其误差大小，而是通过检查估价师和估价机构在履行估价程序方面是否有疏漏，以及估价依据是否准确、估价方法是否适用、估价参数是否合理等，间接地对估价结果予以肯定或否定。

(5)房地产估价既是科学又是艺术。

从事估价工作仅有理论知识还不够，必须有实践经验。因为房地产市场是地区性市场，各地的房地产市场行情和价格影响因素可能不同，而且影响房地产价格的因素众多，其中许多因素对房地产价格的影响难以准确把握和科学量化，因此房地产价值或价格不是简单地套用某些数学公式或数学模型就能够计算出的。针对不同的估价对象，如何选用适合的估价方法，如何对估价结果进行调整、分析和判断，体现了估价师对估价理论和方法的掌握程度以及对房地产估价的实务操作能力。因此，可以说房地产估价既是科学又是艺术。

三、房地产估价的必要性

1. 房地产估价有理论上的必要性

并不是所有的资产都需要专业的估价，只有同时具备“独一无二”和“价值量大”两个特性的资产才需要专业估价。房地产不仅具有不可移动性、独一无二性和价值高大等特性，而且房地产市场是典型的“不完全市场”，难以形成一般人容易识别的适当价格，需要估价师进行“替代”市场的估价工作，因此房地产估价是必要的。房地产估价有助于将房地产价格导向正常化，促进房地产公平交易，建立合理的房地产市场秩序。

2. 房地产估价有大量的现实需求

需要房地产估价的情形主要体现在以下几个方面：

(1)国有建设用地使用权出让。国有建设用地使用权出让有招标、拍卖、挂牌和协议等方式。无论何种出让方式，都需要对拟出让地块进行估价，为出让人确定各种出让底价提供参考依据，或者为受让人确定出价(受让价)提供参考依据。

(2)房地产转让和租赁。由于房地产价值量大，如果转让价格和租金偏离正常市场价格，都会使某一方遭受较大损失。为此，交易当事人往往需要房地产估价为其确定转让价格、租金等提供参考依据。

(3)房地产抵押贷款。房地产抵押是指债务人或者第三人不转移房地产的占有，将该房地产作为债权的担保，当债务人不履行到期债务时，债权人有权依法将该房地产拍卖或变卖，用所得价款优先受偿。为了知道房地产的抵押价值，债权人需要房地产估价，为其确定抵押贷款额度提供价值参考。

(4)房地产征收、征用补偿。尽管征收、征用是为了公共利益的需要，具有一定的强制性，但必须依法给予合理的补偿，维护被征收人的合法权益。而确定征收、征用的补偿金额，就需要房地产估价提供参考依据。

(5)房地产分割。作为家庭财产的实物形态，房地产一般不宜实物分割，而是适宜采取折价或拍卖、变卖的方式，将所得价款进行分割，这就需要房地产估价机构对房屋进行估价。

(6)房地产损害赔偿。发生房地产损害的类型很多，如建筑物妨碍相邻建筑物通风、采光的；使他人房地产受到污染的；因工程质量缺陷造成房地产价值损失的等。各种类型的房地产损害均需要房地产估价为其确定赔偿或补偿金额提供参考依据。

(7)房地产争议调处和司法鉴定。在房地产强制拍卖、变卖、抵债、征收、损害赔偿等活动中，经常发生有关当事人对房地产价格、补偿金额等有异议的情况，这就需要权威、公正的房地产估价，为当事人调解、仲裁等提供相关的参考依据。

(8)房地产税收。有关房地产的税种很多，如房地产税、土地增值税、契税等，这些税收的计税依据通常是房地产价值或租金，因此需要房地产估价提供相关服务。

(9)房地产保险。房地产保险对房地产估价的需要，一是在投保时需要评估保险价值，为确定保险金额提供参考依据；二是在保险事故发生后需要评估所遭受的损失，为确定赔偿金额提供参考依据。

(10)房地产行政管理。房地产行政管理不仅包括房地产的实物管理而且包括房地产的价值管理，需要了解房地产的价值量及其增值或贬值的情况，这就需要房地产估价为其提供服务。

(11)企业有关的经济行为。如合并、分立、改制、上市、对外投资、资产重组、产权转让、租赁、清算等，往往需要对企业整体资产或者其中的房地产进行估价，为有关决策提供参考依据。

四、房地产估价师的职业道德

房地产估价师的职业道德是指房地产估价师在从事房地产估价的职业活动中，应当遵循的道德规范和行为规范。它要求房地产估价师以良好的思想、态度、作风和行为去从事房地产估价工作。

房地产估价师良好的职业道德，是维护房地产市场秩序的必备前提条件。如果没有良好的职业道德，不仅评估出的房地产价值难以客观公正，还会损害估价利害关系人的合法权益，会借着专业估价的外衣扰乱市场秩序，甚至会与估价委托人“合谋”坑害第三方的合法权益。因此，房地产估价师具有良好的职业道德是十分重要的。估价师和估价机构应遵守以下八项职责。

1. 正直诚实

不得作任何虚假的估价，不得按估价委托人或其他单位、个人的要求高估或低估，也不得按预先设定的价值或价格进行估价。

2. 利害回避

应回避与自己、近亲属、关联方及其他利害关系人有利害关系的房地产估价业务。

3. 胜任工作

不得承接超出自己专业胜任能力的估价业务，对于部分超出自己专业胜任能力的工作，应聘请具有相应专业胜任能力的专业人员或专业机构提供帮助，并应在估价报告中说明。值得强调的是，一个房地产估价师的职业道德应以专业能力为基础，专业能力不胜任本身就是对社会公众的不负责任，是一种不道德的行为。

4. 勤勉认真

对估价委托人提供的估价所依据的资料应进行审慎检查，应收集合法、真实、准确、完整的估价所需资料，并应对估价对象进行认真的实地查勘。

5. 保守秘密

应保守在执业活动中知悉的国家秘密、当事人的商业秘密和技术秘密，不得泄露个人隐私；应妥善保管估价委托人提供的资料，未经估价委托人同意，不得擅自将其公开或泄露给他人。

6. 尽职尽责

在估价假设等重大估价事项上，应向估价委托人详细说明，使估价委托人清楚了解估价的限制条件及估价报告、估价结果的使用限制。

7. 维护形象

应维护自己的良好社会形象和房地产估价行业声誉，不得采取迎合估价委托人或估价利害关系人不当要求、恶性低收费、给予回扣、贬低同行、虚假宣传等不正当手段承揽估价业务，不得索贿、受贿或谋取估价委托合同约定费用之外的其他利益。

8. 承担责任

不得允许其他个人和单位以自己的名义从事房地产估价业务，不得以估价者身份在非自己估价的房地产估价报告上签名、盖章，不得超出本机构的估价业务范围或以其他房地产估价师、房地产估价机构的名义从事房地产估价业务。

五、房地产估价要素

房地产估价活动的开展，需要具备基本的必要条件，这些必要条件，通常被称为估价要素。具体包括以下几项。

（一）估价当事人

估价当事人是与房地产估价活动有直接关系的单位和个人，包括房地产估价机构、注册房地产估价师和估价委托人。

1. 房地产估价机构

房地产估价机构是指依法设立并取得房地产估价机构资质，从事房地产估价活动的中介服务机构。目前，中国规定房地产估价机构应当由自然人出资，以有限责任公司或者合伙企业形式设立；法定代表人是注册后从事房地产估价工作 3 年以上的房地产估价师；资质等级由高到低分为一级、二级、三级、暂定期内的三级；不同资质等级房地产估价机构的业务范围根据估价目的划分，应当在资质等级许可的业务范围内从事估价业务，但不受地域范围的限制；房地产估价报告应当由房地产估价机构出具。

2. 注册房地产估价师

房地产估价师是指通过全国房地产估价师职业资格考试或资格认定、资格互认，取得房地产估价师职业资格的人员。其中，经过执业注册，从事房地产估价活动的房地产估价师，称为注册房地产估价师。一名合格的估价师应具有房地产估价扎实的理论知识、丰富的实践经验和良好的职业道德。

具有扎实的理论知识和丰富的实践经验，是对估价专业胜任能力的要求；具有良好的职业道德，是对估价行为规范的要求。仅有理论知识而缺乏实践经验，难以得出符合实际的估价结果；仅有实践经验而缺乏理论知识，难以对价值或价格做出科学深入的分析和解释。即使理论知识和实践经验都具有，但如果没有良好的职业道德，则估价结果难以客观、公平、合理。

3. 估价委托人

估价委托人是指委托房地产估价机构为其提供估价服务的单位或个人。委托人委托估价、取得估价报告的目的可能是给自己使用，如人民法院委托的司法拍卖估价报告是人民法院自己用于确定拍卖保留价；也可能是给特定的第三方使用，如借款人委托的抵押估价报告是借款人提供给贷款人（如商业银行）使用；还可能是给不特定的第三方使用，如上市公司委托的关联交易估价报告是上市公司披露给社会公众使用。

（二）估价目的

估价目的是估价委托人对估价报告的预期用途。通俗地说，估价目的是指委托人欲将估价报告做什么用，是为了满足何种需要。例如，是为房地产买卖方确定有关价格提供参考依据，还是为商业银行等债权人确定房地产抵押价值提供参考依据，或者是为确定拆迁补偿金额提供参考依据等。

任何估价项目都有估价目的，它来源于委托人的真实估价需要。一个估价项目通常只有一个估价目的。不同的估价目的将影响估价结果，因为估价目的不同，估价对象的范围、价值时点、价值类型、估价依据、估价方法以及估价应考虑的因素都可能不同。估价目的还限制了估价报告的用途，针对某种估价目的得出的估价结果，不能用于与其不相符的其他用途。

(三)估价对象

估价对象是所估价的房地产等财产或相关权益。现实中的估价对象是丰富多彩、复杂多样的。不仅是房屋、土地、构筑物等常见的估价对象，在建房地产、期房、已经灭失的房地产、房地产及其附属财产、以房地产为主的整体资产等都可能成为估价对象。

(四)价值时点

价值时点是所评估的估价对象价值或价格对应某一特定的时间。由于同一估价对象在不同的时间会有不同的价值或价格，所以必须指明是估价对象在哪个时间的价值或价格，这个时间就是价值时点。价值时点不是可以随意确定的，应根据估价目的来确定。它可能是现在、过去或将来的某个时间，通常为某个日期。

(五)价值类型

价值类型是所评估的估价对象价值或价格，包括价值或价格的名称、定义或内涵。同一估价对象可以有不同类型的价值，即同一估价对象的价值不是唯一的。价值类型主要有市场价值、投资价值、谨慎价值、快速变现价值、现状价值和残余价值。其中，市场价值是最基本、最常用的价值类型。

(六)估价依据

估价依据是作为估价的前提或基础的文件、标准和资料。它主要包括三个方面的文件、资料：一是有关法律、法规、政策和标准等，如《中华人民共和国物权法》《中华人民共和国城市房地产管理法》《中华人民共和国土地管理法》，以及《房地产估价规范》《房地产抵押估价指导意见》等；二是估价委托书和委托人提供的估价所需资料，如估价对象的面积、用途、权属证明、历史成交价格、运营收入和费用以及有关会计报表等资料；三是房地产估价机构、注册房地产估价师掌握和收集的估价所需资料。

(七)估价假设

估价假设是针对估价对象状况等估价前提所做的必要、合理且有依据的假设，包括一般假设、未定事项假设、背离事实假设、不相一致假设和依据不足假设。估价假设的作用一方面是规避估价风险，保护估价师和估价机构；另一方面是告知、提醒估价报告的使用者在使用估价报告时注意有关事项，保护估价报告使用者。

(八)估价原则

估价原则是估价活动所依据的法则或标准。估价原则主要包括独立、客观、公正原则；

合法原则；价值时点原则；替代原则；最高最佳利用原则。估价原则可以使不同的估价师对估价的基本前提具有一致性认知，对同一估价对象在同一估价目的、同一价值时点的评估价值趋于相同或相近。

(九)估价程序

估价程序是完成估价项目所需要做的各项工作的先后次序。估价程序包括受理估价委托、确定估价基本事项、制定估价作业方案、收集估价所需资料、实地查勘估价对象、选用估价方法进行测算、确定估价结果、撰写估价报告、审核估价报告、交付估价报告、估价资料归档等。

(十)估价方法

估价方法是测算估价对象价值或价格所采用的方法，包括比较法、收益法、成本法、假设开发法等。每种估价方法都有其适用的估价对象和条件，可以同时运用，相互补充。

(十一)估价结果

估价结果是通过房地产估价活动得出的估价对象价值或价格及提供的相关专业意见。由于估价结果通常对委托人很重要，委托人可能对估价结果有所期望，甚至设法进行干预。但因估价工作的客观公正性，估价师和估价机构不能在未估价之前征求委托人对估价结果的意见，也不能在完成估价之前与他们讨论估价结果，因为这些都有可能影响估价独立、客观、公正地进行；更不得为承揽估价业务而迎合委托人的高估或低估要求。

本章小结

本章主要介绍了房地产和房地产估价的基本内容。

房地产是集“实物、权益、区位”为一体的综合体；房地产的实物形态有土地、建筑物和房地；房地产具有自然和经济两类属性；房地产可以按照用途、开发程度和经营使用方式进行分类。

房地产估价是房地产估价机构接受他人委托，选派注册房地产估价师对房地产的价值或价格进行分析、测算和判断并提供相关专业意见的活动。专业的房地产估价的特征是：由专业人员和专业机构完成；提供专业意见；具有公信力；实行有偿服务；承担法律责任。

估价的基本要素包括估价当事人、估价目的、估价对象、价值时点、价值类型、估价依据、估价假设、估价原则、估价程序、估价方法、估价结果。

房地产估价师必须遵守房地产估价的职业道德。良好的职业道德，是维护房地产市场秩序的必备前提条件。

思考与练习

一、单项选择题

1. 房地产是指土地、建筑物及其他地上定着物。它是(　　)三者的综合体。

A. 房屋、利益、场所　　B. 实物、权益、区位

C. 土地、建筑物、权益　　D. 土地、建筑物、功能

2. 建筑容积率是指一定地块内建筑物的总建筑面积与(　　)的比值。

A. 建筑物用地面积　　B. 建筑物基底面积

C. 该块土地总面积　　D. 建筑物的总容积

3. (　　)也称建筑覆盖率，通常是指一定地块内所有建筑物的基底总面积与建筑用地面积的比率。

A. 建筑容积率　　B. 建筑面积率　　C. 建筑拥挤度　　D. 建筑密度

4. 如果某一地块上每幢建筑物上下各层的建筑面积均相同，则有：建筑容积率＝建筑密度×(　　)。

A. 土地总面积　　B. 建筑总面积

C. 建筑总层数　　D. 建筑基底总面积

5. 按房地产用途划分，写字楼属于(　　)。

A. 居住房地产　　B. 商业房地产　　C. 办公房地产　　D. 旅馆房地产

6. 房屋建筑面积＝套内建筑面积＋(　　)。

A. 使用面积　　B. 居住面积

C. 分摊的共有建筑面积　　D. 可出租面积

7. 若商务写字楼目前尚未出租，因而并未产生经济效益，此宗商务楼属于(　　)。

A. 收益性房地产　　B. 非收益性房地产

C. 综合性房地产　　D. 保值增值性房地产

8. 房地产估价从某种意义上讲是(　　)房地产的价值。

A. 发明　　B. 发现　　C. 创造　　D. 稳定

9. 房地产估价中，遵循独立、客观、公正原则的核心是估价机构和估价人员应当站在(　　)的立场上，评估出一个对各方当事人来说都是公平合理的价值。

A. 委托人　　B. 估价报告预期使用者

C. 管理部门　　D. 中立

10. 不同的房地产估价师对同一估价对象在同一估价目的、同一价值时点下的评估价值通常不完全相同，这主要是因为(　　)。

A. 掌握的有关信息不同　　B. 做出的估价师声明不同

C. 估价对象状况不同　　D. 委托人不同

二、多项选择题

1. 下列属于房地产形态的是(　　)。

A. 土地　　B. 权益

C. 区位　　D. 建筑物

E. 房地合成体

2. 房地产按其开发程度来划分，可以分为(　　)。

A. 生地　　B. 毛地

C. 熟地　　D. 在建工程

E. 现房

3. 房地产是指(　　)。

A. 土地　　B. 建筑物

C. 地上定着物　　D. 电梯

E. 中央空调

4. 房地产由于具备(　　)，才真正需要估价。

A. 独一无二性　　B. 数量有限性

C. 价值高大性　　D. 保值增值性

E. 用途多样性

5. 政府对房地产的管制权是通过城市规划对(　　)做出规定以直接限制某些房地产的使用。

A. 土地用途　　B. 建筑高度

C. 容积率　　D. 建筑密度

E. 绿地率

三、判断题

1. 房地产的独一无二性，派生出了其不可移动性，可以说没有两宗房地产是完全相同的。(　　)

2. 房地产的特性主要取决于土地的特性，是以土地的特性为基础的。(　　)

3. 对房地产基本状况的描述，应说明名称、坐落、四至、规模、用途、权属等。(　　)

4. 房地产的物质实体好，价格就一定高。(　　)

5. 房地产的自然地理位置是固定不变的，但其社会经济位置却有可能改变。(　　)

四、简答题

1. 什么是房地产？房地产的存在形态有哪些？

2. 房地产有哪些特性?

3. 如何对房地产进行分类?

4. 什么是房地产估价?

5. 专业的房地产估价有哪些特征?

6. 房地产估价要素有哪些?

7. 为什么要求估价师必须严格遵守职业道德?

五、计算题

1. 某块土地总面积为 100 m^2，其上建筑物的基底面积为 60 m^2，建筑物的总建筑面积为 400 m^2，求容积率和建筑密度。

2. 某套住宅的套内建筑面积为 145 m^2，套内使用面积为 132 m^2，应分摊的分有建筑面积为 9 m^2，按套内建筑面积计算的价格为 3 500 元/m^2，求该套住宅按建筑面积计算的价格。

第二章　房地产价格

知识目标

1. 了解房地产价格的含义；
2. 熟悉房地产价格的特性和种类；
3. 熟悉房地产价格的影响因素。

能力目标

1. 能够正确计算房地产的抵押价值和楼面地价；
2. 能够正确分析影响房地产价格的主要因素。

第一节　房地产价格概述

一、房地产价格的含义

房地产价格是和平地取得他人房地产所必须付出的代价。房地产的价格通常以货币形式表示，但也可以用实物、无形资产或其他经济利益等非货币形式来偿付。

房地产价格的形成需要具备以下三个条件。

1. 有用性

一种物品有用是指它能够满足人们的某种需要，经济学上称为有使用价值。没有使用价值的物品不会被交换的对方所接受，也就不能成为商品，不会有交换价值。由于房地产有居住等效用，人们就会产生占有的要求或欲望，愿意花钱去购买或租赁它，因而它具有价值及价格。

2. 稀缺性

物品的稀缺性是由供给有限和需求增长之间的矛盾产生的。这里的稀缺是相对的，并非意味着它难以得到，而是它的数量不能够使每个人都能自由取用，必须付出代价才能得到。房地产显然是一种稀缺物品。

3. 有效需求

所谓需求是购买或租用物品和服务的欲望和能力。有效需求是指有购买力支撑的需求。有购买欲望但无支付能力，或者有支付能力但不想购买，都不能使购买行为发生，不能使价格成为现实。因此，只有有效需求才是市场所考虑的需求。如甲、乙两个家庭都需要一套 120 m^2 的住房，当面对一套 120 m^2、总价 100 万元的住房时，甲家庭有支付能力而乙家庭没有支付能力，在这种情况下，甲家庭对该住房的需求是有效需求，而乙家庭则不是。

二、房地产价格的特性

房地产价格具有普通商品的一般属性，表现在它是价值的货币表现，受供求关系的影响而有波动；按质论价(优质高价，劣质低价)。但由于土地具有不同于一般物品的特殊属性，使得房地产的价格表现出独具的特性。房地产价格的特性主要表现在以下几个方面。

1. 房地产价格与区位关系密切

房地产由于不可移动，其价格与区位密切相关。在其他状况相同的情况下，区位好的房地产，价格就高；区位差的房地产，价格就低。零售商业用途的房地产尤其如此，有“一步差三市”之说。从一个城市来看，房地产价格总体上是从市中心向郊区递减。一些特殊的公共服务设施的存在，也会导致房地产价格高起，如好的中小学附近的住房价格，交通站点或交通沿线附近的房地产价格，也会明显高于其他位置的房地产价格。

2. 房地产价格实质上是房地产权益的价格

房地产是不动产，其物权的设立、变更、转让和消灭要依照法律规定进行登记，因此，房地产在交易中转移的不是其实物，而是权益，包括其所有权、建设用地使用权或其他权利。实物状况相同的房地产，权益状况可能千差万别，甚至实物状况好的，由于权益较小或权利受到过多限制，如土地剩余期限很短，或权属有争议的，则价格较低；相反，实物状况差的，由于权益较大，如产权清晰、完全，则价格可能较高。因此，从这种意义上讲，房地产价格实质上是房地产权益的价格。

3. 房地产价格同时存在买卖价格和租赁价格

房地产由于价值较大、寿命长久，所以同时存在着买卖和租赁两种交易方式、两个市场。有的公寓、商铺、写字楼等类房地产，甚至以租赁为主。因此，房地产同时有两种价格：一是其本身有一个价格，即买卖价格，通常简称价格；二是使用一定时间的价格，即租赁价格，通常简称租金。房地产的广义价格包括买卖价格和租赁价格；狭义价格仅指买卖价格。

4. 房地产价格容易受交易者的个别情况影响

房地产由于具有独一无二的特性，且不能搬到同一处进行比较，要认识房地产只有亲自到实地查看；而且由于房地产价值较大，相似的房地产一般只有少数几个买者和卖者，所以，房地产价格通常随交易的需要而个别形成，并容易受买卖双方个别情况的影响，如双方的议价能力，卖方是否急需现金，买方的偏好等都可能影响成交价格。

5. 房地产价格形成的时间通常较长

房地产因为具有独一无二的特性，相互之间难以比较，加上价值较大，人们对房地产交易通常是很谨慎的，所以房地产交易价格一般难以在短时间内达成。

第二节　房地产价值和价格的种类

房地产价值和价格的种类繁多，名称也不一致。为了有助于比较和理解，下面遵照彼此相关的原则，将常用的房地产价格或价值进行分组介绍。

一、成交价格、市场价格、理论价格和评估价值

1. 成交价格

成交价格是在成功的交易中买方支付和卖方接受的金额。成交价格是已经完成交易事实的价格，也是个别价格，通常随着交易者的情况不同而不同。成交价格可分为正常成交价格和非正常成交价格。正常成交价格是指交易双方在公开市场条件下，信息畅通、平等自愿、诚实无欺、无利害关系下进行交易所形成的价格；反之，则为非正常成交价格。

2. 市场价格

市场价格是某种房地产在市场上的平均交易价格。一般商品的市场价格，通常是其大量成交价格的平均价格，如其平均数或中位数、众数等。而房地产由于具有独一无二性，没有相同房地产的大量成交价格，所以房地产的市场价格是以一些类似房地产的成交价格为基础的平均价格，在求取平均数之前要剔除偶然的和不正常的因素造成的价格偏差，并消除由于房地产之间的状况不同而造成的价格差异。

3. 理论价格

理论价格是在真实需求与真实供给相等的条件下形成的价格。在经济学里有许多词来表达它，如价值、内在价值、自然价值、真实价值等。在正常市场状况下，市场价格基本上围绕着理论价格而上下波动，不会偏离太远。但在市场参与者普遍不够理性的情况下，市场价格可能会较大幅度、较长时期偏离理论价格，如在投机性需求带领下或在非理性预期下可能形成不正常的过高价格。

一般而言，成交价格围绕着市场价格上下波动，而市场价格又围绕着理论价格上下波动。

4. 评估价值

评估价值是通过房地产估价活动得出的估价对象价值或价格。评估价值可以根据估价方法的不同而有不同的称呼，如采用比较法测算得出的结果称为“比较价值”，采用收益法得出的结果称为“收益价值”，采用成本法得出的结果称为“成本价值”，采用假设开发法得出的结果称为“开发价值”。

评估价值虽然不是事实价格，但与成交价格却有着密切的关系，房地产交易当事人往往需要专业的估价机构为其提供价格参考依据，有时评估价值就是成交价格。

值得注意的是，由于估价师的专业知识、经验、职业道德等情况不同，不同的估价师对同一宗房地产得出的评估结果往往不同，但这种差异不应太大，应在合理的误差范围内。从理论上讲，一个良好的评估价值＝正常成交价格＝市场价格。

二、市场价值和非市场价值

1. 市场价值

市场价值是指估价对象经适当营销后，由熟悉情况、谨慎行事且不受强迫的交易双方，以公平交易方式在价值时点自愿进行交易的金额。具体如下：

(1)适当营销：即估价对象以适当的方式在市场上进行了展示，展示的时间长度可能随着市场状况而变化，但足以使估价对象引起一定数量的潜在买者的注意。

(2)熟悉情况：即买方和卖方都了解估价对象并熟悉市场行情，买方不是盲目地购买，卖方不是盲目地出售。

(3)谨慎行事：即买方和卖方都是冷静、理性、谨慎的，没有感情用事。

(4)不受强迫：即买方和卖方都是出于自发需要进行交易的，买方不是急于购买，卖方不是急于出售，同时，买方不是被迫地从特定的卖方那里购买估价对象，卖方不是被迫地将估价对象卖给特定的买方。

(5)公平交易：即买方和卖方都是出于自己利益的需要进行交易的，没有诸如亲友之间、母子公司之间、业主与租户之间等特殊的关系，不是关联交易。

市场价值是多数估价项目需要评估的价值类型，是最基本、最重要、最常用的一种价值类型。

2. 非市场价值

非市场价值是指不符合市场价值形成的一个或多个条件而形成的价格或金额。非市场价值主要有投资价值、谨慎价值、快速变现价值、现状价值和残余价值。

(1)投资价值：估价对象对某个特定单位或个人的价值。投资价值是对特定的投资者而言的，是建立在主观的、个人因素基础上的价值。投资价值因投资者的不同而不同。

同一房地产之所以对不同的投资者有不同的投资价值，是因为不同的投资者可能优势不同，风险偏好不同，对未来房地产市场的预期不同等，这些因素都会影响投资者对该房地产未来收益和风险等的估计，从而影响投资者对该房地产价值的估计。

投资行为能够实现的基本条件是投资者评估的房地产的投资价值大于或等于该房地产的价格。当房地产的投资价值大于该房地产的价格时，说明值得投资；反之，说明不值得投资。

(2)谨慎价值：是房地产存在不确定因素的情况下，遵循谨慎原则评估出的价值。如为防范房地产信贷风险，评估的房地产抵押价值即为谨慎价值。谨慎价值通常低于市场价值。

(3)快速变现价值：估价对象在没有充足的时间进行营销情况下的价值。由于房地产是长期考虑形成的价格，如果在较短时间内快速变现，则最可能的价格就较低。如卖者因某种原因急于脱手房地产而要求评估的价值即为快速变现价值。快速变现价值通常低于市场价值。

(4)现状价值：估价对象在某一特定时间的实际状况下的价值。实际状况包括当前的用途、规模和档次等。

实际状况下房地产存在多种利用的可能，其现状价值也就有多种可能。如果估价对象是最高最佳利用，此时现状价值等于市场价值；如果不是最高最佳利用，此时现状价值低于市场价值。如果估价对象是合法利用，则现状价值一般低于市场价值；但如果不是合法利用下，现状价值可能高于市场价值。如临街住宅楼的底层住宅擅自改为商铺，该底层住宅的现状商业用途的价值，通常高于法定居住用途的市场价值。

(5)残余价值：估价对象在非继续利用情况下的价值。如某个针对特定品牌进行了特色装饰装修的餐厅，当不再作为该品牌的餐厅继续经营而出售时，则该特色装饰装修不仅不会增加该房地产的价值，而且会降低该房地产的价值，因为该特色装饰装修对该餐厅的买者没有用处。残余价值一般低于市场价值。

三、买卖价格、租赁价格、抵押价值、保险价值、计税价值和征收价值

1. 买卖价格

买卖价格也称销售价格，是指房地产权利人将其合法的房地产转移给其他人时所收取的报酬。

2. 租赁价格

租赁价格通常称为“租金”，是房地产权利人将其房地产出租给他人使用而收取的报酬。

3. 抵押价值

抵押价值是估价对象假定未设立法定优先受偿权下的价值减去注册房地产估价师知悉的法定优先受偿款后的价值。

法定优先受偿款是假定在价值时点实现抵押权时，已存在的依法优先于本次抵押贷款受偿的款额，包括已抵押担保的债权数额、发包人拖欠承包人的建设工程价款、其他法定优先受偿款。

抵押价值的计算公式如下：

抵押价值＝未设立法定优先受偿权下的价值－法定优先受偿款

＝未设立法定优先受偿权下的价值－已抵押担保的债权数额

－拖欠的建设工程价款－其他法定优先受偿款

如果将已抵押的房地产再次抵押的，其抵押价值称为再次抵押价值。其计算公式如下：

再次抵押价值＝未设立法定优先受偿权下的价值－已抵押贷款余额/社会

一般贷款成数－拖欠的建设工程价款－其他法定优先受偿款

【例 2-1】 某在建工程在假定未设立法定优先受偿权下的价值为 600 万元，房地产估价师知悉该项工程尚拖欠到期应付的工程款为 120 万元，同时还有一笔贷款成数为 50%、余额为 100 万元的抵押贷款，请计算该在建工程的再次抵押价值。

【解】 利用房地产再次抵押价值计算公式，得出：

$$在建工程再次抵押价值=600-\frac{100}{50\%}-120=280(万元)$$

4. 保险价值

保险价值是指为保险目的而评估的价值。它通常是在房地产投保时，为确定保险金额提供参考依据而评估的价值。评估保险价值时，估价对象的范围应视所投保的险种而定。

5. 计税价值

计税价值是指为征税目的而评估的价值。它通常为税务机关核定计税依据提供参考而评估的房地产价值。具体的计税价值多少，要视税收政策而定。

6. 征收价值

征收价值是为国家征收房地产确定补偿金额提供参考而评估的被征收房地产的价值。

四、完全产权价值、无租约限制价值、出租人权益价值和承租人权益价值

1. 完全产权价值

完全产权价值是指房屋所有权和以出让方式取得的建设用地使用权在不受任何其他房地产权利限制情况下的价值。

2. 无租约限制价值

无租约限制价值是房地产在不考虑租赁因素影响情况下的价值。其评估价值为未出租部分和已出租部分均按市场租金确定租金收入所评估的价值。

3. 出租人权益价值

出租人权益价值是出租人对自己的已出租房地产依法享有的权益的价值。其评估价值为已出租部分在租赁期间按合同租金确定租金收入，未出租部分和已出租部分在租赁期间届满后按市场租金确定租金收入所评估的价值。

4. 承租人权益价值

承租人权益价值是承租人对他人所有的已出租房地产依法享有的权益的价值。其评估价值为按合同租金与市场租金的差额所评估的价值。

五、总价格、单位价格、楼面地价

这是一组按照房地产价格的表示单位划分的价格。

1. 总价格

总价格简称总价，是指房地产整体的价格。总价格所涵盖的房地产范围很广，既可以是一宗土地的总价格，也可以是一宗建筑物的总价格，或是一宗房地的总价格，也可以是一个区域全部房地产的价格。房地产的总价格一般不能反映房地产价格水平的高低。

2. 单位价格

单位价格简称单价，是指分摊到单位面积的房地产价格。土地单价是指单位土地面积的土地价格，建筑物单价是指单位建筑面积的建筑物价格，房地单价是指单位建筑面积的房地价格。房地产单位价格一般可以反映房地产价格水平的高低。

3. 楼面地价

楼面地价是一定地块内分摊到单位建筑面积上的土地价格。楼面地价与土地总价的关系为：

$$楼面地价=\frac{土地总价}{总建筑面积}$$

因为总建筑面积=容积率×土地总面积，所以，楼面地价与土地单价、容积率的关系为：

$$楼面地价=\frac{土地单价}{容积率}$$

在现实生活中，认识楼面地价的作用十分重要。例如有A、B两块土地，A土地的单价是600元/m^2，B土地的单价是500元/m^2，如果两块土地的其他条件完全相同，显然，B土地价格比A土地价格低，明智的买者会优先购买B土地；但如果A、B两块土地的容积率不同，A土地的容积率为6，B土地的容积率为4，除此之外的其他条件都相同，这时仅靠土地单价难以判断两块土地的价格高低，需要用楼面地价来做比较。

通过计算得知A土地的楼面地价=600÷6=100(元/m^2)，即1 m^2 建筑物分摊到土地价格是100元；B土地的楼面地价=500÷4=125(元/m^2)，即1 m^2 建筑物分摊到土地价格是125元。显然，B的楼面地价高于A的楼面地价，懂得楼面地价意义的买者通常会购买A地而不会购买B地。

【例2-2】 某宗土地上有一幢8层高，各层建筑面积相同的住宅楼，建筑密度为50%。假设该住宅楼的总价为2 000万元，平均单价为5 000元/m^2，楼面地价为1 200元/m^2，请计算该宗土地的总价。

【解】 根据公式：楼面地价=土地总价/总建筑面积

先求该住宅楼总面积=20 000 000÷5 000=4 000(m^2)

得出土地总价：该宗土地的总价=1 200×4 000=480(万元)

六、名义价格和实际价格

1. 名义价格

名义价格是能直接观察到的、表面的价格。对不同的付款方式来说，名义价格是在成交日期讲明，但不是在成交日期一次性付清的价格。

2. 实际价格

实际价格一般不能直接观察到，要在名义价格的基础上进行计算才能得到。在不同的付款方式下，实际价格是在成交日期一次性付清的价格，或者折现到成交日期一次性付清的价格。

例如，一套建筑面积 100 m^2、单价 3 000 元/m^2、总价 30 万元的住房，在买卖中的付款方式可能有下列几种：

(1)在成交日期一次性付清。

(2)以抵押贷款方式支付，如首期支付房价的 30%，余款向银行申请抵押贷款，贷款期限 15 年，贷款年利率 8%，按月等额偿还贷款本息。

(3)从成交日期起分期支付，如分三期支付，第一期于成交日期支付 10 万元，第二期于半年内支付 10 万元，第三期于一年内支付 10 万元。买方按照银行贷款利率向卖方支付利息。

(4)如果在成交日期一次性付清，则给予一定的折扣，如优惠 5%。

(5)从成交日期起分期支付，如分三期支付，第一期于成交日期支付 10 万元，第二期于半年内支付 10 万元，第三期于一年内支付 10 万元。

(6)约定在成交日期后一年一次性付清。

在上述各种情况中，名义价格是一致的，均为单价 3 000 元/m^2，总价 30 万元。第(1)～(3)种付款方式实际价格与名义价格相同，第(4)～(6)种付款方式实际价格与名义价格不同。

在第(4)种情况下，实际单价为 $3\ 000\times(1-5\%)=2\ 850$(元/$m^2$)，实际总价为 28.5 万元。

在第(5)种情况下，假定年折现率为 5%，则实际总价为：

$$10+\frac{10}{(1+5\%)^{0.5}}+\frac{10}{(1+5\%)}=29.28(\text{万元})$$，实际单价为 2 928 元/m^2。

在第(6)种情况下，假定年折现率为 5%，则实际总价为 $\frac{30}{(1+5\%)}=28.57$(万元)，实际单价为 2 857 元/m^2。

七、现房价格和期房价格

这是一组按照房地产存在时间划分的价格类型。

1. 现房价格

现房价格是以建造完成建筑物的现状房地产为交易标的的价格。

2. 期房价格

期房价格是以目前尚未完成而在将来建造完成后的建筑物及其占用的土地为交易标的的房地产价格。

在同等品质下，期房价格低于现房价格。以可出租的公寓来看，买现房可以随即出租，能够取得租金收入；而买期房却不能取得租金收入，而且存在风险，如未能按期交房，或者房屋的品质较差，甚至出现“烂尾”。所以，期房价格与现房价格的关系是：

$$期房价格 = 现房价格 - \frac{预计从期房到达现房期间}{现房出租的净收益的折现值} - 风险补偿$$

【例 2-3】 某套商品住宅期房的面积为 90 m^2，尚需 10 个月才能入住。类似商品住宅现房的市场价格为 4 500 元/m^2，每月末的租赁净收益为 2 500 元/套。估计年折现率为 10%，风险补偿为现房价格的 2%。请计算该期房目前的市场价格。

【解】 该期房目前的市场价格 V(单价)计算如下：

$$V = 4\,500 - \frac{2\,500}{10\%/12} \times \left[1 - \frac{1}{(1+10\%/12)^{10}}\right] \div 90 - 4\,500 \times 2\%$$
$$= 4\,144.54(元/m^2)$$

八、基准地价、标定地价、补地价和房屋重置价格

这是一组按照《中华人民共和国城市房地产管理法》规定应当定期确定并公布的房地产价格，都是评估价值。

1. 基准地价

基准地价也称城镇基准地价，是指在城镇规划区范围内，对现状利用条件下不同级别或不同均质地域的土地，按照商业、居住、工业等用途，分别评估确定的某一估价期日的法定最高年期土地使用权区域平均价格。

2. 标定地价

标定地价是政府根据管理需要，评估某一宗地在正常土地市场条件下于某一估价期日的土地使用权价格。它是该类土地在该区域的标准指导价格。

3. 补地价

补地价是指建设用地使用权人，因改变国有建设用地使用权出让合同约定的土地使用

条件，应向国家缴纳的土地使用权出让金、租金、土地收益等。简而言之，补地价是用地者应向国家补交的地价。

4. 房屋重置价格

房屋重置价格是不同区域、不同用途、不同建筑结构、不同档次或等级的房屋，在某一基准日期开发建设所发生的必要支出及应当获得的利润。求取估价对象房屋价值时，可以通过对房屋重置价格进行比较、调整来求取。

九、市场调节价、政府指导价和政府定价

这是一组与政府对价格管制或干预的程度有关的价格。

1. 市场调节价

市场调节价是指由经营者自主制定，通过市场竞争形成的价格。对于实行市场调节价的房地产，因经营者可以自主制定价格，所以应依据市场供求状况进行估价。

2. 政府指导价

政府指导价是指由政府价格主管部门或者其他有关部门，按照定价权限和范围规定基准价及其浮动幅度，指导经营者制定的价格。对于实行政府指导价的房地产，因经营者应在政府指导价规定的幅度内制定价格，所以估价结果不得超出政府指导价规定的幅度。

3. 政府定价

政府定价是指由政府价格主管部门或者其他有关部门，按照定价权限和范围制定的价格。对于实行政府定价的房地产，因经营者应执行政府定价，所以估价结果应以政府定价为准。如在城镇住房制度改革中，出售公有住房的标准价、成本价就属于政府定价。

十、起价、标价和均价

1. 起价

起价是指所销售商品房的最低价。这个价格通常是楼层、朝向、户型最差的商品房价格，甚至是虚设的价格。

2. 标价

标价是商品房出售者在其“价目表”上标注出售的价格，即卖方的要价。

3. 均价

均价是所销售商品房的平均价格，包括标价的平均价格和成交价的平均价格，后者可以反映所销售商品房的总体水平。

第三节　房地产价格的影响因素

房地产价格的高低是众多因素共同作用的结果，这些因素被统称为房地产价格的影响因素，这些因素可以分为两大类。

一、房地产自身因素

所谓房地产自身因素，是指房地产的区位因素、实物因素和权益因素。自身因素直接关系到房地产价格的高低。

1. 区位因素

区位是指一宗房地产与其他物质实体在空间方位和距离上的关系。房地产的区位不同，价格会有很大的差异。尤其是城市土地，其价格的高低几乎为区位优劣所左右。当房地产的区位由劣变为优时，房地产的价值会上升；反之，其价值会下降。

在一般情况下，如果房地产处于经济活动的中心、要道的通口，或者所处地段行人较多、交通流量较大、环境较好、基础设施和公共服务设施较完备，此处房地产的价格一般较高；反之，价格一般较低。具体来讲，居住房地产的区位优劣，主要看其位置、交通条件、生活服务设施、教育配套设施、环境质量等；商业房地产的区位优劣，主要看其地段繁华程度、交通条件、临街状况、楼层等；办公房地产的区位优劣，主要看其集聚程度、交通条件、周边环境、楼层等；工业房地产的区位优劣，主要看其交通条件、基础设施、地理位置等，要重点考虑是否有利于原料和产品的运输，易于取得动力和便于废料处理。

房地产的区位不仅包括自然地理位置，还包括社会经济位置。城市规划、交通和其他城市建设的改变，可能会使房地产的社会经济位置发生改变。

房地产区位因素可分为位置、交通条件、周围环境和景观、外部配套设施等方面。

(1)位置：位置主要体现为方位、与相关场所的距离、朝向和楼层等。

1)方位：分析一宗房地产的方位，首先考察该宗房地产在某个较大区域中的位置，是位于城市的上风、上游地区还是下风、下游地区；其次考察该宗房地产在某个较小区域中的位置，是位于十字路口的哪个角、位于街道的哪一侧等。同一街道的商业房地产，位于向阳面与背阳面不同，价格会有所差异。

2)距离：房地产与相关场所的距离对其价格有较大影响。如与市中心、交通干线、购物中心、学校、医疗等重要场所的距离越近，房地产的价值越高；反之，则低。

3)朝向：住宅的朝向主要影响到采光和通风。一般认为“南方为上，东方次之，西方又次之，北方不良”，因此，住宅最好是坐北朝南。当然，如果住宅北向面对的是美丽的山景、海景时，其价格往往比同楼层的其他朝向高。

4)楼层：楼层影响到采光、景观、噪声、便捷、安全等。住宅楼层的优劣通常是按照总楼层数和有无电梯来区分。一般而言，没有电梯的传统多层住宅的中间楼层最优，顶层较差。有电梯的中高层住宅，楼层越高，景观及空气质量越好，价格越高。对于商业用房而言，楼层更是重要因素，不同楼层之间价值差异很大。通常情况下位于底层的商业用房的价值要高于其他楼层的商业用房。

(2)交通条件：交通条件对房地产价格的影响，可分为道路状况、交通工具、交通管制情况等。对于居住房地产而言，交通条件主要指城市公共交通的通达程度，如估价对象附近是否有通行的公共汽车、电车、地铁等；而工业企业通常需要大量运进原材料及燃料、运出产品，需要满足相应的公路、铁路和水运等交通条件，如需要与公路交通干线相邻，要有通航河道且有专用码头等。

(3)周围环境和景观：周围环境主要包括绿化环境、自然景观、空气质量、噪声程度、卫生条件等。不同房地产对周围环境的要求不同，如商业房地产要求周围环境繁华热闹，居住房地产要求周围环境优美幽静，商务办公房地产要求周围环境整洁气派等。另外，房地产所在地区的绿地率、容积率、建筑密度、建筑间距等对房地产价格也有影响。

(4)外部配套设施：外部配套设施对住宅价格的影响较大。其中生活服务设施包括商店、超市、菜市场、银行、邮局等；教育配套设施包括中、小学和幼儿园、托儿所等。如住宅周边有高质量的名校、医院、购物中心等，房地产的价格就高；反之，则低。

2. 实物因素

(1)土地的实物因素：土地的实物因素包括土地的面积、形状、地势、地形、土壤、地基、土地开发程度等。

1)面积：两块位置相当的土地，如果面积相差较大，它们的单位价格会有差异。一般而言，土地面积过小则不利于经济使用，故单价较低；而土地面积过大，单价也可能较低。因为面积较大，总价较高，会减少购买者的数量。而且如果面积过大，通常还要拿出较多的土地用于道路等基础设施建设，从而会减少可利用土地的面积。

2)形状：土地形状是否规则，对地价也有影响。形状规则的土地主要是指正方形、长方形的土地。形状不规则的土地不能有效利用，其价格一般要低于形状规则的土地。

3)地势：在其他条件相同时，地势高的房地产价格高于地势低的房地产价格，因为地势低不仅易潮湿、积雨水，而且还会影响建筑物的气势和可视性。气势和可视性对写字楼和商铺很重要。

4)地形：地面的平坦程度等会影响房地产的开发建设成本、利用价值及景观，从而影响其价格。土地平坦价格则高；反之，则低。但如果土地过于平缓，往往不利于地面水的汇集和排除。

5)土壤：如果土壤受到污染，则需要一定的处理费用，增加房地产的开发成本和消费成本，因而会降低地价或房价。

6)地基：指地基的承载力、稳定性、地下水位等。对于建设用地来说，地质坚实，承载力较大，有利于建筑使用，地价就高；反之，则低。

7)土地开发程度：一宗土地的周围基础设施完备程度和场地平整程度，对其价格的影响显而易见：完熟程度高的地价高于完熟度低的地价。基础设施完熟程度依次为“三通一平”“ 五通一平”和“ 七通一平”。

(2)建筑物的实物因素：建筑物的实物因素包括建筑规模、外观、建筑结构、设施设备、装饰装修、层高和室内净高、空间布局、防水保温、维修养护情况及完损程度等。

1)建筑规模：建筑物的面积、体积、开间等规模因素，影响到建筑物的形象、使用性，对房地产价格也有所影响。规模过小或过大，都会降低其价值。

2)外观：建筑物外观包括建筑高度、体量、造型、风格、色调等，对房地产价格尤其是商务办公房地产的价格影响较大。因为形象在商业活动中非常重要，而公司办公场所的形象则直接影响公司的形象，所以有良好外观形象的商务办公房地产会大大吸引实力强的企业。凡是建筑物外观新颖、优美，可给人以舒适的感觉，则价格就高；反之，外观单调、呆板甚至令人压抑，则价格就低。

3)建筑结构：由于不同结构建筑物的造价不同，稳固性和耐久性也不同，因此不同结构的建筑物的价值会有所不同，特别是在地震多发地区更是如此。

4)设施设备：建筑物的设施设备是否齐全、完好，对其价值有很大影响。住宅的供水、排水、供电、供气设施的完善程度，小区智能化程度，通信、网络等线路的完备程度，公用电梯的设置及质量等都会对住宅价格产生影响；写字楼的设施设备更加重要，主要包括给排水、电气、暖通、消防、动力、通信、运输、电子等设备设施。这些设备设施是否齐备、是否高效运行都是影响商务办公房地产价值的重要因素。一般而言，设施设备齐全、完好建筑物价值则高；反之，则低。

5)装饰装修：对同类房地产而言，装修精度越高，价格越高。对于新建住宅而言，装饰装修对其价格会产生较大的影响。一些大型的综合商场、品牌经营商场等装饰装修在商业房地产的价值中往往占有很大分量；商务办公房地产大堂的外观、平面设计和灯光布置等往往是其特色的综合体现。当然，只有适合人们需要的装饰装修，才会提高房地产价值。

6)层高和室内净高：层高或净高要有合适度：过低则使人感觉压抑，不利于经营，从而降低其价值；若超过合适的高度，建筑成本会提高，而且增加能源消耗，从而也会降低建筑物的价值。

7)空间布局：一般而言，房地产平面布置合理、交通联系方便、有利于使用的，价值就高；反之，则低。对住宅来说，空间布局要看功能分区是否合理、使用是否方便；对商业房地产要看是否有利于柜台、货架等的布置，是否有利于购物人流进出等。

8)建筑物防水、保温、隔热、隔声、通风、采光、日照等方面是否良好，对房地产价格有一定影响。

9)维修养护情况及完损程度：建筑物维修养护情况好、完好度高的，价值就高；反之，则低。

3. 权益因素

一宗房地产所拥有的权益及其所受的限制，对其价值有重大影响。房地产权益因素包括房地产的权利状况、使用管制和相邻关系。

(1)权利状况：包括所有权、使用权、地役权、抵押权、租赁权等，这些权利是否完整、清晰，对房地产价值有一定影响。如土地设置了地役权，则供役地在给他人方便时，可能会降低该地的价值。

(2)使用管制：包括政府对农用地转为建设用地的管制、城市规划对土地用途、容积率、建筑高度、建筑密度、绿地率等的限制。使用管制对房地产价格尤其是土地价格有很大的影响。

(3)相邻关系：相邻关系不仅要求房地产权利人应为相邻权利人提供必要的便利，如排水、通行等便利，而且不得损害相邻房地产和相邻权利人的权利，如不得妨碍相邻建筑物的通风、采光，不得危及相邻房地产的安全等。房地产相邻关系对价格有一定的影响。

二、房地产外部因素

房地产外部因素包括人口因素、制度政策因素、经济因素、社会因素、国际因素、心理因素等方面。

1. 人口因素

人口是决定住宅、商业等房地产需求量的一个基础因素，人口数量、家庭人口规模、人口素质等状况对房地产价格有很大的影响。如果该地区人口数量增加、家庭数量增多、人们的文化教育水平和文明程度较高，则该地区的房地产价格会上涨；反之，则会下降。

2. 制度政策因素

制度政策因素包括房地产制度政策、税收制度政策、金融制度政策，还包括相关的规划和计划等。其中，房地产制度政策包括房地产的所有制、使用制、交易管理制度及价格政策等；税收制度政策包括采取新开征、暂停征收、恢复征收、取消征收、提高或降低税率等；金融制度政策主要指房地产信贷政策，如控制房地产开发贷款，上调贷款利率，提高最低购房首付款比例等；相关的规划和计划包括国民经济和社会发展规划、城乡规划、土地利用规划和计划、住房相关规划和计划等。这些因素都会影响房地产的价格上涨或下降。

3. 经济因素

影响房地产价格的经济因素主要有经济发展、居民收入、利率、汇率和物价等。

(1)经济发展：经济发展状况，影响到就业、居民收入等，对房地产价格有一定的影响。反映经济发展的一个重要指标是国内生产总值(GDP)，GDP 增长说明社会总需求增加，预示着投资活跃、生产发展，会带动对厂房、写字楼、商店、住宅等的需求增加，由此会引起房地产价格上涨，尤其是地价的上涨。

(2)居民收入：居民收入水平及其增长状况，对房地产特别是对住宅的价格有很大影响。通常，居民收入的增加意味着人们的生活水平将随之提高，其居住与活动所需要的空间会扩大，从而会增加对房地产的需求，导致房地产价格上涨。

(3)利率：利率的升降对房地产价格有一定的影响。下面从不同的角度分别说明：

1)从房地产供给的角度看，利率上升会增加房地产开发的融资成本，进而会使房地产价格上涨；利率下降则会导致房地产价格下降。

2)从房地产需求的角度看，由于购买房地产特别是购买商品住宅通常要借助于贷款，所以利率的上升会加重房地产购买者的贷款偿还负担，从而会减少房地产需求，进而导致房地产价格下降。反之，利率下降则会导致房地产价格上涨。

3)从房地产价值是房地产预期净收益的现值之和的角度看，由于房地产价值与折现率负相关，而折现率与利率正相关，所以利率上升会使房地产价格下降，利率下降则会使房地产价格上涨。

4)从综合效应看，利率升降对房地产需求的影响大于对房地产供给的影响，从而房地产价格与利率负相关；利率上升，房地产价格会下降；利率下降，房地产价格会上涨。

(4)汇率：汇率是指一种货币折算成另一种货币的比率。在国际房地产投资中，汇率波动会影响房地产的投资收益。当预期某国的货币会升值时，就会吸引国外资金购买该国房地产，从而会导致其房地产价格上涨；相反，会导致其房地产价格下降。

(5)物价：通常情况下，房地产的价格随着物价的变动而变动。尤其是与建筑有关的“房地产投入要素”的价格上涨，会增加房地产的开发成本，从而引起房地产价格上涨。所谓“房地产投入要素”包括建筑材料、建筑构配件、建筑设备、建筑人工费等。从较长时期来看，房地产价格的上涨率高于一般物价的上涨率。

4. 社会因素

影响房地产价格的社会因素主要有政治安定状况、社会治安状况、城市化和房地产投机等。

政治不安定则意味着社会可能动荡，这会影响人们投资、置业的信心；社会治安状况不好意味着人们的生命财产缺乏保障，这会造成房地产价格的低落；城市化意味着人口不断向城镇地区集中，造成对城镇房地产的需求不断增加，从而会带动城镇房地产价格上涨。

房地产投机是利用房地产价格在短期内的涨落变化而购买房地产获取差价利润的行为。房地产投机对房地产价格的影响可能出现三种情况：一是引起房地产价格上涨；二是引起房地产价格下跌；三是维持、稳定房地产价格。

当房地产价格不断上涨时，那些预计房地产价格还会上涨的投机者纷纷购买，哄抬价格，造成一种虚假需求，无疑会促使房地产价格进一步上涨；而当房地产价格不断下跌时，那些预计房地产价格还会下跌的投机者纷纷抛售房地产，则会促使房地产价格进一步下跌。但在某些情况下，房地产投机行为也有可能起着稳定房地产价格的作用：当房地产价格低落到一定程度时，投机者购置房地产，造成房地产需求增加；而在房地产价格上涨到一定程度时，投机者抛售房地产，增加房地产供给，从而平抑房地产价格。

5. 国际因素

国际因素主要有世界经济状况、国际竞争状况、政治对立状况和军事冲突状况等。世界经济发展良好，一般有利于房地产价格上涨。特别是周边国家和地区的经济状况，对房地产价格有很大的影响；国际竞争激烈而采取低地价政策会降低房地产价格，但采取优惠政策则会导致房地产价格上涨；国家之间发生政治对立，难免出现经济封锁、冻结贷款、终止往来等，这些情况一般会导致房地产价格下跌；发生军事冲突，则该地区的房地产价格会陡然下落，受到战争威胁或者影响的地区，房地产价格也会有所下降。

6. 心理因素

影响房地产价格的心理因素主要有购买或出售房地产时的心态、个人的欣赏趣味或偏好、时尚风气、跟风或从众、接近名家住宅的心理、讲究风水或吉祥号码等。

本章小结

房地产的价格是和平地取得他人房地产所必须付出的代价。房地产价格形成的条件是有用性、稀缺性和有效需求。

房地产价格的特征是：受区位影响明显；是权益的价格；同时存在买卖价格和租赁价格；价格形成过程较长；容易受交易者个别因素的影响。

影响房地产价格的因素有自身因素和外部因素。自身因素包括区位、实物和权益状况等；外部因素包括人口因素、制度政策因素、经济因素、社会因素、国际因素、心理因素等。

思考与练习

一、单项选择题

1. 房地产价格实质上是(　　)的价格。

A. 房地产权利　　B. 房地产实物　　C. 房地产权益　　D. 房地产区位

2. 补地价(单价)＝新楼面地价×(　　)－旧楼面地价×旧容积率

A. 新容积率　　B. 土地总面积率　　C. 旧容积率　　D. 建筑密度

3. 现有甲、乙、丙三块土地可供选择，土地单价分别是：甲为 1 000 元/m²，乙为 800 元/m²，丙为 500 元/m²，其容积率分别为 6、4、2，如上述三块土地的其他条件均相同，则正常情况下应该选择(　　)。

A. 甲　　B. 乙　　C. 丙　　D. 任意一块

4. (　　)是能直接观察到的、表面的价格。

A. 租赁价格　　B. 名义价格　　C. 实际价格　　D. 评估价格

5. 楼面地价是指均摊到单位建筑面积上的(　　)。

A. 楼层价格　　B. 建筑物价格　　C. 土地价格　　D. 总价格

6. 在影响房地产价格的各种因素中，"城市化"属于(　　)。

A. 社会因素　　B. 环境因素　　C. 人口因素　　D. 行政因素

7. 楼面地价与土地总价、总建筑面积三者之间的关系为(　　)。

A. 楼面地价＝土地总价×总建筑面积

B. 楼面地价＝土地总价÷总建筑面积

C. 楼面地价＝总建筑面积×土地总价

D. 楼面地价＝总建筑面积÷土地总价

8. (　　)是多数估价项目需要评估的价值类型，是最基本、最重要、最常用的一种价值类型。

A. 投资价值　　B. 市场价值　　C. 在用价值　　D. 非市场价值

二、多项选择题

1. 居住用途的房地产的位置优劣主要看(　　)。

A. 临街状态　　B. 周围环境状态

C. 交通是否方便　　D. 安宁程度

E. 繁华程度

2. 下列属于房地产价格的特征的有(　　)。

A. 房地产价格是在长期考虑下形成的

B. 房地产价格是在市场上形成的

C. 房地产价格的实质是房地产权益的价格

D. 房地产价格通常是个别形成的

E. 房地产价格受区位影响很大

3. 房地产之所以会有价格，需要具备的条件有(　　)。

A. 有效供给　　B. 有效需求

C. 有用性　　D. 稀缺性

E. 经济性

4. 所谓房地产自身因素，是指构成房地产的(　　)

A. 区位因素　　B. 实物因素

C. 权益因素　　D. 物质结构

E. 装修状况

5. 工业房地产的区位影响因素主要考虑(　　)。

A. 临街状况　　B. 动力是否易于取得

C. 废料处理是否方便　　D. 是否接近大自然

E. 产品原料的获取方便程度

三、判断题

1. 理论价格并不是现实价格，评估价格才是现实价格。(　　)

2. 对住宅而言，朝向是一个重要的区位因素。(　　)

3. 房地产的自然地理位置虽然固定不变，但其社会经济位置却会发生变化，这种变化可能是由于城市规划的修改、交通改道及其他方面的建设所引起的。(　　)

4. 通常情况下，位于底层的商业用房的价值要高于其他楼层的商业用房。(　　)

5. 在房地产自身因素中，房地产面积越大，单价越高。(　　)

四、简答题

1. 房地产价格的含义是什么?

2. 房地产的价格与一般商品比较有哪些特殊性?

3. 房地产价值和价格的种类包括哪些?

4. 近几年的房地产价格波动主要受到哪些因素影响?

五、计算题

1. 某宗土地上有一幢 8 层高、各层建筑面积相同的住宅楼，建筑密度为 50%。假设该住宅楼的总价为 2 000 万元，平均单价为 5 000 元/m^2，楼面地价为 1 200 元/m^2，试求该宗土地的总价。

2. 某商品住宅在建工程的总建筑面积为 50 000 m^2，开发商曾将该在建工程抵押贷款，目前该笔贷款余额为 260 万元。开发商目前支付给施工单位的工程款比施工单位的实际收入少 200 万元。该在建工程未设立法定优先受偿权下的价值为 2 000 万元。当地同类在建工程的抵押贷款成数一般为 65%。试求取该在建工程的再次抵押价值。

第三章 估价原则与估价程序

知识目标

1. 掌握房地产估价的原则；
2. 熟悉房地产估价的程序。

能力目标

1. 能够模拟签订估价委托合同；
2. 能够实地查勘估价对象并填写实地查勘记录表。

第一节 估价原则

房地产估价是一项错综复杂的经济活动，具有很强的技术性和专业性。为了保证估价结果的客观、公正，人们在房地产估价的反复实践和理论探索中，逐渐认识了房地产价格形成和运动的客观规律，总结出了一些简明扼要的估价法则或标准，即房地产估价原则。每一位从事房地产价格评估的专业人员都要学习这些原则，并以此作为价格评估的指南。

房地产估价原则主要有独立、客观、公正原则；合法原则；价值时点原则；替代原则；最高最佳利用原则；谨慎原则。

一、独立、客观、公正原则

独立、客观、公正原则要求站在中立的立场上，实事求是、公平正直地评估出对各方估价利害关系人均是公平合理的价值或价格。这是房地产估价的基本原则，也是房地产估价的最高行为准则。具体地说，“独立”是要求估价机构和估价师在估价中不应受包括委托人在内的任何单位和个人的干扰，应当凭借自己的专业知识、经验和应有的职业道德进行估价；“客观”是要求房地产估价师在估价中不应带着自己的好恶、情感和偏见，应当按照事物的本来面目、实事求是地进行估价；“公正”是要求估价机构和估价师在估价中不应偏袒相关当事人中的任何一方，应当坚持原则、公平正直地进行估价。

房地产估价之所以要遵循独立、客观、公正原则，是因为评估出的价值如果不公平合理，必然损害某一方的利益，也有损于估价师、估价机构以至整个估价行业的社会声誉和公信力。如以房地产抵押贷款为目的的估价，如果评估价值比客观合理价值高，则借款人受益，而贷款人的风险增加，甚至影响金融安全。

为了保障估价机构和估价师能够独立、客观、公正地估价，一是要求估价机构不依附于他人、具有独立的法人地位；二是要求估价机构和估价师与委托人没有利害关系，与估价对象没有利益关系；三是要求估价机构和估价师不受外部因素的干扰，不屈从于外部压力。

除此之外，为评估出公平合理的价值，估价人员还必须具有良好的职业道德，了解房地产供求状况和影响房地产价格的各种因素，遵循科学严谨的估价程序，不断丰富估价经验，提高估价水平。

二、合法原则

合法原则要求估价结果是在依法判定的估价对象状况下的价值或价格。依法是指不仅要依据有关法律、行政法规，还要依据有关地方政府规章和政策，以及估价对象的不动产登记簿、权属证书、有关批文和合同等。

房地产估价之所以要遵循合法原则，是因为房地产状况不同，评估价值也会有所不同。但是，估价对象的状况不是委托人或估价师可以随意假定的，甚至不是根据估价对象的实际状况确定的，而必须是依法判定的。如依法判定某块土地是集体土地，就要按集体土地评估其价值，而不能作为国有土地来估价；依法判定某建筑物是临时建筑，就要按临时建筑来估价，而不能作为永久性建筑来估价。从理论上来讲，任何状况的房地产都可以成为估价对象，并不仅限于合法状况的房地产，但非合法状况的房地产的评估价值可能等于或小于零，在这种情况下人们就不会委托估价了。因此，评估价值要与依法判定的房地产状况相匹配。

就实物状况来说，依法判定的估价对象状况通常是估价对象实际状况，但也可能不是实际状况，而是有关合同、招标文件等约定的状况或者根据估价目的需要设定的状况。如在国有建设用地使用权招标出让估价中，拟招标出让的土地实际状况为“三通一平”的土地，但招标人在招标文件中承诺将向中标人提供“七通一平”的土地，这种情况下的估价对象状况应为“七通一平”的土地。因此，依法判定的估价对象状况应视具体情况而定。

就权益状况来说，依法判定的估价对象权益可分解为权利类型及归属、权利使用、权利处分等。具体来说，应做到以下几点：

(1)依法判定的权利类型及归属，应以不动产登记簿、权属证书以及有关合同等为依据。权利类型是指所有权、建设用地使用权、地役权、抵押权、租赁权等。目前，我国的房屋权属证书有《房屋所有权证》《房屋他项权证》等。土地权属证书有《国有土地使用证》《集体土地所有证》和《集体土地使用证》等。

(2)依法判定的使用权利，应以土地用途管制、规划条件等使用管制为依据。如果城市规划规定了某宗土地的用途、容积率、建筑高度等，则在估价时应以这些规定为前提。具体来说，在用途方面，如果城市规划规定了该土地为居住用途，则应以居住用途为前提来估价，即使该土地的位置和周围环境适合商业用途，也不能按照商业用途估价，除非申请变更为商业用途并获得批准。在容积率方面，如果城市规划规定了该土地的容积率不超过3，应以容积率不超过3为前提来估价。否则，超出的容积率不仅没有法律保障而且违法，即使评估出较高的价值也得不到社会的承认。

(3)依法判定的处分权利，应以法律法规和政策或者合同等允许的处分方式为依据。处分方式包括买卖、互换、租赁、抵押、出资、抵债、赠予等。如法律、法规规定不得抵押的房地产，就不能成为以抵押贷款为估价目的的估价对象，这类房地产没有抵押价值，或者说抵押价值为零。

(4)依法判定的其他权益，评估出的价值应符合国家的相关政策。如新建的经济适用住房的价格应符合国家规定的经济适用住房价格构成和对利润率的限定，城市房屋拆迁补偿估价，要符合政府有关城市房屋拆迁补偿的法律、行政法规。

合法原则还要求房地产估价应当采用国家有关估价技术标准，估价机构应当具有房地产估价资质，估价人员应当是注册房地产估价师等。

三、价值时点原则

价值时点原则要求估价结果是在根据估价目的确定的某一特定时间的价值或价格。由于房地产市场是不断变化的，房地产价值也应随之变化。而且房地产本身也随着时间的推移而发生改变，如建筑物变得陈旧过时，周围环境发生改变等。因此，在不同的时间，同一宗房地产往往会有不同的价值。如果没有了对应的时间，价值也就失去了意义。这就要求房地产估价结果具有很强的时间性，每一个价值都要对应着一个特定的时间，这个特定时间就是价值时点。价值时点一般用公历的年、月、日来表示。

确立价值时点原则的意义在于：价值时点不仅说明评估价值对应的时间，还表示评估价值的时间界限。因为政府有关房地产的法律、法规、政策、估价标准等的发布、变更、实施日期等，均有可能影响估价对象的价值。因此，在估价时是采用法律法规等发布之前还是发布之后的，就应根据价值时点来确定。另外，运用比较法评估房地产价值时，选用的可比实例的成交日期通常与价值时点不同，需要把可比实例的成交价格调整到价值时点上。

在实际估价中，既可以将估价作业期内的某个日期确定为价值时点，也可以将估价人员实地查勘估价对象期间的某个日期定为价值时点，还可以将过去或未来的某个日期定为价值时点。

在具体的房地产估价项目中，价值时点是现在还是过去或者未来，是由估价目的决定的。不论是何种估价目的，评估估价对象价值所依据的市场状况始终是价值时点的状况，但估价对象状况不一定是价值时点的状况。

价值时点、估价对象状况、房地产市场状况的关系见表 3-1。

表 3-1　价值时点、估价对象状况、房地产市场状况的关系

价值时点	估价对象状况	房地产市场状况
过去（回顾性估价）	过去	过去
现在	过去	现在
	现在	
	未来	
未来（预测性估价）	未来	未来

表中的各种情形举例说明如下：

(1)价值时点为过去、估价对象状况为过去状况的估价。此种情形大多出现在房地产纠纷案件中，特别是对估价结果有异议而引起的复核或鉴定估价。如某宗房地产被人民法院强制拍卖后，被执行人认为人民法院委托的估价机构的估价结果过低，引发对该估价结果的争论。衡量该估价结果是否过低，应将房地产市场状况、估价对象状况还原到原来的价值时点，否则就无法检验结果是否合理。

(2)价值时点为现在、估价对象状况为过去状况的估价。此种情形大多出现在房地产损害赔偿和保险理赔案件中。如投保火灾险的建筑物被火烧毁后，评估其损失价值或损失程度时，通常是估计将损毁后的状况恢复到损毁前的状况所需的必要费用。

(3)价值时点为现在、估价对象状况为现在状况的估价。此种情形是估价中数量最多、最常见的，如房地产抵押估价、房屋征收评估、司法拍卖估价，包括在建工程估价。

(4)价值时点为现在、估价对象状况为未来状况的估价。此种情形大多出现在期房价值评估中。如在城市房屋拆迁补偿时，采取房屋产权调换的补偿方式，而且所调换的房屋为期房，评估该调换期房的市场价格就属于这种情况。

(5)价值时点为未来、估价对象状况为未来状况的估价。此种情形大多出现在房地产市场预测、为房地产投资分析提供价值参考依据的情况下，特别是预测房地产在未来开发完成后的价值。在假设开发法中，预测估价对象开发完成后的价值就属于这种情况。

四、替代原则

替代原则要求估价结果与估价对象的类似房地产在同等条件下的价值或价格偏差在合理范围内。

根据经济学原理，同一种商品在同一个市场上具有相同的市场价格。一般而言，任何经济主体在市场上的行为，都要以最小的代价取得最大的效益。因此，如果市场上有两个以上效用相同的商品存在，理性的买者会选择价格最低的；反之，如果市场上有两个以上价格相同的类似商品存在，则理性的买者会选择效用最大的。为了使产品能够销售出去，卖者之间会展开价格竞争，导致效用相同的商品形成相同的市场价格。

房地产价格的形成也符合这一规律，只是由于房地产的独一无二性，使得完全相同的房地产几乎没有，但在同一个市场上存在效用相近的房地产，其价格应当是接近的。在现实房地产交易中，理性的买卖双方，都会将其拟买或拟卖的房地产与类似房地产进行比较，而买者不会接受过高的价格，卖者也不会接受过低的价格，导致同一市场上的类似房地产，价格相互牵掣，相互接近。

利用替代原理，我们可以利用与估价对象效用相近的房地产的已知价格推算出估价对象的未知价格，再把估价结果放到市场中去衡量，当估价结果没有不合理地偏离类似房地产在同等条件下的正常价格时，估价结果就是客观合理的。

替代原则对于具体的房地产估价工作，指明了以下两点：

(1)如果存在着一定数量的与估价对象相似的房地产并已知它们的价格时，则可以通过这些相似的房地产的价格推算出估价对象的价格。

(2)不能孤立地思考估价对象的价值，应考虑相似的房地产的价格牵制，不同区位、不同档次的房地产的评估价值应有合理的“价差”，尤其是较好的房地产的评估价值不应低于较差的房地产的评估价值。

五、最高最佳利用原则

最高最佳利用原则要求估价结果是在估价对象最高最佳利用状况下的价值或价格。最高最佳利用是房地产在法律上允许、技术上可能、经济上可行并使价值最大的合理、可能的利用，包括最佳的用途、规模、档次等。

现实经济活动中，由于竞争和优选的关系，每个房地产拥有者都试图发挥房地产的最大潜力，取得最大的经济利益。因此，应将估价对象放在最高最佳利润状态下评估其价值。寻找估价对象最高最佳利用的方法，是先尽可能地设想出估价对象的各种潜在的利用，然后从以下四个方面依次筛选：

(1)法律上是否允许。对于每种潜在的利用，首先检查它是否为法律法规、政策和出让合同等所允许。如果是不允许的，则应被淘汰。

(2)技术上是否可能。对于法律上允许的每种利用，要检查它在技术上是否能够实现，包括建筑材料性能、施工技术手段等能否满足要求。如果是不能实现的，则应被淘汰。

(3)经济上是否可行。对于法律上允许且技术上可能的每种利用，还要进行经济可行性检验。经济可行性检验的一般做法，是针对每种利用，首先预测它未来的收入和支出的现金流量，然后将未来的收入和支出流量用现值表示，再将这两者进行比较。只有收入现值大于或等于支出现值的利用才具有经济可行性，否则应被淘汰。

(4)价值是否最大化。在所有具有经济可行性的利用中，能够使估价对象的价值达到最大的利用，便是最高最佳利用。

最高最佳利用原则要求评估价值应是估价对象在各种可能的利用中能使价值达到最大化的估价结果。如果估价对象未做某种利用，则应选择城市规划允许的最大收益用途。当估价对象已做了某种使用，估价时应根据最高最佳利用原则对估价前提做出下列之一的判断和选择，并在估价报告中说明：

(1)维持现状前提：认为对现有房地产维持现状、继续利用最为有利时，应以维持现状为前提进行估价。

(2)装修改造前提：认为对现有房地产进行装修改造最为有利时，应以装修改造为前提进行估价。

(3)转换用途前提：认为转换现有房地产的用途最为有利时，应以转换用途为前提进行估价。

(4)重新开发前提：认为对现有房地产进行重新开发利用最为有利时，应以重新开发利用为前提进行估价。

(5)上述情形的某种组合：最常见的是转换用途与装修改造的组合。

六、谨慎原则

谨慎原则要求在影响估价对象价值的因素存在不确定性的情况下对其做出判断时，应充分考虑其导致估价对象价值偏低的一面，慎重考虑其导致估价对象价值偏高的一面。谨慎原则是房地产抵押价值评估应遵循的一项原则。

当面临不确定因素时，对该因素估计态度不同，可能导致抵押价值的不同。例如采取乐观的估计可能导致抵押价值偏高，保守的估计可能导致抵押价值偏低，而居中的估计可能导致抵押价值中等，遵循谨慎原则时就应当采取保守值估计。如运用收益法评估收益性房地产的抵押价值，遵循谨慎原则应采用较低的收益估计值；而一般的房地产价值评估应采用中等的收益估计值。

《房地产抵押估价指导意见》针对不同的估价方法，提出了遵循谨慎原则的要求：

(1)在运用比较法估价时，不应选取成交价格明显高于市场价格的交易实例作为可比实例，并应对可比实例进行必要的实地查看。

(2)在运用收益法估价时，不应高估收入或者低估运营费用，选取的报酬率或者资本化率不应偏低。

(3)在运用成本法估价时，不应高估土地取得成本、开发成本、有关费税和利润，不应低估折旧。

(4)在运用假设开发法估价时，不应高估未来开发完成后的价值，不应低估后续开发建设的必要支出及应得利润。

第二节　估价程序

一、估价程序的含义

估价程序是完成估价项目所需做的各项工作的先后次序，包括受理估价委托、确定估价基本事项、制定估价作业方案、搜集估价所需资料、实地查勘估价对象、选用估价方法进行测算、确定估价结果、撰写估价报告、审核估价报告、交付估价报告和估价资料归档等。

房地产估价是一项复杂的、专业技术性较强的活动，按照科学严谨的估价程序开展估价工作，不仅可以避免重复和浪费，使估价工作具有计划性，提高工作效率，而且使估价工作规范化、精细化，防止出现疏漏，防范估价风险，保证估价工作的质量。

二、受理估价委托

1. 估价业务的主要来源

估价业务的来源主要有两类：一类是被动接受的估价业务，即坐等估价需求者找上门来寻求估价服务。如政府为征收房地产税，委托估价机构对课税对象房地产进行估价；城市房屋拆迁的拆迁人委托估价机构对被拆迁房屋进行估价等。另一类是主动争取的估价业务，即估价人员走出门去力争为他人提供估价服务。在估价机构多、竞争激烈的情况下，主动争取成为估价业务的主要来源。

估价机构和估价师不应承接以下估价业务：

(1)有利害关系或利益冲突的业务。

(2)超出了自己业务范围的业务。

(3)自己专业能力难以胜任的业务。

(4)有较大风险的估价业务。

2. 签订估价委托合同

估价委托合同是房地产估价机构和估价委托人之间就估价服务事宜订立的协议。

估价机构、估价师与估价需求者在相互了解、沟通并协商议定后，由估价需求者出具估价委托书，估价机构与估价需求者签订估价委托合同。估价委托合同的内容构成如下：

(1)委托人和估价机构的基本情况，如委托人的名称或者姓名和住所，估价机构的名称、资质等级和住所。

(2)负责本估价项目的注册房地产估价师，包括注册房地产估价师的姓名和注册号。每个估价项目应至少明确一名能够胜任该项目估价工作的注册房地产估价师担任项目负责人。

(3)本估价项目的估价基本事项，包括估价目的、估价对象、价值时点和价值类型。

(4)委托人应提供的估价所需资料，包括资料的目录和数量，如委托人应向估价机构提供估价对象的权属证明、历史交易价格、运营收入和费用、开发成本以及有关会计报表等资料。

(5)估价过程中双方的权利和义务，如估价机构和注册房地产估价师应保守在估价活动中知悉的委托人的商业秘密，不得泄露委托人的个人隐私；委托人保证所提供的资料是合法、真实、准确和完整的，没有隐匿或虚报的情况，应协助注册房地产估价师对估价对象进行实地查勘，收集估价所需资料。

(6)估价费用及收取方式。

(7)估价报告及其交付，包括交付的估价报告类型、份数以及估价报告交付期限、交付方式等。如交付的估价报告是鉴证性报告还是咨询性报告，是仅提供估价结果报告还是既提供估价结果报告又提供估价技术报告。在确定估价报告交付期限时，应保证有足够的时间以保质完成该估价项目，不能“立等可取”。

(8)违约责任。

(9)解决争议的方法。

(10)其他需要约定的事项。

另外，在估价委托合同中还应注明估价委托合同签订日期。

3. 估价委托合同写作示例

估价委托合同

××评字[　　]号

甲方(估价委托人)：________________

住所：________________

乙方(估价机构)：________________

住所：________________

一、估价范围

根据甲方的委托，本项目估价对象和评估范围为：________________

二、估价目的

甲方设定本次估价目的为：________________

三、估价内容(价值类型)

本次委托评估内容为：________________

四、价值时点

甲方设定本次价值时点是：________年________月________日。

五、甲乙双方的责任

(一)甲方的责任

1. 甲方保证估价对象的安全完整，对所提供的资料真实性、合法性、完整性负责。

2. 甲方及时为乙方的评估工作提供其所要求的评估明细表、数据资料和其他有关资料并加盖公章，确保向乙方提供相关资料的复印件与原件一致，且确保在实地查勘现场时所指示的估价对象实物与甲方提供相关资料指向的实物一致。

3. 甲方应积极配合评估工作，对乙方派出的有关工作人员提供必要的工作条件。

4. 甲方按本合同的规定及时足额支付评估费用。

5. 未经乙方同意，评估报告的内容不得被摘抄、引用或披露于公开媒体，法律、法规规定以及相关当事方另有约定的除外。

(二) 乙方的责任

1. 乙方应按照国家有关法律法规和估价技术标准、规范进行评估，出具评估报告，保证评估报告的客观、公正、公平。

2. 乙方在评估过程中，应自觉维护甲方及相关当事人各方的正当利益。

3. 在评估过程中，乙方应与甲方充分交换意见，对甲方提出的真实、客观、合理的意见应当予以充分考虑。

4. 乙方对执行业务过程中知悉的甲方商业秘密严加保密。除非国家执业准则另有规定，或经甲方同意，乙方不得将其知悉的商业秘密和甲方提供的资料对外泄露。

5. 未经甲方书面许可，乙方及参与项目的注册房地产估价师不得将评估报告的内容向甲方以外的单位或个人提供或者公开，法律、法规另有规定的除外。

六、评估报告使用者

评估报告使用者为____________________和国家法律、法规规定的评估报告使用者。

评估报告仅供__________________使用，法律、法规另有规定的除外。乙方及参与项目的估价师对甲方和其他国家法律、法规规定的评估报告使用者不当使用评估报告所造成的后果不承担责任。

七、评估报告提交期限和方式

评估报告的提交期限为：在甲方提交评估资料后_______个工作日内出具评估报告初稿；经甲方和乙方沟通确认后，乙方在______个工作日内出具正式的评估报告。

乙方向甲方出具的评估报告正本一式______份。

八、评估服务费总额、支付时间和方式

经友好协商，本次评估服务费总额为人民币_________。甲乙双方在本评估合同签订之日起，甲方向乙方预付人民币__________。其余费用人民币_________在乙方提交评估报告时一并付清。

九、合同的有效期间

本委托合同书一式两份，各方各执一份，同具法律效力。本合同自签署之日起生效，并在本合同事项全部完成日之前有效。

十、约定事项的变更

由于出现不可抗力的情况，影响评估工作如期完成，或需提前出具评估报告，各方可要求变更约定事项，但应及时通知各方，并由各方协商解决。

十一、违约责任和争议解决

1. 在本委托合同执行过程中如因委托人的变更或延误，本委托合同的履行将顺延：如甲单方终止本委托合同，甲方应支付受托方已付出的相应费用，但不得高于本项目收费总额。

2. 乙方如无特殊原因和正当理由，不得迟于本合同规定的时间交付估价报告书，每逾期一日未交付估价报告书应赔偿甲方估价服务费______‰；甲方如不按本合同规定的时间向乙方提交前述有关文件、图纸、凭证等资料，乙方可按耽误时间顺延估价报告书的交付时间。

3. 甲方接到乙方提交的估价报告书次日起________日内，如果对估价结果有异议，且有正当理由，可向乙方提出复估或重估，乙方应在接到甲方申请复估或重估书次日起________日内完成委托房地产的复估或重估报告书交付甲方。甲方逾期不提出者，估价报告书生效。

4. 当合同履行过程中产生争议时，各方应当友好协商；协商不成，任何一方可将争议提交仲裁委员会申请仲裁。

十二、其他事项

1. 当评估程序所受限制对与评估目的相对应的评估结论构成重大影响时，乙方可以中止履行合同；相关限制无法解除时，乙方可以解除合同。

2. 提供必要的资料并保证所提供资料的真实性、合法性、完整性，恰当使用评估报告是甲方和相关当事人的责任。

3. 其他有关事项：

甲方（签章）：	乙方（签章）：
地址：	地址：
法定代表人：	法定代表人：
授权签约代表：	授权签约代表：
电话：	电话：
年　　月　　日	年　　月　　日
	合同签订地点：

三、确定估价基本事项

受理估价委托后，应明确估价的基本事项。估价基本事项是估价目的、价值时点、估价对象和价值类型的统称。

(1)确定估价目的。任何估价项目都有估价目的，因为委托人不会无故委托估价。估价目的通常由委托人提出，通过双方商议确定。当委托人不能提出明确的估价目的时，估价师可以通过询问委托人欲将估价报告作何用途、提供给谁来了解估价目的。

(2)确定估价对象。估价对象是估价师根据估价目的，依据合法原则，征求委托人同意后确定的。确定估价对象首先要弄清楚哪些可以作为估价对象，哪些不能作为估价对象；其次要界定估价对象的范围，包括估价对象实物构成上的范围、权益上的范围和空间上的范围；还要进一步明确估价对象状况，包括实物状况、权益状况和区位状况。

(3)确定价值时点。价值时点应是估价师根据估价目的并经委托人认可后确定的。价值时点为现在的，一般以估价作业期间特别是实地查勘估价对象期间的某个日期为价值时点，一般不得早于受理估价委托之日，且不得晚于出具估价报告之日。价值时点为过去的，确定的价值时点应早于受理估价委托之日。价值时点为将来的，确定的价值时点应晚于出具估价报告之日。

(4)确定价值类型。确定价值类型是确定将要评估的是哪种具体价值或价格，包括其名称、定义或内涵。多数估价项目是评估市场价值，如房屋征收、房地产司法拍卖都是对房地产市场价值的评估。但在某些情况下需要评估的可能是非市场价值，如房地产抵押估价，评估的应是谨慎价值；为房地产开发企业取得待开发房地产服务的估价，评估的一般是投资价值。

四、制定估价作业方案

估价作业方案是为完成特定估价项目而制定的用于指导未来估价工作的计划，包括工作的主要内容、质量要求、作业步骤、时间进度、人员安排等。

在明确了估价基本事项及确定了估价报告交付期限的基础上，应再次对估价项目进行分析，制定估价作业方案，保证估价机构能够有序、按时、按质地完成估价项目。制定估价作业方案主要包括以下内容。

1. 拟采用的估价技术路线和估价方法

估价技术路线是评估估价对象价值或价格所遵循的基本途径和指导整个估价过程的技术思路。在明确了估价的基本事项后，可以根据估价对象状况、估价目的、价值要求初步拟定相应的估价技术路线和估价方法方案，再分析不同方案获取资料的难易程度、实施过程的难易程度、时间和人员安排的难易程度等确定最终采用的估价技术路线和估价方法。

2. 拟定资料收集渠道

针对估价对象、估价目的、估价技术路线和选用的估价方法等，拟定需要调查、收集那些资料。资料获取渠道可以通过：①请估价委托人提供；②估价人员实地查勘；③询问中介机构、房地产业务当事人及其亲朋、邻居等知情人士；④查阅估价机构自己的资料库；⑤查阅政府有关部门的资料；⑥查阅有关报刊或登录有关网站等。

3. 预计需要的时间、人力和经费

根据估价对象、估价目的、价值时点、估价报告交付日期判断本次估价项目的大小、难易程度、时间缓急，从而可以确定需要多少人员、需要什么样的人员，根据各个估价师的特长、专业水平、目前的工作安排等确定相应参加人员，组成项目组，明确负责人，确定估价时间。

4. 估价作业步骤和时间进度安排

针对估价项目各个工作环节，如资料收集、实地查勘、估价测算、估价结果确定等环节，根据各工作环节的难易程度确定每个工作环节所需时间和相应的人员安排，估价作业步骤和时间进度安排最好采用相应的流程图、进度表等，特别是对一些大型、复杂的估价项目更应如此。

五、收集估价所需资料

估价所需资料主要包括以下四类：

(1)对房地产价格有普遍影响的资料。对房地产价格有普遍影响的资料多指宏观环境资料，包括经济发展、银行存贷款利率、物价、人均可支配收入等经济因素资料，政治安定状况、城市化等社会因素资料，房地产制度、房地产价格政策、行政隶属变更、地区特殊政策、税收政策等行政因素资料，世界经济状况、国际竞争状况、国际政治对立状况、国际军事冲突等国际因素资料。

(2)对地区房地产价格有影响的资料。对估价对象所在地区的房地产价格有影响的资料，多指微观区域环境的资料，包括大气环境、水文环境、声觉环境、视觉环境、卫生环境等环境资料，基础设施完备程度资料，商店、医院、学校、餐馆、金融机构、公园、娱乐设施等公共配套设施资料，市内交通的通达度、可及性，对外交通的方便程度等交通状况资料，人口数量、质量、家庭规模、风土人情、消费特征等人口状况资料，城市区域规划、交通管制、社会治安状况、房地产投机、居民收入等区域性行政、社会经济状况资料，不同用途、不同规模、不同档次、不同平面布置、不同价格房地产的供求状况资料等。

(3)相关实例资料。相关实例资料包括类似房地产的交易实例资料，租赁实例资料，空置实例资料，收益实例资料，租赁价格实例资料，建安造价资料，房地产开发市政配套费用等资料，开发利润率资料，基准地价资料，路线价资料，资本化率、报酬率、折现率资料，销售费用率资料，营业税及其附加税率资料，契税税率资料，开发经营期资料等。

(4)反映估价对象状况的资料。反映估价对象状况的资料是指反映估价对象区位、实物、权益状况的资料。

估价对象为土地使用权的，需要收集的资料包括以下几个方面：

1)土地实物状况：即坐落，形状，地形、地貌，工程地质状况，至城市标志性建筑物的直线距离、行程、车程。

2)土地开发程度：即宗地红线内外通路、通水、通电、上水、下水、通信、通邮，红线内场地平整程度状况。

3)土地登记状况：即土地来源及历史沿革，地理位置，法定用途及实际用途，四至，面积，土地级别，土地权属性质及权属变更，土地登记证书号，国有土地使用证编号，登记时间，地籍图号，宗地号。

4)土地权利状况：即土地的所有权、使用权，土地使用权性质是划拨还是出让、出让年限、已使用年限、剩余使用年限、是否设立抵押、典当、出租，是否涉案，权属有无争议，是否为共有等状况。

5)土地利用状况：即土地利用现状及土地利用的变迁、土地上房屋建筑物及道路、沟渠等其他附属物状况。

6)土地使用管制状况：即城市规划限定的用途、容积率、建筑密度、建筑高度、建筑红线后退距离、建筑物间距、绿化率、交通出入方位、停车泊位、建筑体量体型、色彩、地面标高，规划设计方案与环境保护、消防安全、文物保护、卫生防疫等有关法律规定的符合状况，以及商业用地的临街宽度、深度状况，农业用地的土壤成分、肥力、灌排水状况，周期性自然灾害状况，日照、降水量、风向、排水积水状况等资料。

估价对象为建筑物的，需要收集的资料包括以下几个方面：

1)建筑物的三维空间位置。

2)面积：建筑面积、使用面积、成套房屋的套内建筑面积、居住面积、营业面积、出租面积。

3)层数及总高、层高。

4)建筑式样、风格、色调，结构，设备、设施，装饰装修，朝向，平面布局，通风，采光，隔声、隔振、隔热。

5)建筑物建成年月，维修养护及完损状况、新旧程度。

6)产权状况：产权证号，是独有、共有、还是建筑物区分所有权，是完全产权还是部分产权，是否设定抵押、典当、出租，是否涉案，权属有无争议，是否违章建筑等。

7)利用状况：法定用途，实际用途，不同用途的位置或楼层分布及其面积，物业管理，卫生、治安状况。

本次估价应收集哪些资料，主要取决于拟采用的估价方法。对比较法而言，主要是收集交易实例资料；对收益法而言，主要是收集收益实例资料；对成本法和假设开发法而言，主要是收集开发成本实例资料。而具体应收集的内容，要针对估价方法中的计算所需要的数据进行。

收集资料主要有以下几个渠道：

(1)要求委托人提供。

(2)在实地查勘估价对象时获取。

(3)查阅估价机构自己的资料库。

(4)到有关政府部门和专业机构、单位查阅。

(5)询问有关知情人士。

(6)查阅有关报刊、网站等媒体。

六、实地查勘估价对象

实地查勘是注册房地产估价师到估价对象或可比实例现场，观察、询问、检查、核对、记录估价对象或状况的活动。实地查勘可以核实委托人提供的估价对象的有关情况；可以亲身感受估价对象的区位、实物的优劣；可以了解估价对象的建造、维修保养、使用历史状况；可以了解当地房地产市场行情及市场特征；有利于估价师加深对估价对象的认识，形成一个直观、具体的印象，获取文字、图纸、照片等资料难以反映的细节。

实地查勘的工作内容包括：①感受估价对象的区位优劣；②核对之前收集的估价对象的坐落、四至、面积、用途等情况；③观察估价对象的内外部状况，如土地形状、建筑结构、设施设备、装饰装修、维修养护等；④拍摄反映估价对象内外部状况以及周围环境或临路状况的照片等影像资料；⑤调查估价对象的历史使用状况(如是否存放过污染物)、周边以及当地同类房地产的市场行情；⑥补充收集估价所需要的其他资料。

在实地查勘时，要记载实地查看的对象、内容、结果、人员和时间等内容，即实地查勘记录。一般需要委托人和被查勘房地产业主等当事人到场，估价师要认真听取他们关于估价对象的情况介绍，详细询问估价需要弄清的问题，并将有关情况和数据记录下来，形成实地查勘记录的材料。

为了全面、高效完成实地查勘，就需要制作详细、容易操作的《估价对象实地查勘记录表》。不同类型估价对象进行实地查勘时，其查勘的侧重点会有所不同，实地查勘记录表内容会相应不同，下面主要就住宅房地产、经营性房地产、工业房地产及在建工程等典型估价对象实地查勘内容进行介绍。

1. 住宅房地产实地查勘记录

住宅房地产实地查勘主要包括以下内容：

(1)估价对象位置、四至、楼盘名称。

(2)估价对象建筑结构、户型结构、楼层。

(3)估价对象通风、采光、噪声状况。

(4)估价对象周边景观及配套设施状况。

(5)估价对象类型，如属于住宅小区、大院、单体楼等。

(6)估价对象使用状况，如目前是自用、空置、出租等。

(7)估价对象设施及管理状况。

(8)估价对象内部装修状况。

(9)估价对象实地查勘时间、人员、联系方式。

住宅房地产实地查勘记录见表 3-2。

表 3-2　住宅房地产实地查勘记录表

标的坐落				楼盘名称：	
标的所在楼层/总层数：__/__层		使用状况	□自用 □空置 □出租	建筑面积：____ m^2	成新率：
现状用途	□住宅 □办公 □商铺	户型结构	__房__厅__厨__卫__阳	楼龄：____年	朝向：
维修保养	□良好 □一般 □较差	通风采光	□良好 □一般 □较差	物业类型	□小区 □大院 □单体楼 □封闭 □半封闭 □开放
四至：东：　南：　西：　北：					
公交线路：共　条，步行____分钟			地铁站名：	步行至该地铁站口约____分钟	
景观	□小区公园 □小区园景 □望江□ 人工湖 □山 □球场 □泳池 □无			小区配套：	
物业设施及管理	电梯	□__部电梯　部货梯　每层__户 □无 □完好 □轻度破损 □一般破损 □严重破损		通信	□电话 □有线电视 □网络 □完好
	水电	□明敷 □暗敷 □无 □完好 □轻度破损 □一般破损 □严重破损		管道煤气	□有 □无 □完好 □轻度破损
	消防	□消防栓 □自动喷淋 □烟感报警 □无□完好 □轻度破损 □一般破损 □严重破损		物业管理	□防盗门 □自动对讲系统 □可视对讲系统 □小区监视系统 □24 小时保安 □无
周边配套	□商场 □幼儿园 □学校 □医院 □邮局 □菜市场 □超市 □公园 □体育设施等				
物业外墙	□马赛克 □条形砖 □玻璃幕墙 □水刷石 □涂料			装修档次	□毛坯 □普通 □精装 □豪华
楼梯间	地面：　墙面：　天花：　其他：				
公共通道	地面：　墙面：　天花：　其他：				

续表

内部装修		基本状况	使用状况
客厅	地面		□完好 □轻度破损 □一般破损 □严重破损
	墙面		□完好 □轻度破损 □一般破损 □严重破损
	天花		□完好 □轻度破损 □一般破损 □严重破损
	门		□完好 □轻度破损 □一般破损 □严重破损
	窗		□完好 □轻度破损 □一般破损 □严重破损
房间	地面		□完好 □轻度破损 □一般破损 □严重破损
	墙面		□完好 □轻度破损 □一般破损 □严重破损
	天花		□完好 □轻度破损 □一般破损 □严重破损
	门		□完好 □轻度破损 □一般破损 □严重破损
	窗		□完好 □轻度破损 □一般破损 □严重破损
厨房	地面		□完好 □轻度破损 □一般破损 □严重破损
	墙面		□完好 □轻度破损 □一般破损 □严重破损
	天花		□完好 □轻度破损 □一般破损 □严重破损
卫生间	地面		□完好 □轻度破损 □一般破损 □严重破损
	墙面		□完好 □轻度破损 □一般破损 □严重破损
	天花		□完好 □轻度破损 □一般破损 □严重破损
阳台		□外阳台____个 □内阳台____个	□完好 □轻度破损 □一般破损 □严重破损
备注			
在查勘表背面绘制现场平面草图及记载市场案例调查情况 领勘人： 地址及联系方式：			查勘人： 查勘日期：

2. 经营性房地产实地查勘记录

经营性房地产主要包括商铺、写字楼、酒店、餐饮、娱乐等房地产，这类房地产实地查勘主要包括以下内容：

(1)估价对象位置、四至。

(2)估价对象建筑规模、结构、楼层、地下室。

(3)估价对象周边的商业繁华程度，如距商业中心的距离、规模、客流量、主要商业物业等。

(4)估价对象周边办公集聚度，如距商务中心和政府部门的距离、规模、主要写字楼物业等。

(5)估价对象周边交通便捷度，如距主要干道和地铁的距离、公交线路规模等。

(6)估价对象周边公共配套设施。

(7)估价对象使用状况，如目前是自用、空置、出租等。

(8)估价对象内部设施及物业管理状况。

(9)估价对象内部装修状况。

(10)估价对象实地查勘时间、人员、联系方式。

经营性房地产实地查勘记录见表 3-3。

表 3-3　经营性房地产实地查勘记录表

<table>
<tr><td colspan="10">房地产基本情况</td></tr>
<tr><td colspan="2">房地产名称</td><td colspan="6"></td><td>权证编号</td><td></td></tr>
<tr><td colspan="2">房地产位置</td><td colspan="6"></td><td>使用状况</td><td>□自用　□出租　□空置</td></tr>
<tr><td colspan="2">证载用途</td><td colspan="2"></td><td>评估楼层</td><td colspan="3"></td><td>租金水平</td><td>元/m^2 月</td></tr>
<tr><td colspan="2">现状用途</td><td colspan="2"></td><td>空置率</td><td colspan="3"></td><td>临街状况</td><td>□面临街　□不临街</td></tr>
<tr><td colspan="2">四至</td><td colspan="8">东：　南：　西：　北：</td></tr>
<tr><td colspan="10">房地产外部环境</td></tr>
<tr><td rowspan="4">商业繁华度</td><td colspan="2">距商业中心</td><td colspan="3">□中心内　□较近　□一般　□较远　□远</td><td rowspan="4">办公集聚度</td><td colspan="2">距商务区距离</td><td>□近　□较近　□一般　□较远　□远</td></tr>
<tr><td colspan="2">规模</td><td colspan="3">□大　□较大　□一般　□较小　□小</td><td colspan="2">距政府部门</td><td>□近　□较近　□一般　□较远　□远</td></tr>
<tr><td colspan="2">客流量</td><td colspan="3">□多　□较多　□一般　□较少　□少</td><td colspan="2">规模</td><td>□大　□较大　□一般　□较小　□小</td></tr>
<tr><td colspan="2">主要商业</td><td colspan="3"></td><td colspan="2">主要写字楼</td><td></td></tr>
<tr><td rowspan="4">交通便捷度</td><td colspan="2">公交线路</td><td colspan="3">车号：</td><td rowspan="4">公共设施</td><td colspan="2">银行</td><td></td></tr>
<tr><td colspan="2">地铁站</td><td colspan="3">距离：</td><td colspan="2">超市</td><td></td></tr>
<tr><td colspan="2">火车站/飞机场</td><td colspan="3">距离：</td><td colspan="2">餐饮</td><td></td></tr>
<tr><td colspan="2">主要交通干线</td><td colspan="3">名称：　距离：</td><td colspan="2">医院</td><td></td></tr>
<tr><td rowspan="4">建筑物规模</td><td colspan="2">整体概况</td><td colspan="7"></td></tr>
<tr><td colspan="2">裙楼</td><td colspan="7">层数：　用途：</td></tr>
<tr><td colspan="2">塔楼</td><td colspan="7">层数：　用途：</td></tr>
<tr><td colspan="2">地下室</td><td colspan="7">层数：　用途：</td></tr>
</table>

续表

<table>
<tr><td colspan="4">房地产内部状况</td></tr>
<tr><td colspan="2">项目</td><td>基本状况</td><td>使用现状</td></tr>
<tr><td rowspan="9">设备设施</td><td>电梯</td><td>自动电梯： 部 层 □无
客梯： 部 层 □无
货梯： 部 层 □无</td><td>□正常 □破损 □无法使用
□正常 □破损 □无法使用
□正常 □破损 □无法使用</td></tr>
<tr><td>防盗系统</td><td>□防盗门自动对讲系统
□闭路监控系统 □无</td><td>□正常 □破损 □无法使用</td></tr>
<tr><td>给排水系统</td><td>□明敷 □暗敷</td><td>□正常 □破损 □无法使用</td></tr>
<tr><td>供电系统</td><td>□明敷 □暗敷</td><td>□正常 □破损 □无法使用</td></tr>
<tr><td>照明系统</td><td>□吊灯 □吸顶灯 □格栏灯
□日光灯 □其他</td><td>□正常 □破损 □无法使用</td></tr>
<tr><td>空调系统</td><td>□市政集中供应 □中央空调
□独立空调 □无</td><td>□正常 □破损 □无法使用</td></tr>
<tr><td>通信系统</td><td>□电话 □有线电视 □网络 □无</td><td>□正常 □破损 □无法使用</td></tr>
<tr><td>消防系统</td><td>□消防栓 □灭火器 □自动喷淋
□烟感报警 □无</td><td>□正常 □破损 □无法使用</td></tr>
<tr><td colspan="3"></td></tr>
<tr><td rowspan="8">装修情况</td><td>外墙</td><td></td><td>□完好 □轻度破损 □一般破损 □严重破损</td></tr>
<tr><td>内墙</td><td></td><td>□完好 □轻度破损 □一般破损 □严重破损</td></tr>
<tr><td>天花</td><td></td><td>□完好 □轻度破损 □一般破损 □严重破损</td></tr>
<tr><td>房间地面</td><td></td><td>□完好 □轻度破损 □一般破损 □严重破损</td></tr>
<tr><td>楼梯间地面</td><td></td><td>□完好 □轻度破损 □一般破损 □严重破损</td></tr>
<tr><td>外门</td><td></td><td>□完好 □轻度破损 □一般破损 □严重破损</td></tr>
<tr><td>内门</td><td></td><td>□完好 □轻度破损 □一般破损 □严重破损</td></tr>
<tr><td>窗</td><td></td><td>□完好 □轻度破损 □一般破损 □严重破损</td></tr>
<tr><td>备注</td><td colspan="3"></td></tr>
<tr><td colspan="4">在查勘表背面绘制现场平面草图及记载市场案例调查情况
领勘人： 查勘人：
地址及联系方式： 查勘日期：</td></tr>
</table>

3. 工业房地产实地查勘记录

工业房地产实地查勘主要包括以下内容：

(1)估价对象位置、四至、名称。

(2)估价对象建筑结构、楼层、跨度、成新率。

(3)估价对象占地面积、容积率。

(4)估价对象具体用途、类型，如属于普通生产车间、腐蚀性生产车间、恒温恒湿生产车间、超洁净生产车间、非生产车间等。

(5)估价对象周边交通便捷度。

(6)估价对象工业集聚度。

(7)估价对象周边基础设施及公共配套设施状况。

(8)估价对象使用状况，如目前是自用、空置、出租等。

(9)估价对象内部设施状况。

(10)估价对象内部装修状况。

(11)估价对象实地查勘时间、人员、联系方式。

4. 在建工程实地查勘记录

在建工程实地查勘主要包括以下内容：

(1)估价对象名称、位置、四至。

(2)估价对象建筑面积、用地面积。

(3)估价对象规划许可证、施工许可证、设计单位、施工单位。

(4)估价对象开工日期、预计完成时间。

(5)估价对象建筑结构、层高、楼层数。

(6)估价对象实际进度。

(7)估价对象周边商业繁华度。

(8)估价对象周边交通便捷度。

(9)估价对象周边基础设施及公共配套设施状况。

(10)估价对象实地查勘时间、人员、联系方式。

七、选用估价方法进行测算

根据估价对象初步选择了估价方法的基础上，再根据收集到的资料的数量和质量等情况，正式确定估价方法。一般情况下，有条件选用比较法估价的，应以比较法为主要的估价方法；收益性房地产估价，应选用收益法作为其中的一种估价方法；具有开发或再开发潜力的房地产估价，应选用假设开发法作为其中的一种估价方法；在无市场依据或市场依据不充分而不宜采用比较法、收益法、假设开发法估价的情况下，可以将成本法作为主要的估价方法。

估价方法选定之后就是进行有关测算，测算时要做到基础数据和技术参数选取准确且有充分的依据或理由，计算公式和计算过程正确无误。

八、确定估价结果

在评估一宗房地产价值时，理论上适用的估价方法都应选用，不得随意取舍。但不同的估价方法的测算结果通常是不同的。应在对各种估价方法的测算结果进行比较、检查、分析的基础上判断估价对象的价值。

(1)对各种估价方法的测算结果进行校核。当不同的估价方法的测算结果之间有较大差异时，应寻找导致较大差异的原因，并消除不合理的差异。

(2)将各种估价方法的测算结果综合为一个结果。在确认了各种估价方法的测算结果无误且差异不是很大的情况下，应根据具体情况选用简单算术平均数、加权算术平均数等数学方法将它们综合为一个结果，并在估价报告中简要说明选用不同数学方法的理由。

(3)确定最终的估价结果。在综合出一个结果的基础上，还应考虑一些不可量化的价值影响因素，同时可听取有关专家的意见，对该结果进行适当的调整，或者取整，或者认定该结果，从而确定出最终的估价结果。当有调整时，应在估价报告中充分说明调整的理由。

九、撰写估价报告

估价人员在确定了最终估价结果后，应当撰写估价报告。估价报告是房地产估价机构和注册房地产估价师向委托人所做的关于估价情况和结果的正式陈述。估价报告一般应采取书面形式。书面报告按照格式，可分为叙述式报告和表格式报告。估价报告应全面、公正、客观、准确地记述估价过程和结论。

估价报告的质量包括内在质量和外在质量两个方面。内在质量包括估价程序的完整性和合法性、估价结果的合理性和准确性、估价方法选用的正确性和全面性、估价基础数据的正确性、估价参数选取的合理性和准确性等；外在质量包括文字表述水平、文本格式和印刷质量等。

一份完整的房地产估价报告，通常由八部分组成，即封面(或扉页)、致估价委托人函、目录、估价师声明、估价假设和限制条件、估价结果报告、估价技术报告、附件。

十、审核估价报告

对估价报告进行审核，类似于对生产出的产品在出厂之前进行质量检验，是防范估价风险的最后一道防线。为了保证出具的每份估价报告都是合格的，估价机构应建立并不断完善估价报告内部审核制度，由本机构业务水平高、为人正直、责任心强的房地产估价师或者外聘房地产估价专家担任审核人员，按照合格的估价报告要求，对撰写完成尚未出具的估价报告，从形式到内容进行全面、认真、细致的审查核定，确认估价结果是否合理，提出审核意见。审核意见应尽可能具体地指出估价报告存在的问题，审核结论可为下列之一：

(1)可以出具。

(2)适当修改后出具。

(3)应重新撰写。

(4)应重新估价。

1. 估价报告内部审核

估价报告内部审核是房地产估价机构按房地产估价相关要求和内部审核制度，对自己的已撰写完成而尚未向估价委托人出具的估价报告的内容和形式等的审查核定。估价报告内部审核重点包括以下几个方面：

(1)估价报告的完整性：主要按照《房地产估价规范》要求审核报告的各项要件是否齐全，如封面、目录、致估价委托人函、注册房地产估价师声明、估价假设和限制条件、估价结果报告、估价技术报告、附件等是否齐全。

(2)估价假设和限制条件：主要审核假设条件是否必要、充分、合理、有依据；限制条件是否具有针对性。

(3)估价目的及价值定义：主要审核表述是否准确、全面、清晰、具体。

(4)估价对象的界定、描述和分析：主要审核对估价对象的界定是否准确，对区位、权益、实物状况的描述是否全面、客观、翔实。

(5)市场背景描述与分析：主要审核对宏观房地产市场、估价对象细分房地产市场及价值影响因素的分析是否全面、透彻、针对性强。

(6)最高最佳利用分析：主要审核对最高最佳利用的判断是否正确，分析是否透彻、具体，是否有合法的依据。

(7)估价方法选用：主要审核选用方法是否全面、恰当，对理论上适用于估价对象的方法不选用的，充分说明了理由，选用的，简述了道理。

(8)数据来源与确定、参数选取与运用及计算过程：主要审核数据来源是否依据充分或理由充足，参数选取是否客观、合理，在理论和现实上是否有说服力，有必要的分析和过程，计算过程详细、完整、严谨、正确。

(9)估价结果确定及结论表述：主要审核估价结果的确定是否有充分依据，结论表述是否清晰、全面、理由充分，致估价委托人函、结果报告、技术报告中的估价结果是否一致。

(10)估价报告的规范性、文字表述：主要审核报告名称、格式、用语是否规范，引用的法规、标准是否正确，文字表达是否简洁、流畅、严谨、前后一致、逻辑性强、无错别字、漏字。

(11)审核结论。

2. 估价报告内部审核表

估价报告内部审核见表 3-4。

表 3-4　估价报告内部审核表

估价项目名称						
估价报告编号						
序号	审核项目	审核要求	优	合格	不合格	问题说明
1	估价报告的完整性	报告的各项要件是否齐全，如封面、目录、致估价委托人函、注册房地产估价师声明、估价假设和限制条件、估价结果报告、估价技术报告、附件等是否齐全				
2	估价假设和限制条件	假设条件是否必要、充分、合理、有依据，限制条件是否具有针对性				
3	估价目的及价值定义	表述是否准确、全面、清晰、具体				
4	估价对象的界定、描述和分析	对估价对象的界定是否准确，对实物、权益、区位的描述是否全面、客观、翔实				
5	市场背景描述与分析	对宏观房地产市场、估价对象细分房地产市场及价值影响因素的分析是否全面、透彻、针对性强				
6	最高最佳利用分析	对最高最佳利用的判断是否正确，分析是否透彻、具体，是否有合法的依据				
7	估价方法选用	选用方法是否全面、恰当，对理论上适用于估价对象的方法不选用的，充分说明了理由；选用的，简述了道理				
8	数据来源与确定、参数选取与运用及计算过程	数据来源是否依据充分或理由充分，参数选取是否客观、合理，在理论和现实上是否有说服力，有必要的分析和过程；计算过程详细、完整、严谨、正确				
9	估价结果确定及结论表述	估价结果的确定是否有充分依据，结论表述是否清晰、全面、理由充分，致估价委托人函、结果报告、技术报告中的估价结果是否一致				
10	估价报告的规范性、文字表述	报告名称、格式、用语是否规范，引用的法规、标准是否正确，文字表达是否简洁、流畅、严谨、前后一致、逻辑性强，无错别字、漏字				
综合审核结论		□可以出具报告　□作适当修改后出具报告　□重新估价　□重新撰写估价报告				
审核人员签名			审核日期		年　月　日	

十一、交付估价报告

估价报告经内部审核合格并完成有关签字、盖章等手续后，估价机构应按照有关规定或者与委托人约定的方式，及时将估价报告交给委托人。在交付估价报告时，可由委托人或者其指定的接收人在《估价报告交接单》上签收。

在交付估价报告时，估价师可以主动对估价报告中的某些问题特别是估价报告使用建议作口头说明。委托人对估价过程或者估价报告提出询问的，估价师应给予解释和说明。

十二、估价资料归档

估价资料归档是收集、整理在估价活动中获得和形成的文字、图表、声像等形式的资料，对其中具有保存价值的资料进行分类并保存。

估价档案是房地产估价机构和注册房地产估价师在估价活动中获得和形成的具有保存价值的文字、图标、声像等形式的资料。

估价资料归档的目的是建立估价档案和估价资料库，为今后的相关估价及管理工作奠定基础。估价资料归档有助于解决今后可能发生的估价争议，有助于估价机构和估价师展现估价业绩，有助于行政主管部门和行业组织对估价机构和估价师开展有关检查和考核。

估价资料应采用纸质文档归档，同时可采用电子文档归档。估价档案保存期限自估价报告出具之日起计算，应不少于 10 年。估价档案保存已超过 10 年而估价服务的行为尚未结束的，估价档案应保存至估价服务的行为结束为止。

本章小结

估价原则是对房地产价格形成和运动规律的总结，包括独立、客观、公正原则，合法原则，价值时点原则，替代原则，最高最佳利用原则和谨慎原则。估价程序是指房地产估价过程中的各项具体工作，按照其内在联系性所排列出的先后次序，包括受理估价委托、确定估价基本事项、制定估价作业方案、收集估价所需资料、实地查勘估价对象、选用估价方法进行测算、确定估价结果、撰写估价报告、审核估价报告、交付估价报告、估价资料归档。

思考与练习

一、单项选择题

1. 房地产的估价原则不包括(　　)。

A. 独立、客观、公正原则　　　　B. 替代原则

C. 合理原则　　D. 谨慎原则

2. 在具体的估价项目中，价值时点究竟是现在还是过去或未来，是由(　)决定的。

A. 估价目的　　B. 估价对象状况

C. 估价原则　　D. 房地产市场状况

3. 价值时点为现在，估价对象状况为现在，则房地产市场状况为(　)。

A. 过去　　B. 现在　　C. 未来　　D. 无法判断

4. 如果附近有若干相近效用的房地产有成交价格，则可以依据(　)，由这些相近效用的房地产的成交价格推算出估价对象房地产的价格。

A. 合法原则　　B. 替代原则

C. 公平原则　　D. 最高最佳利用原则

5. 某宗房地产规划用途为商业，现状为超市，年净收益为18万元，预计改为服装店后的年净收益为20万元，除此无其他更好的用途，则根据(　　)应按服装店用途进行估价。

A. 合法原则　　B. 最高最佳利用原则

C. 价值时点原则　　D. 替代原则

6. (　　)是估价机构和估价委托人之间就估价服务事宜订立的协议。

A. 估价委托书　　B. 估价协议书　　C. 估价委托合同　　D. 估价合同

7. 在估价基本事项中，(　　)是龙头。

A. 估价对象　　B. 估价目的　　C. 价值时点　　D. 价值类型

8. 关于估价对象的确定，下列说法正确的是(　)。

A. 估价对象完全是由委托人确定的

B. 估价机构或估价师应根据委托人的要求来确定估价对象

C. 估价师可以根据自己的主观判断来确定估价对象

D. 估价师应在委托人指定的基础上，根据已确定的估价目的和价值时点并经委托人认可后确定的估价对象

二、多项选择题

1. 价值时点应根据估价目的来确定，它可能是(　)的某个时间，一般用公历的年、月、日来表示。

A. 现在　　B. 过去

C. 将来　　D. 不一定

E. 确定

2. 房地产估价应当遵循的原则主要有(　　)。

A. 独立、客观、公正原则　　B. 合法原则

C. 替代原则　　D. 价值时点原则

E. 最高最佳利用原则

3. 最高最佳利用是指(　　)，经过充分合理的论证，能使估价对象的价值达到最大化的一种最可能的利用。

A. 法律上许可　　B. 技术上可能

C. 经济上可行　　D. 社会上认可

E. 质量上合格

4. 估价程序的作用有(　　)。

A. 规范估价行为　　B. 保证估价结果

C. 提高估价效率　　D. 防范估价风险

E. 保证估价质量

5. 审核意见应尽可能具体地指出估价报告存在的问题，审核结论(　　)。

A. 可以出具　　B. 适当修改后出具

C. 拒绝出具　　D. 应重新估价

E. 应重新撰写

三、判断题

1. 房地产估价师对于超出自己专业胜任能力的工作部分，应当主动聘请具有专业胜任能力的估价师或者有关专家提供专业帮助。(　　)

2. 房地产估价的委托人必须是房地产的所有者或使用者。(　　)

3. 谨慎原则是评估房地产抵押价值时应遵循的一项原则。(　　)

4. 对于房地产的估价，总的要求是独立、客观、公正，这应该作为房地产估价的最高原则来看待。(　　)

5. 价值时点从本质上讲既不是由委托人决定的，也不是由估价师决定的，而是由估价目的决定的。(　　)

四、简答题

1. 房地产估价原则有哪些?

2. 什么是独立、客观、公正原则？为什么说它是房地产估价的基本原则?

3. 什么是价值时点原则？确立价值时点的意义是什么?

4. 如何理解最高最佳利用原则的意义?

5. 估价机构和估价师不应承接哪些估价业务?

6. 估价的基本事项包括哪些？估价所需资料有哪些?

7. 什么是实地查勘？实地查勘包括哪些内容?

8. 如何确定估价结果?

9. 什么是房地产估价报告？其质量要求有哪些？由哪几部分构成?

10. 估价资料归档的目的和作用是什么？估价档案保存期限是几年?

综合实训

1. 模拟签订估价委托合同。
2. 选择某居住房地产或经营房地产进行实地查勘，填写查勘记录表。

第四章　比较法

知识目标

1. 掌握比较法适用的对象，收集交易实例，选取可比实例，交易情况修正，市场状况调整，房地产状况调整；

2. 熟悉比较法的含义，比较法的估价步骤，求取比较价值的方法。

能力目标

1. 能够搜集交易实例并正确选取可比实例；

2. 能够对不正常的交易实例进行交易情况修正；

3. 能够对可比实例进行市场状况和房地产状况的调整；

4. 能够运用比较法公式评估估价对象的比较价值。

第一节　比较法的基本原理

一、比较法的含义

比较法是选取一定数量的可比实例，将它们与估价对象进行比较，根据其间的差异对可比实例成交价格进行处理后得到估价对象价值或价格的方法。

比较法的本质是以房地产的市场价格为导向来求取房地产的价值或价格。由于该方法是利用实际发生、经过市场"检验"的类似房地产的成交价格来求取估价对象的价值或价格，所以它是一种最直接、最有说服力的估价方法，其测算结果易于被人们理解、认可或接受。采用比较法测算出的价值称为比较价值。

比较法的理论依据是房地产价格形成的替代原理，即在同一个房地产市场上相似的房地产有相近的价格，房地产的未知价格（价值）可以通过类似房地产的已知价格来求取。

二、比较法适用的对象和条件

1. 比较法适用的估价对象

比较法适用于同类房地产数量较多、经常发生交易且具有一定可比性的房地产，包括住宅、写字楼、商铺、标准厂房、房地产开发用地等。

下列房地产难以采用比较法进行估价：

(1)数量很少的房地产，如特殊厂房、机场、码头、博物馆、教堂、寺庙、古建筑等。

(2)很少发生交易的房地产，如学校、医院、行政办公楼等。

(3)可比性差的房地产，如在建工程等。

2. 比较法适用的条件

比较法适用于在价值时点的近期有较多类似房地产的交易。房地产市场不够活跃或者类似房地产交易较少的地区，难以采用比较法估价。运用比较法估价还需要估价人员掌握扎实的估价理论知识，具有丰富的估价经验，对当地房地产市场行情、交易习惯等有较深入的了解，这样才能正确地运用比较法。如果类似房地产交易实例较少，或者房地产市场发育不完善，或者估价人员的专业知识、经验、技能有限，就难以采用比较法估价。

三、比较法估价的操作步骤

(1)收集交易实例，即收集大量真实成交的房地产信息。

(2)选取可比实例，即从收集的交易实例中选取符合一定条件的交易实例。

(3)建立比较基础，即对可比实例的成交价格进行换算处理，使其具有可比性。

(4)比较因素的修正与调整，即对可比实例的成交价格进行修正、调整。

(5)求取比较价值，即将多个可比实例的成交价格经过处理得到的比较价值综合为一个比较价值。

第二节　收集交易实例

运用比较法估价，首先必须拥有大量真实、可靠的市场交易实例。交易实例是真实成交的房地产等财产或相关权益及有关信息，包括交易对象基本状况、交易双方基本情况、交易方式、成交日期、成交价格、付款方式、融资条件、交易税费负担、交易目的等。

一、收集交易实例的途径

收集交易实例及相关参考资料的途径主要有以下几种：

(1)走访房地产交易当事人或其四邻，了解其房地产成交价格及有关交易情况。

(2)访问房地产经纪人、律师、注册会计师等，了解成交价格及有关交易情况。

(3)查阅政府有关部门的房地产价格资料，如成交价格资料、交易登记资料、土地使用权的出让资料、基准地价、标定地价和房屋重置价格资料等。

(4)向专业房地产信息机构购买房地产价格资料。

（5）查阅网站、报刊上的房地产出售、出租信息，参加房地产交易展示会，与房地产业主、开发企业、经纪人员等房地产出售人或其代理人洽谈，获取房地产的要价、标价、挂牌价、报价等资料，了解房地产市场价格行情。

（6）同行之间相互提供。估价机构和估价师之间可以建立某种协作关系，相互提供所收集的交易实例和经手的估价案例资料。

二、收集交易实例的内容

在收集交易实例时应尽量收集较多的信息，一般包括以下内容：

（1）交易对象基本状况，如名称、坐落、范围、规模、用途、权属以及土地形状、土地使用期限、建筑物竣工日期、建筑结构、周围环境等。

（2）交易双方基本情况，如卖方和买方的名称及之间的关系等。

（3）交易方式，如买卖、租赁，买卖中又如协议、招标、拍卖、挂牌等。

（4）成交日期。

（5）成交价格，包括总价、单价及计价方式（是按建筑面积计价还是按套内建筑面积、使用面积计价）。

（6）付款方式，如一次性付款、分期付款、贷款方式付款。

（7）交易税费负担，如买卖双方是依照规定或按照当地习惯各自缴纳自己应缴纳的税费，还是全部税费由买方负担或由卖方负担等。

（8）交易目的，如卖方为何而卖，买方为何而买，以及是否有急卖或急买等特殊交易情况。

为避免遗漏重要的信息并保证信息统一和规范，最好事先将房地产分为居住、商业、办公、旅馆、餐饮、体育和娱乐、工业、农业等不同类型，分别针对这些类型的房地产将需要收集的信息制成表格。此表格可命名为“房地产交易实例调查表”，收集实例时按表填写。对于交易实例的每项内容，都应查证核实，确保真实、可靠。

为保证有足够的交易实例可供选用，应当建立房地产交易实例库，将交易实例制作成卡片或存入计算机中，实行分类保存，便于查找和调用。

房地产交易实例调查见表4-1。

表4-1 房地产交易实例调查表

房地产基本状况	名称	
	坐落	
	范围	
	规模	
	用途	
	权属	

续表

<table>
<tr><td rowspan="5">交易基本情况</td><td>卖方</td><td colspan="4"></td></tr>
<tr><td>买方</td><td colspan="4"></td></tr>
<tr><td>成交日期</td><td colspan="4"></td></tr>
<tr><td>成交价格</td><td>总价</td><td></td><td>单价</td><td></td></tr>
<tr><td>付款方式</td><td colspan="4"></td></tr>
<tr><td colspan="2">交易情况说明</td><td colspan="4"></td></tr>
<tr><td rowspan="3">房地产状况说明</td><td>区位状况说明</td><td colspan="4"></td></tr>
<tr><td>实物状况说明</td><td colspan="4"></td></tr>
<tr><td>权益状况说明</td><td colspan="4"></td></tr>
<tr><td colspan="2">位置示意图</td><td colspan="2">外观图片</td><td colspan="2">其他图片</td></tr>
</table>

调查人员： 调查日期： 年 月 日

第三节 选取可比实例

一、选取可比实例的必要性

在比较法中，用来比较的类似房地产是否恰当，直接影响估价对象价格的准确性。估价机构搜集并存储的交易实例往往较多，但在具体的估价业务中，有一些交易实例可能不适用，需要从中选取符合一定条件的交易实例作为可比实例。可比实例是交易实例中交易方式适合估价目的，成交日期接近价值时点、成交价格为正常价格或可修正为正常价格的估价对象的类似房地产等财产或相关权益。

二、选取可比实例的要求

选取可比实例要符合一定的要求，包括数量要求和质量要求。可比实例的数量一般要求 3～10 个，即 3≤可比实例的数量≤10。对可比实例的质量要求如下。

(一)可比实例是估价对象的类似房地产

类似房地产是指与对象房地产的区位、用途、权利性质、档次、规模、建筑结构、新旧程度等相同或相近的房地产。类似房地产应满足下列条件：

1. 处于同一供求范围内

具体来说，可比实例与估价对象应处于同一地区，或者处于具有同一供求范围的类似地区。如果估价对象是某个住宅小区内的一套普通商品住房，则选取的可比实例最好也是同一住宅小区内的交易实例；如果同一住宅小区内没有合适的交易实例，则应选取类似小区内的交易实例。

2. 用途相同

房地产大类用途一般分为：①居住房地产；②商业房地产；③办公房地产；④旅馆房地产；⑤工业房地产；⑥农业房地产等。小类用途是在大类基础上再细分，例如居住房地产可细分为普通住宅、高档公寓、豪华别墅等。可比实例与估价对象必须保证在大类用途上相同，若能做到小类用途相同则更好。

3. 规模相当

如估价对象为一宗土地，则选取的可比实例的土地面积应与该宗土地的面积相差不多，既不能过大也不能过小。选取的可比实例规模一般应在估价对象规模的 0.5～2 范围内，即：

$$0.5 \leqslant \frac{\text{可比实例规模}}{\text{估价对象规模}} \leqslant 2$$

4. 建筑结构相同

这里的建筑结构相同主要指大类建筑结构相同。大类建筑结构一般分为：①钢结构；②钢筋混凝土结构；③砖混结构；④砖木结构；⑤简易结构。小类是在大类建筑结构的基础上再细分，如砖木结构分为砖木一等、砖木二等。如果能做到小类建筑结构也相同则更好。

5. 档次相当

档次是指按一定的标准分成的不同等级。如宾馆划分为五星级、四星级、三星级等；写字楼划分为甲级、乙级等。这里的档次相当主要指在装饰装修、设备(如电梯、空调、智能化)、周围环境等方面的齐全、优劣程度应相当。

6. 权利性质相同

只有交易实例的权利性质与估价对象的权利性质相同才能作为可比实例。如估价对象是出让土地使用权的房地产，则应选取出让土地使用权的房地产交易实例，而不应选取划拨土地使用权的房地产交易实例。

7. 存在形态相同

在选取可比实例时，估价对象为房地的，应选取类似的房地交易实例；估价对象为土地的，应选取类似的土地交易实例；估价对象为建筑物的，应选取类似的建筑物交易实例。如果估价对象为单独的土地或单独的建筑物，但缺少相应的交易实例，却有类似的房地交易实例时，可将此房地交易实例的成交价格予以分解，提取出与估价对象同类型的土地或建筑物的价格，将提取出的部分作为可比实例。

（二）可比实例的成交日期接近价值时点

这里要求的“接近”应视房地产市场状况而定。如果房地产市场较平稳，则较早的交易实例仍然有参考价值，可选为可比实例；但如果房地产市场变化较快，则只有近期发生的交易实例才有说服力，才可选为可比实例。一般认为，交易实例的成交日期与价值时点相隔一年以上的不宜采用，因为这种情况下难以进行市场状况调整，即使调整也可能出现较大的偏差。

（三）可比实例的交易类型适合估价目的

房地产的交易类型主要有买卖和租赁两大类。估价目的有为买卖、租赁、抵押、房屋征收补偿等提供价值参考。相对应的，如果是为买卖目的估价，则应选取买卖实例为可比实例；为租赁目的估价，应选取租赁实例为可比实例；如果为抵押、抵债、房屋拆迁补偿等目的的估价，通常也选取买卖交易实例为可比实例。

（四）可比实例的成交价格为正常价格或可修正为正常价格

所谓正常价格，是指在公开的房地产市场上，交易双方均充分了解市场信息，以平等、自愿方式达成的价格。选取可比实例时，应当首选正常价格的交易实例。如果市场上正常交易实例较少，不得不选择非正常交易实例时，也应选取交易情况明了，而且可以修正为正常价格的交易实例作为可比实例。

在同等条件下，应选取位置与估价对象较近、成交日期与价值时点较近的交易实例。成交日期与价值时点相差不宜超过一年，不应超过两年。

第四节　建立比较基础

选取可比实例后，应建立比较基础。建立比较基础是使可比实例成交价格与估价对象价值或价格之间，各个可比实例的成交价格之间口径一致、相互可比的处理。建立比较基础包括统一财产范围、统一付款方式、统一计价单位和统一税费负担等内容。

一、统一财产范围

统一财产范围，应对可比实例与估价对象的财产范围进行“有无对比”，消除因财产范围不同而造成的价格差异。财产范围不同的情况主要有以下几种：

（1）带有债权债务的房地产。如估价对象是不带债权债务的房地产，而选取的交易实例或者设立了抵押权，或者拖欠建设工程价款，或者由买方代付卖方欠缴的水电费、燃气费、通信费、供暖费等，在这种情况下，一般是统一到不带债权债务的房地产范围。可利用以下公式进行换算处理：

房地产价格＝带有债权债务的房地产价格－债权＋债务

(2)含有非房地产成分的房地产。如估价对象是“纯粹”的房地产，选取的交易实例是有附赠家具、家用电器等的房地产。在这种情况下，一般是统一到“纯粹”的房地产范围。可利用以下公式进行换算处理：

房地产价格＝含有非房地产成分的房地产价格－非房地产成分的价格

(3)实物范围不同的房地产。如估价对象为土地，选取的交易实例是房地交易实例；估价对象是不带车位的公寓，选取的交易实例是带车位的公寓；在这种情况下，一般是统一到估价对象的房地产范围。

二、统一付款方式

统一付款方式，应将可比实例不是在成交日期一次性付清方式下的价格，调整为在成交日期一次性付清方式下的价格。

由于房地产的价值量大，有时需要采用分期付款的方式支付成交价格，这便产生名义价格和实际价格。为了便于比较，通常以一次付清的实际价格为基准。如果可比实例的成交价格是分期付款的名义价格，则需要将其折算为一次付清的实际价格。

【例 4-1】 某宗房地产的交易总价款为 40 万元，其中首期付款 20%，余款于半年后支付。假设月利率为 0.5%，试计算将其折算为在成交日期一次付清的价格。

【解】

$$40\times20\%+\frac{40\times(1-20\%)}{(1+0.5\%)^{6}}=39.06(\text{万元})$$

三、统一计价单位

(1)统一价格单位。为了使可比实例与估价对象之间具有可比性，价格应统一采用单价形式，如单位建筑面积价格、单位体积价格等。

(2)统一币种和货币单位。如果可比实例与估价对象的价格之间存在币种差异，需要换算为同一币种，通常以人民币表示。按照使用习惯，通常采用“元”为货币单位。

(3)统一面积内涵和面积单位。如果房地产价格的面积内涵不同，有的按建筑面积计价，有的按套内建筑面积计价，有的按使用面积计价，应统一为相同的面积内涵，通常换算为建筑面积；如果可比实例与估价对象的面积单位不同，如平方米、公顷、亩、平方英尺、坪等，应统一为相同的面积单位，通常换算为平方米。换算关系如下：

1 公顷＝10 000 平方米＝15 亩

1 亩＝666.67 平方米

1 平方英尺＝0.092 903 04 平方米

1 坪＝3.305 79 平方米

【例 4-2】 收集到 A、B 两宗交易实例，A 交易实例的建筑面积为 200 m^2，成交总价 160 万元人民币，分 3 期付款，首期付 32 万元人民币，第二期于半年后付 64 万元人民币，余款 64 万元人民币于 1 年后付清。B 交易实例的使用面积 2 500 平方英尺，成交总价 40 万美元，于成交时一次付清。如果选取此两宗交易实例为可比实例，请建立价格比较基础。

【解】 建立价格比较基础，通常将可比实例的价格统一到"一次性付款、元人民币/平方米建筑面积"的形式。下面分别对 A、B 实例进行价格换算。

(1)对 A 实例进行价格换算：

1)将分期付款总额转换为一次性付款总额。假设当时人民币的年利率为 8%，则：

$$A总价=32+\frac{64}{(1+8\%)^{0.5}}+\frac{64}{1+8\%}$$
$$=152.84(万元)$$

2)将总价变为单价：

$$A单价=\frac{152.84\times 10\ 000}{200}$$
$$=7\ 642(元人民币/平方米建筑面积)$$

(2)对 B 实例进行价格换算：

通过调查得知该类房地产的使用面积占建筑面积的 75%；B 实例成交时的市场汇率为 1 美元等于 6.159 2 元人民币，则

1)将美元总价换算成人民币总价：

$$B总价=40\times 6.159\ 2$$
$$=246.368(万元人民币)$$

2)将面积换算成平方米、建筑面积：

$$B面积=\frac{2\ 500\times 0.092\ 903\ 04}{0.75}$$
$$=309.68(平方米建筑面积)$$

3)换算成单价：

$$B单价=\frac{246.368\times 10\ 000}{309.68}$$
$$=7\ 955.57(元人民币/平方米建筑面积)$$

四、统一税费负担

在房地产交易中需要缴纳一些税费。根据税法及中央和地方政府的有关规定，有的税费应由卖方缴纳，如营业税、城市维护建设税、教育费附加、所得税、土地增值税；有的税费应由买方缴纳，如契税、补缴出让金；有的税费则由买卖双方缴纳或负担，如印花税、交易手续费。交易税费正常负担下的价格是指在买卖双方各自缴纳自己应缴纳的交易税费下的价格，即在此价格下，卖方缴纳卖方应缴纳的税费，买方缴纳买方应缴纳的税费。

统一税费负担是将可比实例在交易税费非正常负担下的价格调整为交易税费正常负担

下的价格。调整的公式为：

正常负担下的价格－应由卖方缴纳的税费＝卖方实得金额

正常负担下的价格＋应由买方缴纳的税费＝买方实付金额

买方实付金额－卖方实得金额＝应由买卖双方缴纳的税费

如果卖方、买方应缴纳的税费是正常负担价格的一定比率，即：

应由卖方缴纳的税费＝正常负担下的价格×应由卖方缴纳的税费比率

应由买方缴纳的税费＝正常负担下的价格×应由买方缴纳的税费比率

$$正常负担下的价格=\frac{卖方实得金额}{1-应由卖方缴纳的税费比率}$$

$$正常负担下的价格=\frac{买方实付金额}{1+应由买方缴纳的税费比率}$$

【例 4-3】 一宗房地产的正常成交价格为 8 000 元/m^2，卖方应缴纳的税费为正常成交价格的 7%，买方应缴纳的税费为正常成交价格的 5%，计算卖方实得金额和买方实付金额。

【解】

$$卖方实得金额=8\,000-8\,000\times 7\%=7\,440(元/m^2)$$

$$买方实付金额=8\,000+8\,000\times 5\%=8\,400(元/m^2)$$

【例 4-4】 某宗房地产交易，买卖双方在合同中写明，买方付给卖方 7 300 元/m^2。据悉，该地区房地产买卖中应由卖方缴纳的税费为正常成交价格的 7%，应由买方缴纳的税费为正常成交价格的 5%。请计算在下列两种情况下该宗房地产交易的正常成交价格：①税费均由买方负担；②税费均由卖方负担。

【解】 设正常成交价格为 V，则：

①税费均由买方负担的情况下，运用公式：

$$V=\frac{卖方实得金额}{1-应由卖方缴纳的税费比率}=\frac{7\,300}{1-7\%}=7\,849.46(元/m^2)$$

②税费均由卖方负担的情况下，运用公式：

$$V=\frac{买方实付金额}{1+应由买方缴纳的税费比率}=\frac{7\,300}{1+5\%}=6\,952.38(元/m^2)$$

可见，在税费由买方负担的情况下，买方付给卖方的价格是卖方实得金额，已经从正常价格中扣除了卖方应缴纳的税费，应当用卖方价格公式计算，故有7 849.46－7 849.46×7%＝7 300(元/m²)；在税费由卖方负担的情况下，买方付给卖方的价格是买方实付金额，已经包含了买方应缴纳的税费，应当用买方价格公式计算，故有6 952.38＋6 952.38×5%＝7 300(元/m²)。

第五节　比较因素的修正与调整

由于比较法是将可比实例与估价对象进行比较、分析进而预测估价对象房地产的市场价值，因此，比较分析技术是估价的基础。比较分析的关键在于分析、测评影响房地产价值的主要因素，包括交易情况、市场状况和房地产状况等方面。

一、交易情况修正

交易情况修正是使可比实例的非正常成交价格成为正常价格的处理。经过交易情况修正后，就将可比实例非正常价格转换为正常价格。

1. 成交价格不正常的原因

(1)交易双方有利害关系。家人、亲友之间、公司与员工之间的房地产交易，成交价格通常低于正常市场价格。

(2)被迫出售或被迫购买的交易，如司法拍卖；急于出售或急于购买的交易，如因还债、出国等。被迫出售的成交价格往往偏低，而被迫购买的成交价格往往偏高。

(3)交易当事人对市场行情缺乏了解。如果买方不了解交易对象或市场行情，盲目购买，成交价格往往偏高；如果卖方不了解交易对象或市场，盲目出售，成交价格往往偏低。

(4)交易当事人有特别动机或偏好。如当事人对所买卖的房地产有特别的爱好、感情或动机，这种情况下的成交价格往往是偏高的。

(5)受非理性因素影响的交易。如拍卖、招标、哄抬或抛售等方式往往使价格失常。

(6)相邻房地产合并交易。面积、规模过小的房地产如果与相邻房地产合并后，则效用通常会增加，所以，相邻房地产合并交易的成交价格往往高于正常市场价格。

有上述特殊交易情况的交易实例一般不宜选为可比实例，但当可供选择的交易实例较少而不得不选用时，则应对其进行交易情况修正。

2. 修正方法

交易情况修正的方法主要有金额修正和百分比修正。

金额修正是采用金额对可比实例的成交价格进行交易情况修正，其一般公式为：

可比实例成交价格±交易情况修正金额＝可比实例正常价格

百分比修正是采用百分比对可比实例的成交价格进行交易情况修正，其一般公式为：

$$可比实例成交价格\times交易情况修正系数=可比实例正常价格$$

式中，交易情况修正系数应以正常价格为基准来确定。假设可比实例的成交价格比其正常市场价格高、低的百分率为$\pm S\%$(高时为$+S\%$；低时为$-S\%$)，则：

$$可比实例正常价格\times(1\pm S\%)=可比实例成交价格$$

故有

$$可比实例成交价格\times\frac{1}{1\pm S\%}=可比实例正常价格$$

或者

$$可比实例成交价格\times\frac{100}{100\pm S}=可比实例正常价格$$

上式中，$\frac{1}{1+S\%}$或$\frac{100}{100\pm S}$是交易情况修正系数。

如果可比实例的成交价格为 1 100 元/m^2，比其正常价格高 10%，则正常价格应为 1 100÷(1+10%)=1 000(元/m^2)。

【例 4-5】 为评估某写字楼的正常市场价格，在该写字楼附近地区调查选取了甲、乙、丙三宗类似的写字楼交易实例作为可比实例。其中甲实例的成交价格为 7 000 元/m^2，该交易是亲友之间的交易，成交价格比正常成交价格低 2%；乙实例的成交价格为 7 800 元/m^2，该交易是邻近房地产合并交易，成交价格比正常成交价格高 5%，丙实例的成交价格为 7 200 元/m^2，交易情况正常。请计算三个交易实例修正后的正常市场价格。

【解】 设三个可比实例的正常市场价格分别为$V_{甲}$、$V_{乙}$和$V_{丙}$，利用公式：

可比实例的成交价格×交易情况修正系数=可比实例正常市场价格，得出：

$$V_{甲}=7\,000\times\frac{100}{100-2}=7\,142.86(元/m^2)$$

$$V_{乙}=7\,800\times\frac{100}{100+5}=7\,428.57(元/m^2)$$

$$V_{丙}=7\,200\times\frac{100}{100}=7\,200(元/m^2)$$

二、市场状况调整

市场状况调整是使可比实例在其成交日期的价格成为在价值时点的价格处理。经过市场状况调整后，就将可比实例在其成交日期时的价格转换为在价值时点的价格。

市场状况调整通常采用百分比调整，一般公式为：

$$可比实例在成交日期的价格\times市场状况调整系数=可比实例在价值时点的价格$$

式中，市场状况调整系数应以成交日期时的价格为基准来确定。假设从成交日期到价值时点，可比实例价格涨跌的百分率为$\pm T\%$(上涨为$+T\%$；下跌为$-T\%$)，则：

$$可比实例在成交日期的价格\times(1\pm T\%)=可比实例在价值时点的价格$$

式中，$(1\pm T\%)$是市场状况调整系数。

市场状况调整的具体方法主要有价格指数法和价格变动率法(图 4-1)。可采用当地同类房地产的价格指数或价格变动率，价格指数或价格变动率的来源应真实、可靠。

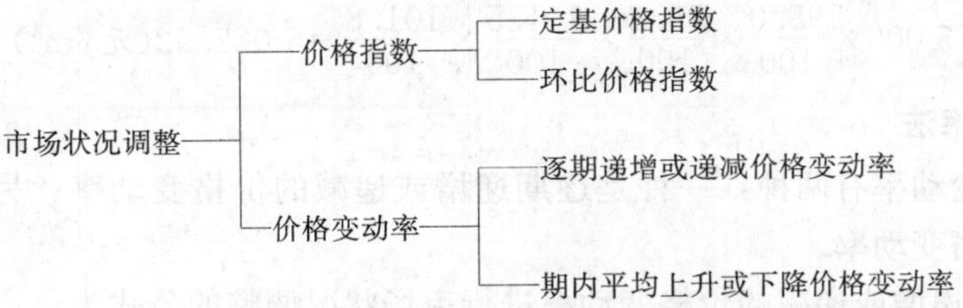

图 4-1　市场状况调整的方法

1. 价格指数法

价格指数有定基价格指数和环比价格指数，两者的主要区别在于选择基期的不同。定基价格指数以某个固定时期作为基期，而环比价格指数以上一个时期为基期。定基价格指数和环比价格指数的编制原理见表 4-2。

表 4-2　价格指数编制原理

时间	价格	定基价格指数	环比价格指数
1	p_1	p_1/p_1	p_1/p_0
2	p_2	p_2/p_1	p_2/p_1
⋮	⋮	⋮	⋮
$n-1$	p_{n-1}	p_{n-1}/p_1	p_{n-1}/p_{n-2}
n	p_n	p_n/p_1	p_n/p_{n-1}

(1)采用定基价格指数进行市场状况调整的公式为：

$$\begin{matrix}\text{可比实例在}\\\text{成交日期的价格}\end{matrix}\times\frac{\text{价值时点的定基价格指数}}{\text{成交日期的定基价格指数}}=\begin{matrix}\text{可比实例在}\\\text{价值时点的价格}\end{matrix}$$

【例 4-6】　某地区某类房地产 2015 年 4 月 1 日至 10 月 1 日的市场价格指数分别为 110.6、110.0、109.7、109.5、108.9、108.5、108.3(以 2015 年 1 月 1 日为 100)。某宗房地产在 2015 年 6 月 1 日的价格为 7 600 元/m²，对其市场状况进行调整，计算调整到 2015 年 10 月 1 日的价格。

【解】

$$7\ 600\times\frac{108.3}{109.7}=7\ 503(\text{元/m}^2)$$

(2)采用环比价格指数进行市场状况调整的公式为：

可比实例在成交日期的价格×成交日期的下一时期的环比价格指数×再下一时期的环比价格指数×…×价值时点的环比价格指数＝可比实例在价值时点的价格

【例 4-7】 某地区某类房地产 2015 年 4 月 1 日至 10 月 1 日的价格指数分别为 99.6、98.7、97.5、98.0、99.2、101.5、101.8(均以上个月为 100)。某宗房地产在 2015 年 6 月 1 日的价格为 5 000 元/m^2，对其进行市场状况调整，计算调整到 2015 年 10 月 1 日的价格。

【解】 $$5\ 000\times\frac{98.0}{100}\times\frac{99.2}{100}\times\frac{101.5}{100}\times\frac{101.8}{100}=5\ 022.52(\text{元}/m^2)$$

2. 价格变动率法

房地产价格变动率有两种：一种是逐期递增或递减的价格变动率；另一种是期内平均上升或下降的价格变动率。

(1)采用逐期递增或递减的价格变动率进行市场状况调整的公式为：

$$\begin{matrix}\text{可比实例在}\\\text{成交日期的价格}\end{matrix}\times(1\pm\text{价格变动率})^{\text{期数}}=\begin{matrix}\text{可比实例在}\\\text{价值时点的价格}\end{matrix}$$

【例 4-8】 评估某宗房地产 2015 年 9 月 1 日的价格，选取了下列可比实例：成交价格 6 000 元/m^2，成交日期为 2015 年 3 月 1 日。据调查获知，该类房地产价格在 2015 年 3 月 1 日至 2015 年 9 月 1 日期间平均每月比上月上涨 1.5%。对该可比实例进行市场状况调整，计算调整到 2015 年 9 月 1 日的价格。

【解】 $$6\ 000\times(1+1.5\%)^6=6\ 560.66(\text{元}/m^2)$$

(2)采用期内平均上升或下降的价格变动率进行市场状况调整的公式为：

$$\begin{matrix}\text{可比实例在}\\\text{成交日期的价格}\end{matrix}\times(1\pm\text{价格变动率}\times\text{期数})=\begin{matrix}\text{可比实例在}\\\text{价值时点的价格}\end{matrix}$$

【例 4-9】 评估某宗房地产 2015 年 9 月 1 日的价格，选取了下列可比实例：成交价格 6 000 元/m^2，成交日期 2015 年 3 月 1 日。据调查获知，该类房地产价格自 2015 年 1 月 1 日以来平均每月上涨 1.5%。对该可比实例进行市场状况调整，计算调整到 2015 年 9 月 1 日的价格。

【解】 $$6\ 000\times(1+1.5\%\times6)=6\ 540(\text{元}/m^2)$$

【例 4-10】 某宗可比实例房地产 2015 年 1 月 30 日的价格为 1 000 美元/m^2，自 2015 年 1 月 1 日以来，该类房地产以人民币为基准的价格变动，平均每月比上月上涨 0.2%。假设人民币与美元的市场汇率 2015 年 1 月 30 日为 1 美元=6.839 196 8 元人民币，2015 年 9 月 30 日为 1 美元=6.829 0 元人民币。对该可比实例进行市场状况调整，计算调整到 2015 年 9 月 30 日的价格。

【解】 $$1\ 000\times6.839\ 196\ 8\times(1+0.2\%)^8=6\ 949.39(\text{元人民币}/m^2)$$

【例 4-11】 某宗可比实例房地产 2015 年 1 月 30 日的价格为 1 000 美元/m^2，该类房地产以美元为基准的价格变动，平均每月比上月下降 0.5%。假设人民币与美元的市场汇率 2015 年 1 月 30 日为 1 美元=6.839 196 8 元人民币，2015 年 9 月 30 日为 1 美元=6.829 0 元人民币。计算将该可比实例的价格调整到 2015 年 9 月 30 日的价格。

【解】 $$1\ 000\times(1-0.5\%)^8\times6.829\ 0=6\ 560.57(\text{元人民币}/m^2)$$

由于不同地区、不同用途或不同类型的房地产，其价格变动的方向和程度并不相同，所以，针对具体的可比实例，对其价格进行市场状况调整，最好选用可比实例所在地区的同类房地产的价格指数或价格变动率。

【例 4-12】 为评估某写字楼 2015 年 10 月 1 日的正常市场价格，在该写字楼附近地区调查选取了甲、乙、丙三宗类似的写字楼交易实例作为可比实例，其成交价格分别为 7 000 元/m²、7 800 元/m²、7 200 元/m²，成交日期分别为 2015 年 1 月 1 日、2015 年 7 月 1 日和 2015 年 5 月 1 日。经调查得知，该类写字楼的市场价格从 2015 年 1 月 1 日至 2015 年 10 月 1 日平均每月比上月上涨 0.5%。请计算三个交易实例调整到价值时点的价格。

【解】 采用逐期递增的价格变动率进行市场状况调整，公式为：

$$\begin{matrix}\text{可比实例在}\\\text{成交日期的价格}\end{matrix}\times(1\pm\text{价格变动率})^{\text{期数}}=\begin{matrix}\text{可比实例在}\\\text{价值时点的价格}\end{matrix}$$

得出：

$$V_{甲}=7\ 000\times(1+0.5\%)^{9}=7\ 321.37(\text{元}/\text{m}^2)$$

$$V_{乙}=7\ 800\times(1+0.5\%)^{3}=7\ 917.59(\text{元}/\text{m}^2)$$

$$V_{丙}=7\ 200\times(1+0.5\%)^{5}=7\ 381.81(\text{元}/\text{m}^2)$$

三、房地产状况调整

房地产状况调整是使可比实例在自身状况下的价格成为在估价对象状况下的价格处理。经过房地产状况调整，将可比实例房地产价格转变成在估价对象房地产状况下的价格。

1. 房地产状况调整的内容

房地产状况调整包括区位状况调整、实物状况调整和权益状况调整。

(1)区位状况调整。区位状况调整是将可比实例在自身区位状况下的价格调整为在估价对象区位状况下的价格。调整的内容包括位置、交通条件、周围环境和景观、外部配套设施等影响房地产价格的区位因素。其中，位置包括所处的方位、与相关场所的距离、临街状况、楼层、朝向等；交通条件包括道路状况、交通工具、交通管制情况等；周围环境包括自然环境、人工环境、社会环境、景观等；配套设施包括基础设施和公共服务设施。对于住宅来说，公共服务设施主要指教育、医疗卫生、文化体育、商业服务、金融、邮电等公共设施的完备程度。

(2)实物状况调整。实物状况调整是将可比实例在自身实物状况下的价格调整为在估价对象实物状况下的价格。土地实物状况调整的内容包括面积、形状、地形、地势、地质条件、开发程度等影响房地产价格的土地实物因素。建筑物实物状况调整的内容包括建筑规模、建筑结构、设施设备、装饰装修、层高、空间布局、建筑功能、工程质量、外观、新旧程度、物业管理等影响房地产价格的建筑物实物因素。

(3)权益状况调整。权益状况调整是将可比实例在自身权益状况下的价格调整为在估价对象权益状况下的价格。调整的内容包括权利性质、土地使用期限、规划条件、共有情况、出租情况、相邻关系情况、地役权设立情况等影响房地产价格的房地产权益因素。

2. 房地产状况调整的思路和步骤

房地产状况调整的总思路是：以估价对象状况为基准，将可比实例状况与估价对象状况进行直接比较；或者设定一种"标准房地产"，以该标准房地产状况为基准，将可比实例状况与估价对象状况进行间接比较。如果可比实例状况优于估价对象状况，则对可比实例的成交价格进行减价调整；反之，如果可比实例状况劣于估价对象状况，则对可比实例的成交价格进行加价调整。

房地产状况调整的一般步骤如下：

(1)确定对估价对象价格有影响的各种比较因素，包括区位因素、实物因素和权益因素。

(2)将比较因素逐一进行比较，找出它们之间的差异程度。

(3)将比较因素的差异程度转换为价格差异程度。

(4)根据价格差异程度对可比实例的成交价格进行调整。

3. 房地产状况调整的方法

房地产状况调整的方法主要有金额调整和百分比调整。

(1)金额调整是采用金额对可比实例成交价格进行的调整。一般公式为：

$$\text{可比实例在自身状况下的价格} \pm \text{房地产状况调整金额} = \text{可比实例在估价对象状况下的价格}$$

(2)百分比调整是采用百分比对可比实例成交价格进行的调整。一般公式为：

$$\text{可比实例在自身状况下的价格} \times \text{房地产状况调整系数} = \text{可比实例在估价对象状况下的价格}$$

式中，房地产状况调整系数应以估价对象的房地产状况为基准来确定。假设可比实例在其房地产状况下的价格比在估价对象房地产状况下的价格高、低的百分率为$\pm R\%$(高时为$+R\%$；低时为$-R\%$)，则公式为：

$$\text{可比实例在自身状况下的价格} \times \frac{1}{1 \pm R\%} = \text{可比实例在估价对象状况下的价格}$$

或者

$$\text{可比实例在自身状况下的价格} \times \frac{100}{100 \pm R} = \text{可比实例在估价对象状况下的价格}$$

上式中，$\frac{1}{1 \pm R\%}$或$\frac{100}{100 \pm R}$是房地产状况调整系数。

百分比调整又具体分为直接比较调整和间接比较调整。

1)直接比较调整：是指以估价对象状况为基准，将可比实例状况与估价对象状况进行比较，根据其间的差异对可比实例成交价格进行的调整。直接比较调整的表达式为：

$$\text{可比实例在自身状况下的价格} \times \frac{100}{(\quad)} = \text{可比实例在估价对象状况下的价格}$$

上式括号内应填写的数字，为可比实例房地产状况相对于估价对象房地产状况所得的分数。

2)间接比较调整：是指选定或设定标准房地产，将估价对象状况和可比实例状况分别与标准房地产状况进行比较，根据其间的差异对可比实例成交价格进行的调整。间接比较调整的表达式为：

$$\text{可比实例在自身状况下的价格} \times \frac{100}{(\quad)} \times \frac{(\quad)}{100} = \text{可比实例在估价对象状况下的价格}$$

上式中，$\frac{100}{(\quad)}$为标准化调整系数，分母括号内的数字，为可比实例相对于标准房地产的得分；$\frac{(\quad)}{100}$为房地产状况调整系数，分子括号内的数字，为估价对象相对于标准房地产的得分。

【例 4-13】 为评估某写字楼的正常市场价格，在该写字楼附近地区调查选取了甲、乙、丙三宗类似的写字楼交易实例作为可比实例，三个可比实例的成交价格分别为 7 000 元/m^2、7 800 元/m^2、7 200 元/m^2。经调查得知，甲实例房地产状况劣于估价对象 7%，乙实例房地产状况优于估价对象 2%，丙实例房地产状况劣于估价对象 4%。请将三宗可比实例的价格调整为在估价对象房地产状况下的价格。

【解】 采用直接法进行房地产状况调整，公式为：

$$\text{可比实例在自身状况下的价格} \times \frac{100}{(\quad)} = \text{可比实例在估价对象状况下的价格}$$

得出：

$$V_{甲} = 7\ 000 \times \frac{100}{100-7} = 7\ 526.88(元/m^2)$$

$$V_{乙} = 7\ 800 \times \frac{100}{100+2} = 7\ 647.06(元/m^2)$$

$$V_{丙} = 7\ 200 \times \frac{100}{100-4} = 7\ 500(元/m^2)$$

第六节 求取比较价值

一、求取单个可比实例的比较价值

由前面的内容可以知道，比较法估价需要进行交易情况、市场状况、房地产状况三方面的修正和调整。经过交易情况修正，把可比实例非正常的成交价格修正为正常市场价格；

经过市场状况调整，把可比实例在其成交日期的价格调整为在价值时点的价格；经过房地产状况调整，把可比实例在其自身状况下的价格调整为在估价对象房地产状况下的价格。经过这三大方面的修正和调整之后，就把可比实例的成交价格转换成了估价对象的价值或价格。将上述三大方面的修正和调整综合在一起，就形成了下列综合公式：

采用金额的综合公式为：

$$比较价值=可比实例成交价格\pm\frac{交易情况}{修正金额}\pm\frac{市场状况}{调整金额}\pm\frac{房地产状况}{调整金额}$$

采用百分比的综合公式为：

$$比较价值=可比实例成交价格\times\frac{交易情况}{修正系数}\times\frac{市场状况}{调整系数}\times\frac{房地产状况}{调整系数}$$

由于房地产状况调整分为直接比较调整和间接比较调整，所以综合修正和调整的计算公式，也分为直接比较和间接比较的公式。

(1)直接比较的公式为：

$$\begin{aligned}比较价值&=可比实例成交价格\times\frac{交易情况}{修正系数}\times\frac{市场状况}{调整系数}\times\frac{房地产状况}{调整系数}\\&=可比实例成交价格\times\frac{100}{(\quad)}\times\frac{(\quad)}{100}\times\frac{100}{(\quad)}\\&=可比实例成交价格\times\frac{正常价格}{实际成交价格}\times\frac{价值时点价格}{成交日期价格}\times\frac{对象状况价格}{实例状况价格}\end{aligned}$$

上式中，交易情况修正系数的分子为100，表示以正常价格为基准；市场状况调整系数的分母为100，表示以成交日期时的价格为基准；房地产状况调整系数的分子为100，表示以估价对象的房地产状况为基准。

(2)间接比较的公式为：

$$\begin{aligned}比较价值&=可比实例成交价格\times\frac{交易情况}{修正系数}\times\frac{市场状况}{调整系数}\times\frac{标准化}{修正系数}\times\frac{房地产状况}{调整系数}\\&=可比实例成交价格\times\frac{100}{(\quad)}\times\frac{(\quad)}{100}\times\frac{100}{(\quad)}\times\frac{(\quad)}{100}\\&=可比实例成交价格\times\frac{正常价格}{实际成交价格}\times\frac{价值时点价格}{成交日期价格}\times\frac{标准状况价格}{实例状况价格}\times\\&\quad\frac{对象状况价格}{标准状况价格}\end{aligned}$$

上式中，标准化调整系数的分子为100，表示以标准房地产的状况为基准，分母是可比实例房地产相对于标准房地产所得的分数；房地产状况调整系数的分母为100，表示以标准房地产的状况为基准，分子是估价对象房地产相对于标准房地产所得的分数。

二、求取最终的比较价值

每个可比实例的成交价格经过上述各项修正、调整之后，得出相应的比较价值，最后将这些比较价值综合处理成一个最终的比较价值，作为比较法的最终测算结果。综合处理的方法有下列四种。

1. 求取平均数

求取平均数可以取简单算术平均数和加权算术平均数。如有三个可比实例的比较价值分别为 8 200 元/m²、8 600 元/m² 和 9 300 元/m²，如果采用简单算术平均数得出的价格为 (8 200 + 8 600 + 9 300)÷3 = 8 700(元/m²)；如果赋予三个价格的权数分别为 0.5、0.3、0.2，则采用加权算术平均数得出的价格为 8 200×0.5 + 8 600×0.3 + 9 300×0.2 = 8 540(元/m²)。

2. 求取中位数

求取中位数是把修正、调整出的各个价格按照高、低顺序排列，当项数为奇数时，位于中间位置的价格为中位数；当项数为偶数时，位于中间位置的两个价格的简单算术平均数为中位数。如一组价格为 6 600、6 650、6 800、6 860、7 950，则其中位数为 6 800；一组价格为 6 200、6 300、6 400、6 600、6 750、6 800，则其中位数为(6 400+6 600)÷2 = 6 500 。

3. 求取众数

众数是一组数值中出现频数最多的数值。如一组价格为 7 200、7 600、7 300、7 600、7 300、7 600，则其众数为 7 600。

4. 其他方法

还可以采用其他的方法将多个价格综合成一个最终价格，如分别去掉一个最高价格和一个最低价格，将余下的价格求取简单算术平均数。

【例 4-14】 为评估某写字楼 2015 年 10 月 1 日的市场价值，在该写字楼附近地区调查选取了甲、乙、丙三宗类似的写字楼交易实例作为可比实例。经过分析判断，将有关比较因素资料整理见表 4-3。

表 4-3 可比实例的比较因素

可比实例名称	可比实例甲	可比实例乙	可比实例丙
成交价格	7 000 元/m²	7 800 元/m²	7 200 元/m²
成交日期	2015 年 1 月 1 日	2015 年 7 月 1 日	2015 年 5 月 1 日
交易情况	−2%	+5%	0
房地产状况	−7%	+2%	−4%

表中，交易情况正(负)值表示可比实例的成交价格高(低)于正常市场价格的幅度；房地产状况正(负)值表示可比实例的房地产状况优(劣)于估价对象的房地产状况而导致的价

格差异幅度。该类写字楼的市场价格从 2015 年 1 月 1 日至 2015 年 10 月 1 日平均每月比上月上升 0.5%。请测算该写字楼 2015 年 10 月 1 日的市场价值。

【解】 (1)设三个可比实例的比较价值分别为 $V_{甲}$、$V_{乙}$ 和 $V_{丙}$，利用公式：

$$比较价值=可比实例成交价格\times\begin{matrix}交易情况\\修正系数\end{matrix}\times\begin{matrix}市场状况\\调整系数\end{matrix}\times\begin{matrix}房地产状况\\调整系数\end{matrix}$$

得出：

$$V_{甲}=7\,000\times\frac{100}{100-2}\times(1+0.5\%)^{9}\times\frac{100}{100-7}=8\,033.11(元/m^{2})$$

$$V_{乙}=7\,800\times\frac{100}{100+5}\times(1+0.5\%)^{3}\times\frac{100}{100+2}=7\,392.70(元/m^{2})$$

$$V_{丙}=7\,200\times\frac{100}{100}\times(1+0.5\%)^{5}\times\frac{100}{100-4}=7\,689.38(元/m^{2})$$

(2)求取上述三个比较价值的简单算术平均数作为估价对象的市场价值：

估价对象市场价值(单价)=(8 033.11+7 392.70+7 689.38)÷3=7 705.06(元/m^2)

【例 4-15】 为评估某商品住宅 2015 年 10 月 30 日的市场价值，在该住宅附近调查选取了 A、B、C 三宗类似住宅的交易实例作为可比实例，有关资料如下：

(1)可比实例的成交价格和成交日期见表 4-4。

表 4-4 可比实例的成交价格和成交日期

可比实例名称	可比实例 A	可比实例 B	可比实例 C
成交价格	8 700 元/m^2	9 200 元/m^2	8 500 元/m^2
成交日期	2015 年 5 月 30 日	2015 年 8 月 30 日	2015 年 9 月 30 日

(2)可比实例的交易情况分析判断结果见表 4-5(以正常价格为基准，正值表示成交价格高于其正常价格的幅度，负值表示成交价格低于其正常价格的幅度)。

表 4-5 可比实例的交易情况分析判断结果

可比实例名称	可比实例 A	可比实例 B	可比实例 C
交易情况	−2%	0	+1%

(3)该类住宅 2015 年 4～10 月的定基价格指数见表 4-6。

表 4-6 定基价格指数

月份	4	5	6	7	8	9	10
价格指数	100	92.4	98.3	98.6	100.3	109.0	106.8

(4)房地产状况的比较判断结果见表 4-7。

表 4-7　房地产状况的比较判断结果

房地产状况	权重	估价对象	可比实例 A	可比实例 B	可比实例 C
区位状况	0.5	100	110	100	90
实物状况	0.3	100	100	110	100
权益状况	0.2	100	100	100	95

请利用上述资料测算该商品住宅 2015 年 10 月 30 日的市场价值。

【解】 (1)求取可比实例 A、B、C 的比较价值(单价)：

$$\text{比较价值}=\text{可比实例成交价格}\times\begin{matrix}\text{交易情况}\\\text{修正系数}\end{matrix}\times\begin{matrix}\text{市场状况}\\\text{调整系数}\end{matrix}\times\begin{matrix}\text{房地产状况}\\\text{调整系数}\end{matrix}$$

得出：

$$V_A=8\ 700\times\frac{100}{100-2}\times\frac{106.8}{92.4}\times\frac{100}{110\times0.5+100\times0.3+100\times0.2}$$
$$=9\ 772.44(\text{元}/\text{m}^2)$$

$$V_B=9\ 200\times\frac{100}{100}\times\frac{106.8}{100.3}\times\frac{100}{100\times0.5+110\times0.3+100\times0.2}$$
$$=9\ 510.88(\text{元}/\text{m}^2)$$

$$V_C=8\ 500\times\frac{100}{101}\times\frac{106.8}{109.0}\times\frac{100}{90\times0.5+100\times0.3+95\times0.2}$$
$$=8\ 772.32(\text{元}/\text{m}^2)$$

(2)求取三个比较价值的简单算术平均数作为估价对象的市场价值，即：

$$\text{估价对象的市场价值(单价)}=(9\ 772.44+9\ 510.88+8\ 772.32)\div3$$
$$=9\ 351.88(\text{元}/\text{m}^2)$$

第七节　比较法应用举例

一、估价对象概况：估价对象是位于××市××区××路××号的××在建商住大厦，地下 2 层车库，地上 31 层，地上在建商住楼已基本竣工，目前在装饰改造中。土地性质为出让，土地面积为 2 404 m^2，用途为商住，土地使用权剩余年限为 58.2 年；估价对象于 2005 年基本完成主体工程，可销售住宅建筑面积为 17 093.818 9 m^2，后停工至今，现处于装饰装修改造中，计划 2010 年 6 月建成并交付使用。

二、估价需要：评估该在建工程于 2010 年 1 月 12 日的住宅市场价值。

三、估价方法及过程：采用比较法测算市场售价。估价过程如下：

1. 选取可比实例

针对估价对象的功能及特点，对与估价对象在同一区域内的类似住宅进行了市场调查和比较分析，从中选取了三个可比实例，详见表4-8。

表 4-8　可比实例情况分析

比较因素		估价对象	可比实例A	可比实例B	可比实例C
坐落位置		××区××路××号	越秀区文德路长塘街	越秀区越秀中路	越秀区大德路
楼盘名称		文富大厦	德雅轩	东越雅居	幸福立方
价格内涵	楼面均价	—	18 200	20 000	21 000
	单位	元/m^2	元/m^2	元/m^2	元/m^2
	付款方式	正常	按揭	按揭	按揭
交易情况	交易情况	—	正常	正常	正常
	类型	一手房	一手房	一手房	一手房
市场状况	交易日期	2010年1月12日	2009年12月	2010年1月	2010年1月
区域状况说明	区域繁华程度	临万福路，位于越秀南北京路商圈范围内，区域繁华程度高	临文德路长塘街(内街)，位于越秀区北京路商圈，但属于居住区内街，区域繁华程度较估价对象差	位于越秀中路及东濠涌高架之间，位于越秀区中华广场商圈，区域繁华程度与估价对象相当	位于大德路与诗书路交界处，位于越秀区大德路商圈，区域繁华程度与估价对象相当
	交通便捷程度	临大路，有7、36、40等多路公交线，项目近地铁6号线北京路站出口，出入交通较便捷	临小路，附近有10、12、182等多路公交线，项目近地铁1号线农讲所站出口，出入交通较估价对象差	临大路，附近有11、40、54等多路公交线，项目近地铁1号线烈士陵园站出口，出入交通与估价对象相当	临大路，附近有多路公交线，项目近地铁6号线大德站出口，出入交通与估价对象相当
	公共设施配套完善程度	周边学校、银行、医院、农贸市场、饮食、商业等各项配套完善	周边学校、银行、医院、农贸市场、饮食、商业等各项配套完善	周边学校、银行、医院、农贸市场、饮食、商业等各项配套完善	周边学校、银行、医院、农贸市场、饮食商业等各项配套完善
	区域环境	为越秀南万福路“抽蔬”片区，区域环境较好	处于文德路长塘街社区，较估价对象稍差	处于越秀中路东濠涌高架边，较估价对象差	位于大德路与诗书路交界处，与估价对象相当
	城市规划	居住、商业区	居住、商业区	居住、商业区	居住、商业区
权益状况说明	用途	住宅	住宅	住宅	住宅
	使用年限	停工多年，剩余53.10年	新房，高于估价对象	新房，高于估价对象	停工多年，与估价对象相当
	房产类型	商品房	商品房	商品房	商品房

续表

比较因素		估价对象	可比实例A	可比实例B	可比实例C
实物状况说明	楼盘形象	曾停工多年，楼盘形象一般	楼盘形象较估价对象稍好	楼盘形象较估价对象稍好	曾停工多年，楼盘形象一般
	有无电梯	带电梯	带电梯	带电梯	带电梯
	景观	可望江景、北京路步行街，可俯瞰越秀区概貌，较好	处于文德路东、中山路南，且四周高层间距小，视野受限较大，景观较差	处于越秀中路及东濠涌高架之间，景观较估价对象略差	位于大德路与诗书路交界处，景观较估价对象略差
	装修	毛坯	带中档装修	带中档装修	带中档装修
	布局户型	房型不规整，实用率一般，整体布局一般	房型规整，实用率及整体布局较估价对象好	房型规整，实用率及整体布局较估价对象好	房型规整，实用率及整体布局较估价对象好
	朝向及采光通风	各户均有两个朝向，采光率高，通风好	多为单边朝向，且四周高层间距小，采光通风受限较大，采光通风差	东朝东濠涌高架，且多为单边朝向，采光通风较估价对象略差	多为单边朝向，采光通风较估价对象稍差
	噪声	临万福路，噪声较小	临内街，噪声较小	临越秀中及东濠涌高架，噪声较大	临大德路及诗书路，噪声较小

2. 编制比较因素条件指数表

根据估价对象和可比实例各种因素具体情况，编制比较因素条件指数表，见表4-9。

表4-9 比较因素条件指数表

比较因素		估价对象	可比实例A	可比实例B	可比实例C
成交价格/(元·m^{-2})		—	18 200	20 000	21 000
交易概况	交易情况	100	100	100	100
	交易类型	100	100	100	100
市场状况		100	100	100	100
区域状况	区域繁华程度	100	97	100	100
	交通便捷程度	100	98	100	100
	公共设施配套完善程度	100	100	100	100
	区域环境	100	99	98	100
	城市规划	100	100	100	100
	小计	100	94	98	100

续表

比较因素		估价对象	可比实例 A	可比实例 B	可比实例 C
权益状况说明	用途	100	100	100	100
	使用年限	100	101	101	100
	房产类型	100	100	100	100
	小计	100	101	101	100
实物状况	楼盘形象	100	101	101	100
	有无电梯	100	100	100	100
	景观	100	96	97	97
	装修	100	104	104	104
	布局户型	100	101	101	101
	朝向及采光通风	100	97	98	99
	噪声	100	100	98	100
	小计	100	99	99	101
注：比较因素条件指数中“小计”的计算方法，以实物状况为例：A 指数＝100＋(1－4＋4＋1－3)＝99，B 指数＝100＋(1－3＋4＋1－2－2)＝99，C 指数＝100＋(－3＋4＋1－1)＝101。					

3. 比较因素修正系数确定

比较因素修正系数确定详见表 4-10。

表 4-10　比较因素修正系数表

比较因素		可比实例 A	可比实例 B	可比实例 C
成交价格/(元·m^{-2})		18 200	20 000	21 000
交易概况	交易情况	100/100	100/100	100/100
	交易类型	100/100	100/100	100/100
市场状况调整系数		100/100	100/100	100/100
区域状况调整系数		100/94	100/98	100/100
权益状况调整系数		100/101	100/101	100/100
实物状况调整系数		100/99	100/99	100/101
比较价值/(元·m^{-2})		19 364	20 410	20 792

4. 求取修正后的比较价值

经过比较分析，认为三个比较价值修正后的结果较符合客观情况，故以三者的算术平均数确定为估价对象的市场价值。

估价对象的市场价值(单价)＝(19 364＋20 410＋20 792)÷3＝20 189(元/m^2)(取整数)

估价对象总价＝17 093.8189×20 189＝34 510.711(万元)

本章小结

比较法是根据与估价对象相似的房地产的成交价格来求取估价对象价值或价格的方法。比较法要求类似房地产与估价对象处于同一供求范围，而且成交日期与价值时点接近。为此，首先要从现实的房地产市场中收集大量交易实例，并针对具体的估价对象、价值时点和估价目的，从中选取一定数量、符合一定条件的可比实例。然后，将这些可比实例与估价对象进行比较，分别进行价格的换算、修正和调整等一系列处理。经过修正、调整之后，可比实例的成交价格便成为比较价值。最后，将这些比较价值通过数学处理综合成为估价对象的价值。

思考与练习

一、单项选择题

1. 在比较法选择可比实例的过程中，可比实例的规模应与估价对象的规模相当，选取的可比实例规模一般应在估价对象规模的(　　)范围之内。

A. 0.5～2.0　　B. 1.5～2.0　　C. 0.5～1.5　　D. 1.0～1.5

2. 下列情况会导致房地产的价格偏高的是(　　)。

A. 政府协议出让土地　　B. 购买相邻房地产

C. 卖方不了解行情　　D. 设立抵押的房地产

3. 在某宗房地产估价中，三个可比实例房地产对应的比准单价分别是6 800元/m^2、6 700元/m^2和6 300元/m^2，根据可比性综合评估得到的三个可比实例对应的比准单价的权重分别是0.3、0.5和0.2。如果分别采用加权算术平均法和中位数法测算最终的比准单价，则前者与后者的差值是(　　)元/m^2。

A. －100　　B. －50　　C. 50　　D. 100

4. 可比实例房地产所处地区与估价对象房地产所处的地区应该相同或是(　　)。

A. 同处于一个公平竞争的地区

B. 同处于一个市场经济比较发达的地区

C. 同处在同一供求范围内的类似地区

D. 一同处于一个经济发展比较稳定的地区

5. 某宗房地产交易，买卖双方约定：买方付给卖方2 385元/m^2，买卖中涉及的税费均由买方负担。据悉，该地区房地产买卖中应由卖方缴纳的税费为正常成交价格的6.8%，应由买方缴纳的税费为正常成交价格的3.9%。若买卖双方又重新约定买卖中涉及的税费改由卖方负担，并在原价格基础上相应调整买方付给卖方的价格，则调整后买方应付给卖方的价格约为(　　)元/m^2。

A. 2 139　　B. 2 146　　C. 2 651　　D. 2 659

6. 某房地产在2006年3月的价格为2 009元/m^2，现要调整为2006年9月的价格。已知该类房地产2006年3月至9月的价格指数分别为：99.4、94.8、96.6、105.1、109.3、112.7和118.3(均以上个月为基数100)，则该房地产2006年9月的价格为(　　)元/m^2。

A. 2 700.8　　B. 2 800.1　　C. 2 800.8　　D. 2 817.7

7. 现需评估某宗房地产2004年10月末的价格，选取的可比实例成交价格为2 500元/m^2，成交日期为2004年1月末，该类房地产自2003年7月末至2004年6月末每月价格递增1%，2004年6月末至2004年10月末平均每月比上月价格上涨20元/m^2。该可比实例在2004年10月末的价格为(　　)元/m^2。

A. 2 648　　B. 2 688　　C. 2 708　　D. 2 734

8. 在比较法中，对房地产状况进行间接比较调整，其中可比实例的房地产状况优于标准房地产状况，得102分；估价对象的房地产状况劣于标准房地产状况，得97分，则房地产状况调整系数为(　　)。

A. 0.95　　B. 0.99　　C. 1.01　　D. 1.05

9. 某套住宅建筑面积为100 m^2，套内建筑面积为92 m^2，使用面积为80 m^2，每平方米使用面积的价格为3000元，则该住宅每平方米建筑面积的价格为(　　)元。

A. 2 400　　B. 2 580　　C. 2 607　　D. 2 760

10. 假如可比实例房地产与估价对象房地产本身有若干差异，则在评估时，在进行交易情况修正和市场状况调整后，还需要进行关于(　　)调整。

A. 市场状况　　B. 经济状况　　C. 物价状况　　D. 房地产状况

二、多项选择题

1. 下列说法中，正确的有(　　)。

A. 交易实例一定是可比实例　　B. 交易实例不一定是可比实例

C. 可比实例一定是交易实例　　D. 可比实例不一定是交易实例

E. 可比实例与交易实例相同

2. 所谓类似房地产，一般是指在(　　)等几个方面与估价对象房地产是相同或相类似的。

A. 所处地区　　B. 房产用途

C. 使用年限　　　　D. 建筑结构

E. 建筑高度

3. 比较法中关于房地产状况调整，包括(　　)。

A. 实物状况调整　　　　B. 区位状况调整

C. 交易状况调整　　　　D. 市场状况调整

E. 权益状况调整

4. 用比较法对房地产进行估价时，需要调整(　　)。

A. 交易过程　　　　B. 交易情况

C. 市场状况　　　　D. 交易价格

E. 房地产状况

5. 运用比较法时，估价人员根据基本要求选取可比实例后，需要建立价格比较基础，主要包括(　　)。

A. 统一采用总价　　　　B. 统一采用单价

C. 统一币种和货币单位　　　　D. 统一面积内涵和大小

E. 统一付款方式

三、判断题

1. 统一中外货币单价时，均应采用成交当时的市场汇率来进行换算。(　　)

2. 用于作为比较的可比实例的房地产价格既可以是单价也可以是总价，不是一定要化为单价。(　　)

3. 比较法中的房地产状况调整可以分为区位状况调整、实物状况调整和权益状况调整。(　　)

4. 如果可比实例的交易时点与其价值时点不一致，则必须进行市场状况的调整。(　　)

5. 采用期内平均上升或下降的价格变动率进行市场状况调整的公式为：可比实例在成交日期时的价格×(1＋价格变动率×期数)＝在价值时点的价格。(　　)

四、简答题

1. 比较法适用的估价对象有哪些？

2. 收集交易实例一般包括哪些内容？

3. 选取可比实例有哪些要求？

4. 如何建立比较基础？

5. 如何进行交易情况修正？请写出修正公式。

6. 如何进行市场状况调整？请写出调整公式。

7. 如何进行房地产状况调整？请写出调整公式。

五、计算题

1. 某宗房地产的正常成交价格为 8 000 元/m^2，该地区房地产买卖中应由卖方交纳的税费为正常成交价格的7%，买方应交纳的税费为正常成交价格的5%，则成交该宗房地产时卖方实际得到的价格是多少？买方实际付出的价格又是多少？

2. 为评估某住宅2015年10月1日的正常市场价格，在其附近收集的某可比实例的有关资料如下：成交价格为7 500元/m^2，成交日期为2015年5月1日，成交价格比正常价格低2%，房地产状况调整系数为1.087，已知从2015年5月1日到10月1日该类住宅价格平均每月比上月上涨1%，请对该可比实例成交价格进行修正和调整。

3. 某房地产估价师拟采用比较法评估某宗房地产价格，从众多交易实例中选取了A、B、C三宗可比实例，有关可比实例的资料见表4-11。

表4-11 可比实例A、B、C的资料

可比实例名称	可比实例A	可比实例B	可比实例C
建筑面积	530 m^2	800 m^2	9 687.6平方英尺
成交价格	240万元人民币	600美元/m^2	385万元人民币
成交日期	2014年12月1日	2015年6月1日	2015年2月1日
交易情况	−5%	0%	0%
状况因素	0%	+2%	+5%

经调查已知：可比实例B、C的付款方式均为一次性付清；可比实例A为分期付款：首期付款96万元，第一年末付72万元，其间月利率为1%，第二年末又付款72万元，其间月利率为1.05%。假设2015年6月1日美元与人民币的市场汇率为1∶6.826。自从2014年12月1日以来，该地区该类房地产以人民币为基准的价格变动率逐月上涨1.2%。请根据上述资料，评估该宗房地产在2015年8月1日的正常单价（若需计算平均值时，可采用简单算术平均值）。

综合实训

1. 收集房地产交易实例，填写交易实例调查表。

2. 以组为单位，选取学校附近某一宗房地产，运用比较法测算其市场价值。

第五章 收益法

知识目标

1. 理解收益法的含义及理论依据；
2. 掌握收益法适用的估价对象和条件；
3. 掌握收益法的计算公式和应用；
4. 掌握净收益、收益期及报酬率的求取方法；
5. 了解投资组合技术和剩余技术的含义和应用。

能力目标

1. 能够根据实际情况，正确选用适宜的收益法公式进行估价；
2. 能够根据掌握的估价对象实际资料，正确计算净收益、收益期及报酬率。

第一节 收益法的基本原理

一、收益法的含义

收益法又称收益还原法、收益现值法、收益资本化法等，是房地产估价中常用的方法之一，它是对具有稳定收益或潜在收益的房地产和其他性质的资产评估的基本方法，是估价师分析房地产获得未来收益的能力，并将未来收益转换为现值的一种估价方法。采用收益法测算出的价值称为收益价值。

根据将预测的未来收益转换为价值的方式不同，即资本化方式的不同，收益法可分为直接资本化法和报酬资本化法。直接资本化法是预测估价对象未来某一年的某种收益，然后将其除以适当的资本化率或者乘以适当的收益乘数来求取估价对象价值的方法；报酬资本化法是一种现金流量折现法，即房地产的价值等于其未来各期净收益的现值之和，具体是预测估价对象未来各期的净收益，然后利用适当的报酬率将其折算到价值时点后相加来求取估价对象价值的方法。

二、收益法的理论依据

收益法的理论依据是预期原理，即决定房地产价值的，重要的不是过去的因素，而是未来的因素，是基于市场参与者对其未来所能获取的收益或得到的满足、乐趣等的预期，是未来收益权利的现在价值。其基本思想可以粗略的表述为：由于房地产的寿命长久，占用收益性房地产不仅现在能够获得收益，而且可以期望在未来持续获得收益。投资者购买收益性房地产的目的不是购买房地产本身，而是购买房地产未来所能产生的收益，即以现在的一笔资金去换取未来的一系列资金。对于投资者来说，将资金用于购买房地产获取的收益，与将资金存入银行获取的利息是相等的。

为了便于理解，我们假设张先生拥有一房地产，每年可产生 5 万元的净收益，同时他还拥有 100 万元资金，并以 5%的年利率存入银行，每年可得到 5 万元的利息。那么从预期角度来看，张先生所拥有的房地产与他存入银行的 100 万元的资金是等值的，即房地产的价值为 100 万元。

上述收益法的基本思想很容易被大家理解和接受，但是却只是在一定的前提条件下成立的。事实上，只有在净收益和报酬率每年保持不变，收益期限为无限年，并且投资房地产的风险和银行存款的风险相当，即报酬率与银行利率相同这种理想状况下，才可以得出上述结论。然而，现实情况往往与理想状况不同，随着房地产市场状况和房地产自身状况的不断变化，净收益和报酬率可能发生变化，收益期限也会不同；同时，投资房地产的风险往往也明显高于银行存款的风险，因此对于任何一个理性的投资者来说，势必要求投资房地产的回报率要更高，否则还不如把资金存入银行，这就决定了收益法中的报酬率要高于银行利率。在这种情况下，我们无法简单地将收益法的基本原理表述为上述情况。

鉴于此，我们进一步将收益法的普遍适用原理表述为：如果将价值时点视为现在，那么在现在购买有一定收益期限的房地产，预示着在其未来的收益期限内可以源源不断地获取净收益，如果现在有一笔资金可以与未来这一系列净收益的现值等值，则这笔资金就是该房地产的价值，即收益性房地产的价值就是其未来净收益的现值之和，其高低取决于三个因素：

(1)未来净收益的大小。在其他条件不变的条件下，未来净收益越大，房地产价值越高；反之，越低。

(2)获得净收益期限的长短。在其他条件不变的条件下，获得净收益期限越长，房地产价值越高；反之，越低。

(3)获得净收益的可靠性。在其他条件不变的条件下，获得净收益越可靠，即收益风险越小，房地产的价值越高；反之，越低。

三、收益法适用的估价对象和条件

1. 收益法适用的估价对象

收益法适用于对有收益或有潜在收益的房地产进行估价，即凡是具有收益性质的房地产，如公寓、住宅、写字楼、商店、旅馆、餐馆、游乐场、影剧院、停车场、汽车加油站、用于出租的标准厂房和仓库、农地等能够获得收益的房地产，均可使用收益法进行估价。这些估价对象或许本身目前并没有收益，但只要其类似的房地产有收益就可以了，最典型的例子就是自住的住宅或者目前处于停业或空置状态的餐馆、旅馆、商场等，虽然目前他们自身没有收益，但并不代表他们不具备获得收益的潜力，因此，同样适用于应用收益法进行估价。但是，对于行政办公楼、学校、公园等公用、公益性房地产不适用于应用收益法进行估价。

2. 收益法的适用条件

收益法估价需要具备的条件是房地产未来的收益和风险都能够准确地预测。如果不能预测或预测错误，都会得出错误或偏离实际的评估价值。

四、收益法估价的操作步骤

运用收益法进行估价一般可按照以下四个步骤来进行。

(1)收集并验证可用于预测估价对象未来收益的有关数据资料，如估价对象及其类似房地产过去和现在的收入、费用等数据资料。

(2)预测估价对象的未来净收益。

(3)求取报酬率或资本化率、收益乘数。

(4)选用适宜的收益法公式计算收益价值。

第二节　报酬资本化法的计算公式

一、收益法的一般公式

根据收益法的基本原理，房地产价格是其未来净收益的现值之和，假设某一房地产未来各期的净收益为 A_i，且发生在期末，未来各期的报酬率为 r_i，收益期限为 n 年，该房地产价格为 V(图 5-1)，则收益法的一般公式为：

$$V=\frac{A_1}{1+r_1}+\frac{A_2}{(1+r_1)(1+r_2)}+\cdots+\frac{A_n}{(1+r_1)(1+r_2)\cdots(1+r_n)}$$

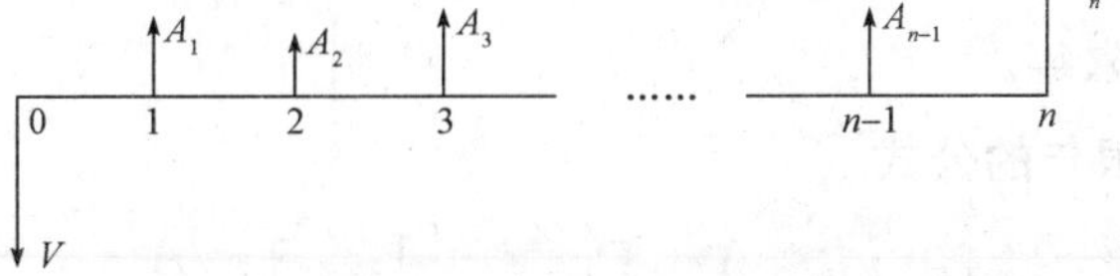

图 5-1　用现金流量图表示的报酬资本化法

对收益法的一般公式补充说明如下：

(1)该公式为收益法的原理公式，一般只用于理论分析，在实际估价中很难操作。

(2)实际估价中，一般假设未来各期的报酬率相同，且均为 r，则该公式可简化为：

$$V=\frac{A_1}{1+r}+\frac{A_2}{(1+r)^2}+\cdots+\frac{A_n}{(1+r)^n}=\sum_{i=1}^{n}\frac{A_i}{(1+r)^i}$$

(3)当净收益 A_i 每年不变，或者按照一定规律变动，收益期限 n 为有限期或无限期的情况下，可推导出后面的各种公式(也称为估价模式)。因此，后面的各种公式实际上是上述公式的特例。

(4)该公式假设净收益发生在期末，如果在实际估价过程中，净收益发生在期初或者期中，则应对净收益和报酬资本化法的公式做相应的调整。

假设净收益发生在期初，则将其转换为发生在期末的计算公式为：

$$A_{末}=A_{初}\times(1+r)$$

同时，报酬资本化法的公式调整为：

$$V=A_1+\frac{A_2}{1+r}+\cdots+\frac{A_n}{(1+r)^{n-1}}=\sum_{i=1}^{n}\frac{A_i}{(1+r)^{i-1}}$$

(5)公式中，A、r、n 的时间单位应是一致的，通常为年，也可以为月、季度、半年等。在实际估价中，如果三者之间的时间单位不一致，例如 A 的时间单位为月，而 r 的时间单位为年，则应对净收益或者报酬率、报酬资本化法公式进行调整。由于通常采用年报酬率，因此一般将月或者季度、半年的净收益调整为年净收益。

二、净收益每年不变的公式

根据收益期限不同，净收益每年不变的公式可分为有限年和无限年两种。通常情况下，在净收益和房地产报酬率相同的条件下，收益期限为无限年的房地产的价值要高于收益期限为有限年的房地产的价值。

1. 收益期限为有限年的公式

$$V=A\times\sum_{i=1}^{n}\frac{1}{(1+r)^i}=A\times\frac{(1+r)^n-1}{r(1+r)^n}=\frac{A}{r}\times\left[1-\frac{1}{(1+r)^n}\right]$$

该公式的假设条件为：

(1)净收益每年不变，为 A。

(2)报酬率为 r，且 $r\neq0$；当 $r=0$ 时，$V=A_n$。

(3)收益期限为有限年。

2. 收益期限为无限年的公式

$$V=\lim_{n\to\infty}\frac{A}{r}\times\left[1-\frac{1}{(1+r)^n}\right]=\frac{A}{r}$$

该公式的假设条件为：

(1)净收益每年不变，为A。

(2)报酬率为r，且$r>0$。

(3)收益期限为无限年。

3. 净收益每年不变的公式的应用

净收益每年不变的公式除了可以直接测算房地产价格以外，还有以下三方面的作用。一是用于不同土地使用期限或者不同收益期限的房地产价格之间的转换；二是用于比较不同期限房地产价格的高低；三是用于市场比较法中因土地使用期限或收益期限不同进行的价格调整。

(1)直接用于测算房地产价格。

【例 5-1】 某商场的土地于 10 年前以出让方式取得，国有建设用地使用权出让合同载明使用期限为 40 年，不可续期，经房地产估价师调查后，预计该商场正常情况下每年的净收益为 100 万元，该地区同类房地产的报酬率为 10%。试计算该商场的收益价值。

【解】 该商场的收益价值为

$$V=\frac{A}{r}\times\left[1-\frac{1}{(1+r)^n}\right]=\frac{100}{10\%}\times\left[1-\frac{1}{(1+10\%)^{40-10}}\right]=942.69(\text{万元})$$

【例 5-2】 某房地产预计正常情况下每年的净收益为 100 万元，该地区同类房地产的报酬率为 10%，收益期限可视为无限年。试计算该商场的收益价值。

【解】 该商场的收益价值为

$$V=\frac{A}{r}=\frac{100}{10\%}=1\,000(\text{万元})$$

(2)用于不同期限房地产价格之间的转换。

为了计算方便，我们令收益期限为n年的房地产价格为V_n，则V_{50}表示收益期限为 50 年的价格，V_∞表示收益期限为无限年的价格。根据净收益每年不变的公式，有$V_n=\frac{A}{r}\times\left[1-\frac{1}{(1+r)^n}\right]$，另$K_n=\left[1-\frac{1}{(1+r)^n}\right]$，则$V_n=\frac{A}{r}\times K$，又因为$V_\infty=\frac{A}{r}$，我们可以得出$V_n=V_\infty\times K$。

如果我们知道某宗房地产收益年限为 50 年的价格，计算该宗房地产收益年限为无限年和 30 年的价格，则

$$V_\infty=\frac{V_{50}}{K_{50}}$$

$$V_{30}=V_{50}\times\frac{K_{30}}{K_{50}}$$

从上述的推导过程，不难看出不同期限房地产价格之间换算的公式隐含的前提条件是：1)V_{n1}和V_{n2}对应的报酬率相同，且不为零；当V_{n1}和V_{n2}其中之一为V_∞时，要求报酬率

大于零；当 V_{n1} 和 V_{n2} 都不为 V_{∞}，且报酬率等于零时，$V_{n1}=V_{n2}\times\frac{n_1}{n_2}$。

2) V_{n1} 和 V_{n2} 对应的净收益相同或可转化为相同。

3) 如果 V_{n1} 和 V_{n2} 对应的是两宗房地产，且报酬率不相同时，假设 V_{n1} 对应的报酬率是 r_{n1}，V_{n2} 对应的报酬率是 r_{n2}，在其他条件符合上述前提的条件下，由 $V_{n1}=\frac{A}{r_{n1}}\left[1-\frac{1}{(1+r_{n1})^{n1}}\right]$，$V_{n2}=\frac{A}{r_{n2}}\times\left[1-\frac{1}{(1+r_{n2})^{n2}}\right]$，则 $V_{n1}=V_{n2}\times\frac{r_{n2}\times\left[1-\frac{1}{(1+r_{n1})^{n1}}\right]}{r_{n1}\times\left[1-\frac{1}{(1+r_{n2})^{n2}}\right]}$。

【例 5-3】 已知某收益性房地产 50 年的收益权利的价格为 3 000 元/m²，报酬率为 10%，试计算其 30 年收益权利的价格。

【解】 $$V_{30}=V_{50}\times\frac{K_{30}}{K_{50}}=3\ 000\times\frac{1-\frac{1}{(1+10\%)^{30}}}{1-\frac{1}{(1+10\%)^{50}}}=2\ 852.38(\text{元}/\text{m}^2)$$

(3) 用于比较不同期限房地产价格的高低。要比较两宗房地产价格的高低，假如两宗房地产的土地使用期限或收益期限不同，则直接比较是不合适的，因此需要先将其转化成相同期限下的价格(通常将它们都转化成无限期的价格是比较方便的)，再进行比较。转化方法与上述用于不同期限房地产价格之间的转换相同。

【例 5-4】 有甲、乙两宗房地产，甲房地产的收益年限为 50 年，单价 10 000 元/m²，乙房地产的收益年限为 30 年，单价 9 800 元/m²。假设报酬率均为 10%，试比较该两宗房地产价格的高低。

【解】 甲房地产：$$V_{\infty}=\frac{V_{50}}{K_{50}}=\frac{10\ 000}{1-\frac{1}{(1+10\%)^{50}}}=10\ 085.92(\text{元}/\text{m}^2)$$

乙房地产：$$V_{\infty}=\frac{V_{30}}{K_{30}}=\frac{9\ 800}{1-\frac{1}{(1+10\%)^{30}}}=10\ 395.77(\text{元}/\text{m}^2)$$

所以，乙房地产的价格名义上低于甲房地产的价格，而实际上却高于甲房地产的价格。

(4) 用于市场比较法中因期限不同进行的价格调整。在市场比较法中，可比实例房地产的期限可能与估价对象房地产的期限不同，从而需要对可比实例的价格进行调整，使其成为与估价对象相同期限下的价格。

【例 5-5】 估价对象为一土地，于 2001 年 9 月底获得 50 年使用权，需评估该土地 2006 年 9 月30 日的价值。现收集了一宗出让年限为 50 年的土地交易实例，其交易价格为 2 380 元/m²，交易日期为 2006 年 9 月底，其他条件与估价对象相当，试计算其比较价值(单价)。

【解】 $V_C=2\ 380\times\dfrac{1-\dfrac{1}{(1+5\%)^{45}}}{1-\dfrac{1}{(1+5\%)^{50}}}=2\ 317.17$(元/$m^2$)

三、净收益在前后两段变化规律不同的公式

根据前段净收益和后段净收益的变化情况，如有无规律变化、每年不变还是按照一定数额递增、递减或按照一定比率递增、递减等，选择相应收益法公式分别测算在价值时点时房地产前段和后段的收益价值，再相叠加予以计算。在实际估价中，为了便于计算，通常假定后段净收益每年不变，利用净收益每年不变公式测算房地产后段时间的收益价值，再折现到价值时点，并与其前段价格相加来求取估价对象的价格。下面就以后段净收益每年不变为例进行说明。

与净收益每年不变的情况相同，根据收益期限不同，也可以分为有限年和无限年两种。

1. 收益期限为有限年的公式

$$V=\sum_{i=1}^{t}\frac{A_i}{(1+r)^i}+\frac{A}{r\,(1+r)^t}\times\left[1-\frac{1}{(1+r)^{n-t}}\right]$$

式中　t——净收益变化的期限。

该公式的假设条件是：

(1)净收益在未来 t 年(含 t 年)有变化，分别为 A_1、A_2、…、A_t，在第 t 年以后保持不变，为 A；如果净收益在前 t 年(含 t 年)也保持不变，为 A_0，则该公式变化为：

$$V=\frac{A_0}{r}\times\left[1-\frac{1}{(1+r)^t}\right]+\frac{A}{r(1+r)^t}\times\left[1-\frac{1}{(1+r)^{n-t}}\right]$$

(2)报酬率为 r，且 $r\neq0$。

(3)收益期限为有限年。

2. 收益期限为无限年的公式

$$V=\sum_{i=1}^{t}\frac{A_i}{(1+r)^i}+\frac{A}{r(1+r)^t}$$

该公式的假设条件是：

(1)净收益在未来 t 年(含 t 年)有变化，分别为 A_1、A_2、…、A_t，在第 t 年以后保持不变，为 A；如果净收益在前 t 年(含 t 年)也保持不变，为 A_0，则该公式变化为：

$$V=\frac{A_0}{r}\times\left[1-\frac{1}{(1+r)^t}\right]+\frac{A}{r(1+r)^t}$$

(2)报酬率为 r，且 $r>0$。

(3)收益期限为无限年。

净收益在前后两段变化规律不同的公式具有很重要的实用价值。事实上，在实际估价

中，房地产每一年的净收益不可能完全相同，但是完全按照净收益无规律变化进行估价，工作量太大，并且对每一年的净收益进行预测也几乎无法做到，因而不具有现实意义。但是，如果估价时只采用净收益每年不变，或者有规律变化的公式进行计算，也未免有失偏颇，特别是对于商场、游乐场、旅馆、餐馆之类的房地产，通常在建成后前几年由于试营业等原因，收益可能不稳定，在经过几年经营以后才趋于稳定，这种情况下，尤其适合选用这个公式进行估价。

【例 5-6】 某宗房地产，预测其未来 5 年的净收益分别为 20 万元、22 万元、25 万元、28 万元和 30 万元，从第 6 年到未来无限年，每年的净收益将稳定在 35 万元左右，该类房地产的资本化率为 10%。试计算该宗房地产的收益价值。如果该房地产的收益年限为 50 年，计算该宗房地产的收益价值。

【解】

$$V_{\infty}=\sum_{i=1}^{t}\frac{A_i}{(1+r)^i}+\frac{A}{r(1+r)^t}$$

$$=\frac{20}{1+10\%}+\frac{22}{(1+10\%)^2}+\frac{25}{(1+10\%)^3}+\frac{28}{(1+10\%)^4}+\frac{30}{(1+10\%)^5}$$

$$+\frac{35}{10\%(1+10\%)^5}$$

$$=310.22(\text{万元})$$

$$V=\sum_{i=1}^{t}\frac{A_i}{(1+r)^i}+\frac{A}{r(1+r)^t}\left[1-\frac{1}{(1+r)^{n-t}}\right]$$

$$=\frac{20}{1+10\%}+\frac{22}{(1+10\%)^2}+\frac{25}{(1+10\%)^3}+\frac{28}{(1+10\%)^4}+\frac{30}{(1+10\%)^5}+\frac{35}{10\%(1+10\%)^5}$$

$$\left[1-\frac{1}{(1+10\%)^{50-5}}\right]$$

$$=300.86(\text{万元})$$

四、净收益按一定数额递增的公式

假设净收益每年比前一年增加的数额为 B，即净收益为一公差为 B 的等差数列。如果未来第一年的净收益 A_1 为 A，则未来第二年的净收益 A_2 为 $A+B$，未来第 n 年的净收益 A_n 为 $A+(n-1)B$。根据收益法的一般公式，可以推出净收益按一定数额递增的公式如下。

1. 收益期限为有限年的公式

$$V=\left(\frac{A}{r}+\frac{B}{r^2}\right)\times\left[1-\frac{1}{(1+r)^n}\right]-\frac{B}{r}\times\frac{n}{(1+r)^n}$$

该公式的假设条件是：

(1)净收益在未来第一年为 A，此后按数额 B 逐年递增。

(2)报酬率为 r，且 $r\neq0$。

(3)收益期限为有限年。

2. 收益期限为无限年的公式

$$V=\frac{A}{r}+\frac{B}{r^2}$$

该公式的假设条件是：

(1)净收益在未来第一年为 A，此后按数额 B 逐年递增。

(2)报酬率为 r，且 $r>0$。

(3)收益期限为无限年。

【例 5-7】 某宗房地产预计未来第一年的净收益为 20 万元，此后每年的净收益会在上一年的基础上增加 2 万元，收益年限为 30 年，该类房地产的资本化率为 8%。试计算该宗房地产的收益价值。

【解】 $V=(\frac{A}{r}+\frac{B}{r^2})\times\left[1-\frac{1}{(1+r)^n}\right]-\frac{B}{r}\times\frac{n}{(1+r)^n}$

$=\left(\frac{20}{8\%}+\frac{2}{8\%^2}\right)\times\left[1-\frac{1}{(1+8\%)^{30}}\right]-\frac{2}{8\%}\times\frac{30}{(1+8\%)^{30}}$

$=432.07$(万元)

五、净收益按一定数额递减的公式

与净收益按一定数额递增的情况相同，假设净收益每年比前一年减少的数额为 B，未来第一年的净收益 A_1 为 A，则未来第二年的净收益 A_2 为 $A-B$，未来第 n 年的净收益 A_n 为 $A-(n-1)B$。根据收益法的一般公式，可以推出净收益按一定数额递减的公式如下：

$$V=(\frac{A}{r}-\frac{B}{r^2})\times\left[1-\frac{1}{(1+r)^n}\right]+\frac{B}{r}\times\frac{n}{(1+r)^n}$$

此公式只有收益期限为有限年一种，因为随着净收益的逐年递减，势必在未来的某一时间净收益会为零，如果继续经营下去净收益还会小于零，而任何一个理性的投资人，在房地产的净收益为零以后，都不会选择继续持有或经营，所以，净收益按一定数额递减的公式不会出现无限年的情况。

该公式的假设条件是：

(1)净收益在未来第一年为 A，此后按数额 B 逐年递减。

(2)报酬率为 r，且 $r\neq 0$。

(3)收益期限为有限年，且 $n\leqslant\frac{A}{B}+1$

【例 5-8】 预计某宗房地产未来第一年的净收益为 25 万元，此后每年的净收益会在上一年的基础上减少 2 万元。请计算该宗房地产的合理经营期限及合理经营期限结束前后整数年份假定情况下的净收益；如果报酬率为 6%，请计算该宗房地产的收益价值。

【解】 该宗房地产的合理经营期限 n 计算如下：

令 $A-(n-1)B=0$

有 $25-(n-1)\times 2=0$

$$n=25\div 2+1=13.5(\text{年})$$

该宗房地产第 13 年的净收益为：

$$A-(n-1)B=25-(13-1)\times 2=1(\text{万元})$$

该宗房地产第 14 年净收益为：

$$A-(n-1)B=25-(14-1)\times 2=-1(\text{万元})$$

所以合理经营年限为 13.5 年。

该宗房地产的收益价值计算如下：

$$V=(\frac{A}{r}-\frac{B}{r^2})\times\left[1-\frac{1}{(1+r)^n}\right]+\frac{B}{r}\times\frac{n}{(1+r)^n}$$

$$=(\frac{25}{6\%}-\frac{2}{6\%^2})\times\left[1-\frac{1}{(1+6\%)^n}\right]+\frac{2}{6\%}\times\frac{13.5}{(1+6\%)^{13.5}}$$

$$=129.28(\text{万元})$$

六、净收益按一定比率递增的公式

假设净收益每年比前一年增加的比率为 g，即净收益为一公比为 g 的等比数列。如果未来第一年的净收益 A_1 为 A，则未来第二年的净收益 A_2 为 $A(1+g)$，未来第 n 年的净收益 A_n 为 $A(1+g)^{n-1}$。根据收益法的一般公式，我们可以推出净收益按一定数额递增的公式如下。

1. 收益期限为有限年的公式

$$V=\frac{A}{r-g}\times\left[1-(\frac{1+g}{1+r})^n\right]$$

该公式的假设条件是：

(1)净收益在未来第一年为 A，此后按比率 g 逐年递增。

(2)报酬率为 r，且 $g\neq r$；当 $g=r$ 时，$V=\frac{An}{1+r}$。

(3)收益期限为有限年。

2. 收益期限为无限年的公式

$$V=\frac{A}{r-g}$$

该公式的假设条件是：

(1)净收益在未来第一年为 A，此后按比率 g 逐年递增。

(2)报酬率为 r，且 $g<r$。

(3)收益期限为无限年。

该公式之所以要求 $g<r$，从数学上看，当 $g \geqslant r$ 时，V 会无穷大，而这种情况在现实中不可能出现，因为任何一宗房地产的净收益都不可能以极快的速度无限增长下去，并且较快的增长速度通常意味着更高的风险，从而要求提高风险报酬，即房地产的报酬率要随之增加。

【例 5-9】 某宗房地产预计该房地产未来第一年的净收益为 20 万元，此后在使用年限 50 年内每年的净收益会在上一年的基础上增长 2%；该类房地产的资本化率为 10%。试计算该宗房地产的收益价值。

【解】 $V=\frac{A}{r-g}\times\left[1-\left(\frac{1+g}{1+r}\right)^{n}\right]=\frac{20}{10\%-2\%}\times\left[1-\left(\frac{1+2\%}{1+10\%}\right)^{50}\right]=244.26$(万元)

七、净收益按一定比率递减的公式

假设净收益每年比前一年递减的比率为 g，未来第一年的净收益 A_1 为 A，则未来第二年的净收益 A_2 为 $A(1-g)$，未来第 n 年的净收益 A_n 为 $A(1-g)^{n-1}$。根据收益法的一般公式，可以推出净收益按一定数额递增的公式如下：

1. 收益期限为有限年的公式

$$V=\frac{A}{r+g}\times\left[1-\left(\frac{1-g}{1+r}\right)^{n}\right]$$

该公式的假设条件是：

(1)净收益在未来第一年为 A，此后按比率 g 逐年递减。

(2)报酬率为 r，且 $r\neq0$。

(3)收益期限为有限年。

2. 收益期限为无限年的公式

$$V=\frac{A}{r+g}$$

该公式的假设条件是：

(1)净收益在未来一年为 A，此后按比率 g 逐年递减。

(2)报酬率为 r，且 $r>0$。

(3)收益期限为无限年。

【例 5-10】 某宗房地产预计该房地产未来第一年的净收益为 20 万元，此后在使用年限 50 年内每年的净收益会在上一年的基础上降低 2%；该类房地产的资本化率为 10%。试计算该宗房地产的收益价值。

【解】 $V=\frac{A}{r+g}\times\left[1-\left(\frac{1-g}{1+r}\right)^{n}\right]=\frac{20}{10\%+2\%}\times\left[1-\left(\frac{1-2\%}{1+10\%}\right)^{50}\right]=166.15$(万元)

八、预知未来若干年后价格的公式

预测房地产未来 t 年的净收益分别为 A_1，A_2，…，A_t，第 t 年末的价格为 V_t，则其现在的价格为：

$$V=\sum_{i=1}^{t}\frac{A_i}{(1+r)^i}+\frac{V_t}{(1+r)^t}$$

式中 V——房地产现在的价格；

t——预测净收益的期限，如果购买房地产的目的是持有一段时间后转售，则 t 为持有房地产的期限，简称为持有期；

A_i——房地产未来 t 年的净收益，简称为期间收益；

V_t——房地产未来 t 年末的价格(未来第 t 年末的市场价值或残值。如果购买房地产的目的是为了持有一段时间后转售，则为预测的第 t 年末转售时的价格减去销售税费后的净值，称为净转售价值或期末转售收益，是在持有期末转售房地产时可以获得的净收益)。

该公式的假设条件是：

(1)房地产未来 t 年的净收益分别为 A_1、A_2、…、A_t。

(2)房地产在第 t 年末的价格为 V_t。

(3)期间报酬率和期末报酬率相同，均为 r。

用上述公式进行估价时，可以根据净收益变化的不同情况，如净收益每年不变、按一定数额增加或减少、按一定比率增加或减少等，选用相应的收益法公式进行测算。

预知未来若干年后价格的公式，一是适用于房地产目前价格难以知道，但根据发展前景比较容易预测其未来的价格或未来相对于当前价格的变化率时，特别是在某地区将会出现较大改观或者房地产市场行情预期有较大变化的情况下；二是对于收益期限较长的房地产，有时不是按照其收益期限来估价，而是确定一个合理的持有期，然后预测持有期间的净收益和持有期末的价值，再将二者折算为现值。实际上，收益性房地产是一种投资品，其典型的收益包括两个部分：一是在持有期间单位时间(如每月、每年)所获得的租赁收益或经营收益；二是持有期末转售房地产所获得的收益。

【例 5-11】 某市郊有一宗房地产，年出租净收益为 100 万元，预计未来 3 年内仍然维持在该水平，但规划等到 3 年后该处开发为新的市中心，预测到时，将其转卖的售价会高达 1 500 万元，销售税费为售价的 6%。如果投资者要求该类投资的收益率为 10%，试计算该宗房地产目前的价值。

【解】

$$\begin{aligned}V&=\sum_{i=1}^{t}\frac{A_i}{(1+r)^i}+\frac{V_t}{(1+r)^t}\\&=\frac{A}{r}\left[1-\frac{1}{(1+r)^n}\right]+\frac{V_t}{(1+r)^t}\\&=\frac{100}{10\%}\times\left[1-\frac{1}{(1+10\%)^3}\right]+\frac{1\,500\times(1-6\%)}{(1+10\%)^3}\\&=1\,308.04(\text{万元})\end{aligned}$$

第三节 净收益的测算

净运营收益简称净收益，是指归属于房地产除去各项费用后的收益，一般以年为单位计算。在确定净收益时，一定要注意实际净收益和客观净收益的区别。

实际净收益是在现状下实际取得的收益，它与经营者的经营能力、房地产的用途等有很大关系。一般来说不能直接用于估价。

客观净收益是房地产在正常的市场条件下，用于法律允许的最佳利用方向上的净收益，它排除了实际收益中属于特殊的、偶然的因素之后所能得到的一般正常收益，客观净收益可以作为估价的依据。

一、出租型房地产净收益的求取

出租型房地产是收益法估价的典型对象，包括出租的住宅、公寓、写字楼、商场、停车位、标准工业厂房、仓库和土地等，其净收益的基本公式为：

净收益＝潜在毛收入－空置等造成的收入损失－运营费用＝有效毛收入－运营费用

其中，潜在毛收入指假定房地产在充分利用、无空置(即100％出租)的情况下的收入；空置等造成的收入损失指因空置、拖欠租金(延迟支付租金、少付租金或不付租金)以及其他原因造成的收入损失，一般是以潜在毛收入的某一百分率来计算；运营费用指维持房地产正常使用或营业所必需的费用；有效毛收入指由潜在毛收入扣除空置等造成的收入损失后的收入。潜在毛收入、有效毛收入、运营费用、净收益通常以年度计，并假设发生在年末。

出租型房地产的净收益应根据租赁资料来求取，通常为租赁收入扣除维修费、管理费、保险费(如房屋火灾保险费)、房地产税(如房产税、城镇土地使用税)和租赁代理费等费用后的余额。租赁收入包括有效毛租金收入和租赁保证金、押金等的利息收入。在实际求取时，维修费、管理费、保险费、房地产税和租赁代理费是否要扣除应在分析租赁契约的基础上决定。如果保证合法、安全、正常使用所需的费用都由出租方负担，则应将他们全部扣除；如果维修、管理等费用全部或部分由承租方负担，则出租房所得的租金就接近于净收益，此时扣除的项目要相应减少。另外，如果租金中包括了无偿提供使用水、电、燃气、空调、暖气等，则要扣除水、电、燃气、空调、暖气等费用。还要考虑是否连同家具等房地产以外的物品一起出租。如果是，则租赁收入中包含了家具等的贡献，这部分是否扣除视评估价格，是否需要包含这部分的价值来确定。出租房地产求取净收益需要扣除的费用项目见表5-1。

表 5-1　出租房地产求取净收益需要扣除的费用项目

项目名称	出租人负担	承租人负担	标准	数量	年金额
水费					
电费					
燃气费					
供暖费					
通信费					
有线电视费					
物业服务费					
维修费					
室内装修折旧费					
家具设备折旧费					
保险费					
物业税					
营业税等税费					
租赁手续费					
租赁代理费					
其他费用					

二、营业型房地产净收益的求取

营业型房地产是以营业方式获取收益的房地产，如旅馆、娱乐中心、汽车加油站、工厂、农场等。其净收益的基本公式为：

净收益＝经营收入－经营成本－经营利润

这类房地产的最大特点是房地产的所有者同时又是经营者，房地产的租金与经营者的利润没有分开。因此，测算房地产的净收益要用经营收入扣除归属于其他资本或经营的收益，如要扣除商业、餐饮、工业、农业等经营者的正常利润。例如，某商铺的正常经营收入、费用和利润分别为 60 万元、25 万元和 10 万元，则其房地产净收益为 60－25－10＝25(万元)。

三、求取净收益时的相关问题

在求取净收益时需要注意以下几个问题：

(1)作为房地产估价依据的净收益是由房地产产生的，其他要素产生的收益应剔除。

(2)净收益必须能持续、稳定地产生，即短期的租赁收入、一次性转让收入等不能作为资本化的基础。

(3)用来估价的房地产净收益是客观净收益，所以估价中采用的潜在毛收入、有效毛收入、运营费用等都应采取正常客观的数据。

(4)有租约的房地产应考虑租约的影响，即租赁期内的租金应采用租约约定的租金，租约期外的租金应采用正常的客观租金。

【例 5-12】 某商店的土地使用年限为 40 年，从 2010 年 10 月 1 日起计。该商店共有两层，每层有出租面积为 200 m^2。一层于 2011 年 10 月 1 日租出，租期为 5 年，可出租面积的月租金为 180 元/m^2，且每年不变；二层现暂空置。附近类似商场一、二层可出租面积的正常月租金分别为 200 元/m^2 和 120 元/m^2，运营费用率为 25%。该类房地产的资本化率为 9%。试估算该商场 2014 年 10 月 1 日带租约出售时的正常价格。

【解】 (1)商店一层价格的估算：

租约期内年净收益＝200×180×(1－25%)×12＝32.40(万元)

租约期外年净收益＝200×200×(1－25%)×12＝36.00(万元)

$$V=\frac{32.40}{(1+9\%)}+\frac{32.40}{(1+9\%)^2}+\frac{36.00}{9\%(1+9\%)^2}\times\left[1-\frac{1}{(1+9\%)^{40-4-2}}\right]=375.69(\text{万元})$$

(2)商店二层价格的估算：

年净收益＝200×120×(1－25%)×12＝21.60(万元)

$$V=\frac{21.60}{9\%}\times\left[1-\frac{1}{(1+9\%)^{40-4}}\right]=229.21(\text{万元})$$

(3)该商店的正常价格＝商店一层的价格＋商店二层的价格

＝375.69＋229.21

＝604.90(万元)

四、收益期的估计

收益期限是估价对象自价值时点起至未来可获收益的时间。收益期限应根据估价对象的不同，在房地产自然寿命、法律规定(如土地使用权法定最高年限)、合同约定(如租赁合同约定的租赁期限)的基础上，结合房地产剩余经济寿命来确定。

房地产的剩余经济寿命是指自价值时点起至房地产经济寿命结束时的时间。具体是指在正常市场和运营状态下，房地产产生的收入大于运营费用，即净收益大于零的持续时间。

在一般情况下，估价对象的收益期限为其剩余经济寿命。其中，土地的收益期限为土地使用权剩余使用年期。对于单独土地和单独建筑物的估价，应分别根据土地剩余使用年期和建筑物剩余经济寿命确定收益期限，选用相应的收益法公式进行计算。

对于土地与建筑物合成体的估价对象，建筑物的经济寿命与土地使用年期一起结束的，应根据土地剩余年期确定收益年限，选用相应的收益期限为有限年的公式。

建筑物的经济寿命早于土地使用年期结束的，可先根据建筑物的剩余经济寿命确定收益期限，选用相应的收益期限为有限年的公式进行计算，然后再加上建筑物经济寿命结束之后的剩余年期土地使用权在价值时点时的价值。如在以出让方式获得土地使用权的一块土地上建造一幢普通商品房住宅，土地使用权出让年期是 70 年，建造期是 2 年，建筑物的经济寿命为 50 年，到价值时点已使用 5 年(图 5-2)，则根据建筑物的经济寿命可知，未来可获收益的年限为 45 年，选用收益期限为有限年的计算公式计算价格 P_0，再求取剩余土地价值 P_t，最后计算收益价格为：

$$P=P_0+\frac{P_t}{(1+r)^t}$$

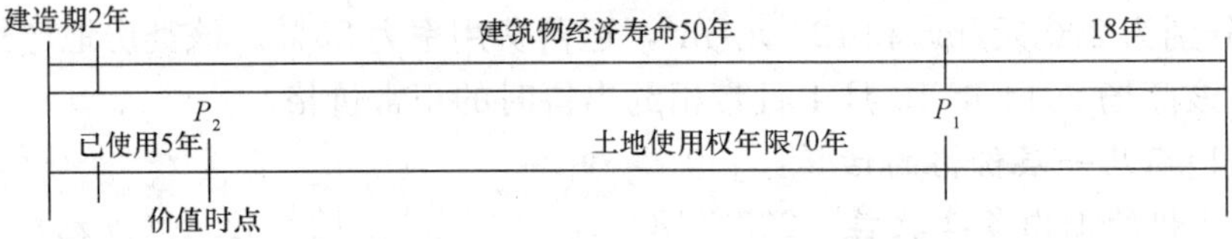

图 5-2　建筑物经济寿命早于土地使用权年期结束的收益价格估算

建筑物经济寿命晚于土地使用年期结束的，又可以分为以下两种情况。

(1)出让合同约定土地使用权期间届满需要无偿收回土地使用权时，根据收回时建筑物的残余价值给予土地使用者相应的补偿。对于这种情况房地产的价值等于以土地使用权剩余年限为收益期限计算的房地产价值，加上土地使用权剩余期限结束时建筑物的残余价值折算到价值时点的价值。

(2)出让合同约定土地使用权期间届满需要无偿收回土地使用权时，建筑物也无偿收回。对于这种情况，以土地使用权剩余年限为收益期限，选用相应的收益期限为有限年的公式计算房地产的价值。

第四节　报酬率的求取

想要弄清楚投资报酬率的内涵，需要先弄清一笔投资中投资回收和投资回报的概念及其之间的区别。投资回收是指所投入的资本的回收，即保本；投资回报是指所投入的资本全部回收之后所获得的额外资金，即报酬。以银行存款为例，投资回收就是向银行存入的本金的回收，投资回报就是从银行那里得到的利息。所以，投资回报中是不包含投资回收的，报酬率为投资回报与所投入资本的比率。对于投资房地产而言，为获得房地产而投入的资本，即房地产价值的回收为投资回收，净收益为投资回报，因此，房地产投资报酬率为净收益与房地产价值的比率。

一、累加法

累加法也称为安全利率加风险调整值法，是将报酬率看作无风险报酬率和风险补偿率两大部分，并将它们相加得到的。无风险报酬率是指无风险投资的报酬率，是资金的机会成本。风险补偿率是指承担额外风险所要求的补偿。累加法的基本公式为：

报酬率＝无风险报酬率＋投资风险补偿＋管理负担补偿＋缺乏流动性补偿－投资带来的优惠

式中，投资风险补偿是指当投资者投资于收益不确定、具有一定风险性的房地产时，必然会要求对所承担的额外风险有所补偿，否则就不会投资；管理负担补偿是指一项投资所要求的操劳越多，其吸引力就越小，从而投资者必然会要求所承担的额外管理有所补偿，房地产要求的管理工作一般超过存款、证券；缺乏流动性补偿是指投资者对所投资的资金由于缺乏流动性所要求的补偿，房地产与股票、债券、黄金相比，买卖要困难，变现能力弱；投资带来的优惠是指由于投资房地产可能获得某些额外的好处，如易于获得融资(如可以抵押贷款)，从而投资者会降低所要求的报酬率。

完全无风险的投资在现实中是难以找到的，对此可以选用同一时期的相对无风险报酬率去代替无风险报酬率来计算，如选用同一时期的国债利率或银行存款利率。于是投资风险补偿、管理负担补偿、缺乏流动性补偿和投资带来的优惠就相应的变为投资估价对象相对于投资同一时期国债或银行存款的风险补偿、管理负担补偿、缺乏流动性补偿及所带来的优惠。

二、市场提取法

与市场比较法相似，估价对象房地产的报酬率可以以市场上类似房地产的报酬率为基础进行计算。市场提取法可分为直接法和间接法两种。

(1)直接法。直接法是直接收集同一市场上三宗或三宗以上类似房地产的报酬率，求取简单算术平均值或加权平均值，从而确定估价对象房地产报酬率的方法。

(2)间接法。间接法是通过收集同一市场上三宗或三宗以上类似房地产的价格、净收益等资料，选用相应的报酬资本化法公式，反求出报酬率的方法。

第五节　直接资本化法

一、直接资本化法的概述

直接资本化法是将估价对象未来某一年的某种收益除以适当的资本化率或者乘以适当的收益乘数转换为价值的方法。

未来某一年的某种收益通常是采用未来第一年的收益，某种收益有毛租金、潜在毛收入、有效毛收入、净收益等。

资本化率是指将房地产的净收益转换成价值的比率。其实质是一种投资收益率，即

资本化率＝年收益/价格

收益乘数是房地产的价格除以某种年收益所得的倍数，即

收益乘数＝价格/年收益

二、直接资本化法的两种具体方法

(1)利用资本化率将年收益转换为价值的直接资本化法公式为：

房地产的价值＝房地产未来第一年的净收益/资本化率

(2)利用收益乘数将年收益转换为价值的直接资本化法公式为：

房地产价值＝年收益×收益乘数

资本化率和收益乘数都可以通过上述市场提取法来求取，只是公式需选用直接资本化法的公式。

三、直接资本化法与报酬资本化法的比较

1. 资本化率与报酬率的区别和联系

资本化率和报酬率都是将房地产的净收益转换成价值的比率，但两者是有很大区别的。资本化率是在直接资本化法中采用的，是直接将房地产的净收益转换为价值的比率；报酬率是在报酬资本化法中采用的，是通过折现的方式将房地产的净收益转换为价值的比率。资本化率是房地产某一年的净收益与房地产价值的比率，仅仅表示净收益与价值的比率，并不明确的表示获利能力；报酬率则是用来除以一连串的未来各期净收益，以求得未来各期净收益现值的比率。

在报酬资本化法中，如果净收益流模式不同，具体的计算公式就有所不同。报酬率与净收益本身的变化及与获得净收益期限的长短等无直接关系；而资本化率与净收益本身的变化及与获得净收益期限的长短等有直接关系。

2. 直接资本化法的优缺点

直接资本化法的优点是：

(1)不需要预测未来许多年的净收益，通常只需要测算未来第一年的收益。

(2)资本化率或收益乘数直接来源于市场上所显示的收益与价值的关系，能较好地反映市场的实际情况。

(3)计算过程较为简单。

直接资本化法的缺点是：由于直接资本化法利用的是某一年的收益来资本化，因此要

求有较多与估价对象的净收益流模式相同的类似房地产来求取资本化率或收益乘数，对可比实例的依赖性很强。

3. 报酬资本化法的优缺点

报酬资本化法的优点是：

(1)指明了房地产的价值是其未来各期净收益的现值之和，这既是预期原理最形象的表述，又考虑到了资金的时间价值，逻辑严密，有很强的理论基础。

(2)每期净收益或现金流量都是明确的，直观且容易被理解。

(3)由于具有同等风险的任何投资的报酬率应该是相似的，所以不必直接依靠与估价对象的净收益流模式相同的类似房地产来求取适当的报酬率，而通过与其他具有同等风险的投资相比较也可以求取适当的报酬率。

报酬资本化法的缺点是：由于报酬资本化法需要预测未来各期的净收益，从而较多地依赖于估价人员的主观判断，并且各种简化的净收益流模式不一定符合市场的实际情况。当相似的预期收益存在大量可比市场信息时，直接资本化法会是相当可靠的；当市场可比信息缺乏时，报酬资本化法则能提供一个相对可靠的评估价值，因为估价人员可以通过投资者在有同等风险的投资上要求的报酬率来确定估价对象的报酬率。

第六节　投资组合技术和剩余技术

在收益法中，可以从房地产的物理构成(土地与建筑物)或资金构成(抵押贷款与自有资金)中求出各个构成部分的报酬率和资本化率，或者将其报酬率和资本化率运用到各个构成部分上以测算其价值。

一、投资组合技术

投资组合技术主要有土地与建筑物的组合和抵押贷款与自有资金的组合。

1. 土地与建筑物的组合

运用直接资本化法估价，由于估价对象不同，如评估的是房地价值还是土地价值或建筑物价值，采用的资本化率应有所不同。相应的三种资本化率分别是综合资本化率、土地资本化率、建筑物资本化率。

(1)综合资本化率是求取房地价值时应当采用的资本化率。这时对应的净收益应是建筑物及其占用范围内的土地共同产生的净收益。也就是说，在评估土地与建筑物综合体的价值时，应采用建筑物及其占用范围内的土地共同产生的净收益，同时，应选用综合资本化率将其资本化。如果选用的不是综合资本化率，则求出的就不是土地与建筑物综合体的价值。

(2)土地资本化率是求取土地价值时应当采用的资本化率，这时对应的净收益应是土地产生的净收益(即仅归属于土地的净收益)，不包含建筑物带来的净收益。如果在求取土地价值时选用的不是土地资本化率，即使得出了一个结果，这个结果也不能说是土地价值。

(3)建筑物资本化率是求取建筑物价值时应当采用的资本化率，这时对应的净收益应是建筑物产生的净收益(即仅归属于建筑物的净收益)，不包含土地带来的净收益。如果在求取建筑物价值时选用的不是建筑物资本化率，则求出的就不是建筑物价值。

综合资本化率、土地资本化率、建筑物资本化率三者虽然有严格区分，但又是相互联系的。如果能从可比实例房地产中求出其中两种资本化率，便可以利用下列公式求出另外一种资本化率：

$$R_0=\frac{V_L\times R_L+R_B}{V_L+V_B}$$

$$R_L=\frac{(V_L+V_B)R_0-V_B\times R_B}{V_L}$$

$$R_B=\frac{(V_L+V_B)R_0-V_L\times R_L}{V_B}$$

式中　R_0——综合资本化率；

R_L——土地资本化率；

R_B——建筑物资本化率；

V_L——土地价值；

V_B——建筑物价值。

上述公式必须确切地知道土地价值、建筑物价值分别是多少。这有时难以做到。但如果知道了土地价值或建筑物价值占房地价值的比率，也可以找出综合资本化率、土地资本化率和建筑物资本化率三者的关系，公式为：

$$R_0=L\times R_L+B\times R_B$$

或者
$$R_0=L\times R_L+(1-L)\times R_B$$

又或者
$$R_0=(1-B)\times R_L+B\times R_B$$

式中　L——土地价值占房地价值的比率；

B——建筑物价值占房地价值的比率，$L+B=100\%$。

【例 5-13】　某宗房地产土地价值占总价值的 30%，土地资本化率为 7%，建筑物资本化率为 9%，试计算综合资本化率。

【解】　$R_0=L\times R_L+(1-L)\times R_B=30\%\times 7\%+(1-30\%)\times 9\%=8.4\%$

2. 抵押贷款与自有资金的组合

在房地产市场与金融市场紧密联系的现代社会，购买房地产的资金通常由两部分构成：一部分是自有资金(或称权益资本)；另一部分是抵押贷款。因此，房地产的报酬率必须同时满足这两部分资金对投资报酬的要求：贷款人(如贷款银行)要求得到与其贷款所冒风险相当的贷款利率报酬，自有资金投资者要求得到与其投资所冒风险相当的投资报酬。由于抵押贷款通常是分期偿还的，所以抵押贷款与自有资金的组合一般不是利用抵押贷款利率和自有资金报酬率来求取房地产的报酬率，而是利用抵押贷款常数和自有资金资本化率来求取综合资本化率，具体是综合资本化率为抵押贷款常数与自有资金资本化率的加权平均数，即

$$R_0=M\times R_M+(1-M)\times R_E$$

式中 M——贷款价值比，也称为贷款成数，是指贷款金额占房地产价值的比率；

R_M——抵押贷款资本化率，等于抵押贷款常数；

R_E——自有资金资本化率。

在上述公式中，抵押贷款常数一般采用年抵押贷款常数，它是年偿还额与抵押贷款金额的比率。如果抵押贷款是按月偿还的，则年抵押贷款常数是将每月的还款额乘以 12，然后除以抵押贷款金额；或者将月抵押贷款常数(每月的还款额与抵押贷款金额的比率)乘以 12。在分期等额本息偿还贷款的情况下，由于等额还款额为：

$$A_M=\frac{V_M\times r_M}{1-\frac{1}{(1+r_M)^n}}$$

则抵押贷款常数的计算公式为：

$$R_M=\frac{A_M}{V_M}=\frac{r_M\ (1+r_M)^n}{(1+r_M)^n-1}=r_M+\frac{r_M}{(1+r_M)^n-1}$$

式中 A_M——等额还款额；

V_M——抵押贷款金额；

r_M——抵押贷款报酬率，即抵押贷款利率；

n——抵押贷款期限。

自有资金资本化率是税前现金流量(从净收益中扣除抵押贷款还本付息额后的余额)与自有资金额的比率，通常为未来第一年的税前现金流量与自有资金额的比率，可以通过市场提取法由可比实例房地产的税前现金流量除以自有资金额得到。

综合资本化率必须同时满足贷款人对还本付息额的要求和自有资金投资者对税前现金流量的要求。下列几点有助于理解抵押贷款与自有资金组合的公式：

(1)可以把购买房地产视作一种投资行为，房地产价格为投资额，房地产净收益为投资收益。

(2)购买房地产的资金来源可分为抵押贷款和自有资金两部分，因此有：

抵押贷款金额＋自有资金额＝房地产价格

(3)房地产的收益相应地由这两部分资本来分享，即：

房地产净收益＝抵押贷款收益＋自有资金收益

于是又有：

房地产价格×综合资本化率=抵押贷款金额×抵押贷款常数+自有资金金额×自有资金资本化率

因此，

$$综合资本化率=\frac{抵押贷款金额}{房地产价格}\times抵押贷款常数+\frac{自有资金金额}{房地产价格}\times自有资金资本化率$$

$$=抵押贷款比率\times抵押贷款常数+(1-贷款价值比率)\times自有资金资本化率$$

【例 5-14】 购买某类房地产通常抵押贷款占七成，抵押贷款年利率为 6%，贷款期限为 20 年，按月等额偿还本息。通过可比实例房地产计算出的自有资金资本化率为 8%。试计算该宗房地产的综合资本化率。

【解】 $R_M = r_M + \frac{r_M}{(1+r_M)^n - 1} = 6\% + \frac{6\%/12}{(1+6\%/12)^{20\times12} - 1} \times 12 = 8.6\%$

$R_0 = M \times R_M + (1-M) \times R_E = 70\% \times 8.6\% + (1-70\%) \times 8\% = 8.42\%$

【例 5-15】 某宗房地产的年净收益为 2 万元，购买者的自有资金为 8 万元，自有资金资本化率为 10%，抵押贷款常数为 8.5%。试计算该房地产的价格。

【解】 该房地产的价格求取如下：

购买者要求的税前现金流量=8×10%=0.8(万元)

偿还抵押贷款的能力=2−0.8=1.2(万元)

抵押贷款金额=1.2/8.5%=14.12(万元)

该房地产价格=自有资金额+抵押贷款金额=8+14.12=22.12(万元)

二、剩余技术

剩余技术是当已知整体房地产的净收益、其中某个构成部分的价值和各个构成部分的资本化率或报酬率时，从整体房地产的净收益中扣除归属于已知构成部分的净收益，求出归属于另外构成部分的净收益，再将它除以相应的资本化率或选用相应的报酬率予以资本化，得出房地产中未知构成部分的价值的方法。另外，把求出的未知构成部分的价值加上已知构成部分的价值，还可以得到整体房地产的价值。剩余技术主要有土地剩余技术和建筑物剩余技术，另外，还有自有资金剩余技术和抵押贷款剩余技术。

1. 土地剩余技术

土地及其上的建筑物共同产生收益，但如果采用收益法以外的方法(多数情况下采用成本法)能求得其中的建筑物价值时，则可以利用收益法公式求得归属于建筑物的净收益，然后从土地及其上的建筑物共同产生的净收益中扣除归属于建筑物的净收益，得到归属于土地的净收益，再除以土地资本化率或选用土地报酬率予以资本化，即可求得土地的价值。这种剩余技术称为土地剩余技术。

直接资本化法的土地剩余技术的公式为：

$$V_L=\frac{A_0-V_B\times R_B}{R_L}$$

式中 A_0——土地及其上的建筑物共同产生的净收益(通常是基于房租的净收益)。

在净收益每年不变、收益期限为有限年情况下的土地剩余技术公式为:

$$V_L=\frac{A_0-\dfrac{V_B\times R_B}{1-\dfrac{1}{(1+R_B)^n}}}{R_L}\times\left[1-\frac{1}{(1+R_L)^n}\right]$$

式中 R_B——建筑物报酬率;

R_L——土地报酬率。

另外,如果将土地价值与建筑物价值相加,还可以得到整体房地产的价值。

【例 5-16】 某宗房地产每年净收益为 50 万元,建筑物价值为 300 万元,建筑资本化率为 10%,土地资本化率为 8%。请计算该宗房地产的价值。

【解】 该宗房地产的价值计算如下:

$$V_L=\frac{A_0-V_B\times R_B}{R_L}=\frac{50-300\times 10\%}{8\%}=250(\text{万元})$$

$$V_0=V_L+V_B=250+300=550(\text{万元})$$

土地剩余技术在土地难以采用其他估价方法估价时,是一种有效的方法。如城市商业区内的土地,有时没有可参照的土地交易实例,难以采用市场法估价,成本法往往也不适用,但存在着大量的房屋出租、商业经营行为,此时可以采用土地剩余技术估价。另外,在需要对附有旧建筑物的土地进行估价时,虽然采用市场法可以求得设想该旧建筑物不存在时的空地价值,但对于因附有旧建筑物而导致的土地价值降低到底应减价多少,市场法通常难以解决,这时如果运用土地剩余技术便可以求得。

2. 建筑物剩余技术

土地及其上的建筑物共同产生收益,但如果采用收益法以外的方法(如市场法)能求得其中的土地价值时,则可以利用收益法公式求得归属于土地的净收益,然后从土地及其上的建筑物共同产生的净收益中扣除归属于土地的净收益,得到归属于建筑物的净收益,再除以建筑物资本化率或选用建筑物报酬率予以资本化,即可求得建筑物的价值。这种剩余技术称为建筑物剩余技术。

直接资本化法的建筑物剩余技术的公式为:

$$V_B=\frac{A_0-V_L\times R_L}{R_B}$$

在净收益每年不变、收益期限为有限年情况下的建筑物剩余技术的公式为:

$$V_L=\frac{A_0-\dfrac{V_L\times R_L}{1-\dfrac{1}{(1+R_L)^n}}}{R_B}\times\left[1-\frac{1}{(1+R_B)^n}\right]$$

另外，将建筑物价值与土地价值相加，可以得到整体房地产的价值。

建筑物剩余技术对于检验建筑物相对于土地是否规模过大或过小很有用处。另外，它还可用来测算建筑物的折旧。将建筑物的重新购建价格减去运用建筑物剩余技术求取的建筑物价值即为建筑物的折旧。

3. 自有资金剩余技术

自有资金剩余技术是在已知房地产抵押贷款金额的情况下，求取自有资金权益价值的剩余技术。它是先根据从市场上得到的抵押贷款条件(包括贷款金额、贷款利率、贷款期限等)计算出年还本付息额，再把它从净收益中扣除，得到税前现金流量，然后除以自有资金资本化率就可以得到自有资金权益价值。

直接资本化法的自有资金剩余技术的公式为：

$$V_E=\frac{A_0-V_M\times R_M}{R_E}$$

式中　V_E——自有资金权益价值。

自有资金剩余技术对测算抵押房地产的自有资金权益价值特别有用。如果将抵押贷款金额加上自有资金权益价值，还可以得到整体房地产的价值。

4. 抵押贷款剩余技术

抵押贷款剩余技术是在已知自有资金数量的情况下，求取抵押贷款金额或价值的剩余技术。它是从净收益中减去在自有资金资本化率下能满足自有资金的收益，得到属于抵押贷款部分的收益，然后除以抵押贷款常数得到抵押贷款金额或价值。

直接资本化法的抵押贷款剩余技术的公式为：

$$V_M=\frac{A_0-V_E\times R_E}{R_M}$$

抵押贷款剩余技术假设投资者愿意投在房地产上的自有资金数量已确定，并假设投资者需要从房地产中得到特定的自有资金资本化率也已确定，则贷款金额取决于可作为抵押贷款偿还额的剩余现金流量和抵押贷款常数。

在正常情况下，抵押贷款剩余技术不适用于对已设立其他抵押的房地产进行估价，因为这时剩余的现金流量不完全归自有资金投资者所有，它还必须先偿还原有抵押贷款的债务。

期末转售收益可以是减去抵押贷款前的收益，也可以是减去抵押贷款后的收益。在估价中，未减去抵押贷款余额的期末转售收益与净收益匹配使用；如果需要利用税前现金流量来评估房地产自有资金权益的价值，则应从净收益中减去抵押贷款还本付息额，并从期末转售收益中减去抵押贷款余额。

第七节　收益法应用举例

一、估价对象概况

估价对象为某市“经典生活”商业房屋及其占用范围内的土地使用权。房屋总建筑面积为 16 647.62 m^2，钢混结构，设计用途为非住宅，房屋所有权人为某地产集团有限公司；土地权属性质为国有土地使用权，用途为商服用地，使用权类型为出让，土地使用权终止日期为 2043 年 8 月 18 日。

二、估价要求

要求评估其 2011 年 8 月 18 日的市场价值。

三、估价过程

收益还原法是将估价对象未来每年预期的纯收益(正常年纯收益)，以一定的还原率还原为评估时日房地产价格的方法。此次评估主要考虑房屋整体租赁收益这种情况，步骤如下：

(1)房地产年总收益＝房地年租金

＝日租金×365×收益总面积×出租率×有效使用面积比例

(2)房地出租年总费用＝维修费＋管理费＋保险费＋税金

(3)房地年纯收益＝房地年总收益—房地出租年总费用

(4)房地产总价格＝房地年纯收益$\div r\times[1-1/(1+r)^n]$

详细过程如下：

1. 确定房地年总收益

通过对周边区域内与委估对象特征相同或相似的用于出租的租金情况，并结合实际出租情况，确定委估对象的客观日租金收入为 6.3 元/m^2，收益总面积为 306.12 m^2，出租率为 95%，有效使用面积比例为 100%。

房地产年总收益＝房地年租金

＝日租金×365×收益总面积×出租率×有效使用面积比例

＝6.3 元/m^2×365×306.12 m^2×95%×100%

＝66.87 万元

2. 房地出租年总费用

(1)管理费：指对出租房屋进行的必要管理所需的费用。按年租金的 3%，则：

管理费＝房地年总收益×3%＝2.01(万元)

(2)维修费：指为保障房屋正常使用每年需支付的修缮费。参考企业的实际维修费，按建筑物重置价的 2%计算。该建筑物为钢筋混凝土结构，取单位造价为 1 500 元/m^2。

重置价(含简单装修)＝每平方米单价×总建筑面积

＝1 500 元/m^2×306.12 m^2＝45.92 万元

则：

维修费＝建筑物重置价×2%＝45.92×2%＝0.92(万元)

(3)保险费：指房产所有人为使自己的房产避免意外损失而向保险公司支付的费用。按房屋重置价乘以保险费率1‰计算，则：

保险费＝建筑物重置价×1‰＝0.05(万元)

(4)税金：指房产所有人按有关规定向税务机关缴纳的房产税和营业税等。

1)房产税：依据税法及当地税务部门资料。

房产税税金＝年租金×12%＝8.02(万元)

2)营业税：营业税取年租金的5%。

营业税税金＝年租金×5%＝3.34(万元)

3)城市维护建设税：为营业税的7%。

营业税×7%＝0.23(万元)

4)教育费附加：取营业税税额的3%。

营业税×3%＝0.10(万元)

税金合计为：11.69 万元。

房地出租年总费用＝管理费＋维修费＋保险费＋税金

＝2.01 万元＋0.92 万元＋0.05 万元＋11.69 万元

＝14.67 万元

3. 房地年纯收益

房地年纯收益＝房地年总收益—房地出租年总费用

＝66.87 万元－14.67 万元

＝52.2 万元

4. 计算待估房地总地价

总房地价＝房地年纯收益÷r×$[1-1/(1+r)^n]$

＝52.2 万元÷7%×$[1-1/(1+7\%)^{32}]$

≈660.15 万元

式中　r——房地还原率7%；

n——委估对象剩余使用年期32年(土地使用权终止日期为2043年8月18日)，评估单价＝21 565 元/m^2。

本章小结

收益法又称收益还原法、收益现值法、收益资本化法等。本章主要介绍了收益法的原理、分类及其公式和应用；同时介绍了收益法公式中三个主要参数，即净收益、收益期及报酬率的求取方法以及投资组合技术和剩余技术的含义和应用。

思考与练习

一、单项选择题

1. 关于收益法适用的条件，下列叙述正确的是(　　)。

   A. 房地产的收益和风险都能较准确地量化　　B. 房地产将出租或出售

   C. 有收益或有潜在收益的房地产　　D. 房地产将用于商业用途

2. 判定一宗房地产是否为收益性房地产，关键是看该房地产(　　)。

   A. 目前是否有经济收入　　B. 过去是否带来了经济收益

   C. 是否具有产生经济收益的能力　　D. 目前的收入是否大于运营费用

3. 某商品住宅总价为 98 万元，首付款为 30%，其余为抵押贷款，贷款期限为 15 年，按月等额还本利息，贷款年利率为 7.5%，自有资金资本化率为 8%。则其综合资本化率为(　　)。

   A. 7.65%　　B. 75%　　C. 9.42%　　D. 10.19%

4. 某宗房地产的用地通过有偿出让方式获得，土地使用期限为 50 年，不可续期，已使用 10 年，建筑物剩余经济寿命为 55 年，预计该宗房地产正常情况下每年可获得净收益 8 万元，报酬率为 8%，则该房地产的收益价值为(　　)万元。

   A. 95.40　　B. 97.87　　C. 98.55　　D. 99.33

5. 某投资商拟分别在市级、区级和社区级商业街各投资一个能获得租金收入的商铺，如果其他条件相同，设其投资风险为 V_1、V_2、V_3，则三者关系是(　　)。

   A. $V_1=V_2=V_3$　　B. $V_3<V_2<V_1$　　C. $V_1<V_3<V_2$　　D. $V_1<V_2<V_3$

6. 某房地产的报酬率为 8%，收益期限为 30 年的价格为 4 000 元/m^2。若报酬率为 6%，收益期限为 50 年，则该房地产价格为(　　)元/m^2。

   A. 3 000　　B. 4 500　　C. 5 200　　D. 5 600

7. 某写字楼的剩余收益年限为 38 年，预计 5 年后售出时价格将上涨 20%，销售税费率为 6%，已知持有期内年有效毛收入为 400 万元，运营费用率为 30%，报酬率中无风险报酬率为 6%，风险报酬率为无风险报酬率的 25%，则该写字楼目前的收益价值为(　　)万元。

A. 5 286.72　　B. 7 552.45　　C. 9 939.23　　D. 14 198.90

8. 关于收益法求取净收益的说法，下列错误的是(　　)。

A. 净收益包括有形收益和无形收益

B. 运营费用包含房地产折旧额及其设备的折旧费

C. 通常只有客观收益才能作为估价依据

D. 应同时给出较乐观、较保守和最有可能的三种估计值

9. 某商铺建筑面积为 500 m^2，建筑物的剩余经济寿命和剩余土地使用年限为 35 年；市场上类似商铺按建筑面积计的月租金为 120 元/m^2；运营费用率为租金收入的 25%；该类房地产的报酬率为 10%。该商铺的价值为(　　)万元。

A. 521　　B. 533　　C. 695　　D. 711

10. 某写字楼年出租净收益为 300 万元，预计未来 3 年内仍然维持该水平，3 年后该写字楼价格为现在写字楼价格的 1.2 倍，该类房地产的报酬率为 10%，则该宗写字楼现在的价格为(　　)万元。

A. 4 580　　B. 5 580　　C. 6 580　　D. 7 580

二、多项选择题

1. 运用收益法评估房地产价格时，影响估价结论准确性的因素有(　　)。

A. 总收益的准确性　　B. 费用及扣除项目的准确性

C. 基准地价的准确性　　D. 房地产报酬率的准确性

E. 收益期限的准确性

2. 有限年期且其他因素不变的收益法公式可用于(　　)。

A. 不同收益年限的类似房地产价格的相互转换

B. 房地产报酬率的求取

C. 市场比较法中交易日期修正

D. 不同类型房地产不同使用年价格高低的比较

E. 直接用于测算价格

3. 下列费用中属于运营费用的有(　　)。

A. 房地产税、保险费、人员工资、房地产折旧额

B. 房地产税、人员工资、维修费、所得税

C. 保险费、办公费用、正常运营成本、房地产税

D. 为承租人提供服务的费用、人员工资、保险费、维修费

E. 所得税、房地产抵押贷款还本付息额、办承租人提供服务的费用、房地产折旧额

4. 收益性房地产的价值主要取决于(　　)。

A. 已经获得净收益的大小　　B. 未来获得净收益的风险

C. 未来获得净收益的大小

D. 未来获得净收益期限的长短

E. 目前总收益的大小

5. 某写字楼因有一大型跨国公司入住，致使其声誉提高，收益有较大的增加，由此带来的新增收益属于(　　)。

A. 有形收益

B. 无形收益

C. 正常收益

D. 广告收益

E. 实际收益

三、判断题

1. 城市中现有一块空地，目前没有任何收益，因而不能用收益法估价。(　　)

2. 某房地产的当前市场价值为 1 000 万元，抵押贷款余额为 540 万元，贷款成数为 0.6，则该房地产现在再次抵押的价值应为 276 万元。(　　)

3. 可获净收益越大，房地产的价值越高，反之，越低；可获净收益期限越长，房地产的价值越高，反之，越低；获得该净收益越多，房地产的价值越高，反之，越低。(　　)

4. 建筑物的经济寿命早于土地使用期限结束时，应根据土地剩余使用期限确定收益期限。(　　)

5. 某房地产的有效毛收入为 10 万元，运营费用为 2.5 万元，有效毛收入乘数为 10，则该房地产的综合资本化率为 7.5%。(　　)

四、简答题

1. 什么是收益法?

2. 收益法的适用对象是什么?

3. 收益还原法的操作步骤是什么?

4. 不同类型房地产净收益应如何求取?

5. 什么是实际收益与客观收益? 实际估价中应如何选取?

6. 报酬率和资本化率的区别和联系是什么?

7. 什么是投资组合技术?

8. 什么是剩余技术?

五、计算题

1. 某写字楼的持有期估计为10年，预测其未来第一年的有效毛收入为 50 万元，运营费用为 18 万元，有效毛收入每年增长 5%，运营费用每年增长 3%；该类房地产的报酬率为 8%，持有期结束时的资本化率为 10%，转让税费为转让售价的 6%。请计算该写字楼目前的收益价值。

2. 某宗出租的房地产，建筑面积为 40 000 m^2，容积率为 4，土地使用期限为 40 年，自 2010 年 10 月 1 日起计算，约定不可续期。建筑物为钢筋混凝土结构，于 2012 年 10 月 1 日建成，可供出租的面积占总建筑面积的 70%。根据市场调查得知 2015 年 10 月 1 日该类房地产的租金为每月 40 元/m²，年平均空置率为 20%，平均每月除税费外的运营费用为 30 万元，出租人承担的税费约占租金收入的 8%，该房地产现时土地单价为 2 100 元/m²，土地报酬率为 8%，建筑物报酬率为 10%，试计算该房地产在 2015 年 10 月 1 日的价值。

综合实训

1. 分组对学校周边收益性房地产的收益数据进行收集，包括月营业收入、运营费用、负担税费、房租等。

2. 各组根据所收集资料用收益法计算其收益价值。

第六章　成本法

知识目标

1. 了解成本法的概念及其适用条件；
2. 掌握房地产价格的构成；
3. 掌握成本法的基本公式和估价步骤；
4. 理解成本法中重置价格与重建价格的含义。

能力目标

1. 能够甄别成本法的适用对象；
2. 能够界定建筑物折旧的程度并求取其折旧额；
3. 能够运用成本法的公式正确评估估价对象价值。

第一节　成本法的基本原理

一、成本法的含义

成本法又称承包商法、加合法等，是求取估价对象在价值时点时的重置价格或重建价格，然后扣除折旧，以此估算估价对象的客观合理价格或价值的方法。

成本法的本质是以房地产的重新开发建设成本为导向求取估价对象的价值。因而成本法也可以说是以房地产价格各个构成部分的累加为基础，来求取房地产价值的方法。采用成本法测算出的价值称为成本价值。

成本法中所指的成本是经济学中的成本概念，与会计中的成本概念是不同的，主要表现为：①会计成本是显性的，即是企业会计账目上作为成本项目计入的费用，而成本法中的成本是全部的，不仅包括显性成本，而且包括企业投入自有资金的利息、劳务工资、正常利润等隐性成本；②成本法中的成本是必要且正常的成本，并不是房地产开发企业在开发房地产过程中实际发生的成本。因此，成本法中的成本可以高于、低于或等于房地产开发所发生的实际成本；③成本法中的成本，在时点上是指现在的，即价值时点时的成本，而不是会计账目上记载的建造时所发生的历史成本。因此，成本法中的成本并不是一般理解的成本或费用，而是具有价格的含义，是待估房地产在价值时点价格的一种反映。

二、成本法的理论依据

从卖方的角度来看，成本法的理论依据是生产费用价值论，房地产的价格是基于其“生产费用”，即卖方愿意接受的最低价格，不能低于开发建造该房地产已花费的代价，如果低于该代价，就要亏本。

从买方的角度来看，成本法的理论依据是替代原理，即买方愿意支付的最高价格，不能高于他所预计的重新开发建造该房地产所需花费的代价，如果高于该代价，他还不如自己开发建造或者委托另外的人开发建造。

可见，一个是不低于开发建造已花费的代价，一个是不高于预计重新开发建造所需花费的代价，买卖双方可接受的共同点必然是等于正常的代价(包含正常的费用、税金和利润)。因此，可以根据开发建造估价对象所需的正常费用、税金和利润之和来估算其价格。

三、成本法适用的估价对象

新近开发建造、计划开发建造或者可以假设重新开发建造的房地产，都可以采用成本法估价，但成本法特别适用于那些既无收益又很少发生交易的房地产的估价，如学校、图书馆、体育场馆、医院、政府办公楼、军队营房、公园等公用、公益房地产，以及化工厂、钢铁厂、发电厂、油田、码头、机场等有独特设计或只针对个别用户的特殊需要而开发建造的房地产。另外，成本法也适用于市场不完善或狭小市场上无法运用比较法进行估价的房地产。在房地产保险(包括投保和理赔)及其他损害赔偿中，通常也是采用成本法估价。因为，在保险事故发生后或其他损害中，房地产的损毁往往是局部的，需要将其恢复到原貌；对于发生全部损毁的，有时也需要用完全重置的办法来解决。

相对于其他估价方法而言，成本法具有以下特点：

(1)成本法一般适用于新开发房地产估价，不适用建成区已开发土地的估价。

(2)成本法适用于工业房地产估价，对商业及住宅用地则多不适应。

(3)成本法一般仅用于房地产市场狭小，缺乏交易实例，无法采用其他方法进行估价的土地。

(4)成本法以成本累加为途径，而成本高并不一定表明效用和价值高。其评估结果对房地产的效用、价值及市场需求方面的情况未加考虑，这也正是成本法的限制。

(5)成本法虽有缺陷和限制，但可作为投资者衡量投资效益、进行房地产开发可行性研究等的重要方法，同时，也是估算房地产成本价格的一种有效途径。

四、成本法估价需要具备的条件

运用成本法估价时需要注意，现实中的房地产价格直接取决于其效用，而非花费的成本，成本的增减一定要对效用有所作用才能形成价格。也就是说，房地产成本的增加并不一定能增加其价值，投入的成本不多也不一定说明其价值不高。价格等于“成本加平均利润”，是从长期内平均角度来考虑的，并且要具备两个条件：一是可以自由进入市场；二是该种商品本身可以大量重复生产。

但这并不意味着不具备上述两个条件就不可以采用成本法估价，而是要求在运用成本法时注意“逼近”，并且要考虑下列两个方面：一是要区分实际成本和客观成本。实际成本是某个开发商的实际花费，客观成本是假设开发建造时大多数开发商的正常花费，在估价中应采用客观成本，而不是实际成本。二是要结合市场供求分析来确定评估价格。当市场供大于求时，价格应向下调整；当求大于供时，价格应向上调整。折旧中之所以有经济折旧也是出于这方面的考虑。

成本法估价比较费时费力，估算重新购建价格和折旧也有相当的难度。尤其是那些较老的、旧的房地产，往往需要估价人员针对建筑物进行实地勘察，依靠其主观判断。因此，成本法估价要求估价人员有丰富的经验，特别是要具有良好的建筑、建筑材料和设备等方面的知识。

五、成本法的估价步骤

成本法评估房地产价格的步骤包括：①收集有关房地产开发建设的成本、税费、利润等资料；②估算重置价格或重建价格；③估算建筑物折旧；④求取成本价值。

其中，在收集有关资料的过程中，应注意收集以下相关的资料：

(1)与待估对象中土地价格相关的资料。包括待估土地的形状、面积、位置、用途，周围环境，土地征用中的征地费、补偿费、劳力安置补助费及新菜地开发基金等，各种债券的正常利率，银行存贷款利率，当地各行业正常的投资回报率，土地使用权的出让年限及剩余年限，当地基准地价评估与修正系数体系资料等。

(2)与待估对象中建筑物价格相关的资料。包括建筑物面积、结构、用途、区位、朝向、已使用年限、新旧程度、耐用年限、残值率、重置价格或重建价格标准等。

(3)税费、利润等资料。收集待估房地产所在地区的房地产税费的征收类型与标准，同类房地产开发的平均利润等情况。

第二节　房地产的价格构成

房地产价格的实际构成极其复杂，不同地区、不同时期、不同类型的房地产，其价格构成可能不同。构成项目的划分标准或角度不同，价格构成内容也会不同。在实际运用成本法估价时，不论房地产价格的构成如何，最关键的是要调查、掌握当地从取得土地一直到建筑物建成交付使用的全过程中，所涉及的税费种类、支付标准及支付时间，既不可重复也不可漏项，在此基础上再针对估价对象的实际情况确定其价格构成并估算各构成项目。

典型的房地产开发经营方式表现为“取得房地产开发用地进行房屋建设，然后销售所建成的商品房”，在这种情况下，房地产价格通常由以下七大项构成：①土地取得成本；②建设成本；③管理费用；④销售费用；⑤投资利息；⑥销售税费；⑦开发利润。

一、土地取得成本

土地取得成本是指取得房地产开发用地所需的费用、税金等。在完善的市场经济下，土地取得成本一般是由购置土地的价款和在购置时应由开发商缴纳的税费(如契税、交易手续费)构成。在目前情况下，土地取得成本的构成根据房地产开发用地取得的途径，可分为通过征用农地、城市中进行房屋拆迁与在市场“购买”取得三种方式。

1. 征用农地的土地取得成本

通过征用农地取得的，土地取得成本包括农地征用中发生的费用和土地使用权出让金等。农地征用的费用，根据《中华人民共和国土地管理法》等法律、法规的规定，包括以下几个方面：

(1)土地补偿费。征用耕地的土地补偿费，为该耕地被征用前3年平均年产值的6～10倍。征用其他土地的土地补偿费标准，由省、自治区、直辖市参照征用耕地的土地补偿费的标准规定。

(2)安置补助费。征用耕地的安置补助费，按照需要安置的农业人口数计算。需要安置的农业人口数，按照被征用的耕地数量除以征地前被征用单位平均每人占有耕地的数量计算。每一个需要安置的农业人口的安置补助费标准，为该耕地被征用前3年平均年产值的4～6倍。但是，每公顷被征用耕地的安置补助费，最高不得超过被征用前3年平均年产值的15倍。征用其他土地的安置补助费标准，由省、自治区、直辖市参照征用耕地的安置补助费的标准规定。

按照上述标准支付土地补偿费和安置补助费，尚不能使需要安置的农民保持原有生活水平的，经省级人民政府批准，可以增加安置补助费。但是，土地补偿费和安置补助费的总和不得超过土地被征用前三年平均年产值的30倍。

(3)地上附着物和青苗的补偿费。地上附着物和青苗的补偿费包括房屋、农田基础设施、树木、青苗等的补偿费，其标准由省、自治区、直辖市规定。

(4)新菜地开发建设基金。征用城市郊区菜地的开发建设基金需要根据不同城市规模与人口多少确定。

(5)耕地开垦费。占用耕地的，要计算该项费用。对于占用耕地的，按照《中华人民共和国土地管理法》第三十一条规定的“占多少，垦多少”原则，计算耕地开垦费。耕地开垦费的计算，一般可按占用耕地的面积、质量及新开垦耕地的难易程度进行确定。当地有缴纳耕地开垦费标准规定的，应当依据其规定标准进行确定。

(6)耕地占用税。占用耕地的，要缴纳该项税费。耕地占用税实行定额税率、具体分4个档次：①以县为单位人均耕地在1亩以下(含1亩)的地区，每平方米为2～10元；②人均耕地在1～2亩(含2亩)的地区，每平方米为1.6～8元；③人均耕地在2～3亩(含3亩)的地区，每平方米为1.3～6.5元；④人均耕地在3亩以上的地区，每平方米为1～5元。各地适用税额，由省、自治区、直辖市人民政府在规定税额范围内，根据本地区情况具体核定。为了协调政策，避免毗邻地区征收税额过于悬殊、保证国家税收任务的完成，财政部对各省、自治区、直辖市分别核定了每平方米平均税额，如上海市9.0元。同时还规定，各省、自治区、直辖市应有差别地规定各县(市)郊区的适用税额，但各地平均数不得低于规定的平均税额。

(7)征地管理费。是由用地单位在征地费总额的基础上按一定比例支付的管理费用。

(8)政府规定的其他有关税费。土地使用权出让金，是国家以土地所有者身份，将一定年限内的土地使用权有偿出让给土地使用者。土地使用者支付土地出让金的估算可参照政府前期出让的类似地块的出让金数额并进行时间、地段、用途、临街状况、建筑容积率、土地出让年限、周围环境状况及土地现状等因素的修正得到；也可依据所在城市人民政府颁布的城市基准地价或平均标定地价，根据项目所在地段等级、用途、容积率、使用年限等因素修正得到。

2. 城市房屋拆迁的土地取得成本

在城镇地区，国家和地方政府可以依据法定程序，将国有储备土地或已由企事业单位或个人使用的土地出让给房地产开发项目或其他建设项目使用。因出让土地使原用地单位或个人造成经济损失，新用地单位应按规定给以补偿。通过在城市中进行房屋拆迁取得的，土地取得成本包括城市房屋拆迁中发生的费用和土地使用权出让金等。

城市房屋拆迁中发生的费用，包括①被拆除房屋及附属物的补偿费；②搬迁补助费；③临时安置补助费或周转房费；④拆迁非住宅房屋造成停产、停业的补偿费；⑤拆迁服务费；⑥拆迁管理费；⑦政府规定的其他有关费用。土地使用权出让金的确定同农地征用途径的计算方式相同。

3. 市场购买的土地取得成本

通过购买政府出让或其他开发商转让的已完成征用或拆迁补偿安置的熟地等途径在市场上购买取得的土地，其取得成本包括购买土地的价款和在购买时应由买方缴纳的税费等。

二、建设成本

建设成本是指在取得房地产开发用地后进行土地开发和房屋建设所需的直接费用、税金等，在理论上可以将其划分为土地开发成本和建筑物建造成本。在实际中主要包括下列几项。

1. 前期工程费

前期工程费主要包括以下几项：

(1)项目的规划、设计、可行性研究所需费用。一般可以按项目总投资额的一定百分比估算。通常规划及设计费为建安工程费的3%左右，水文地质勘探费可根据所需工作量结合有关收费标准估算。

(2)"三通一平"等土地开发费用。主要包括地上原有建筑物、构筑物拆除费用、场地平整费和通水、通电、通路的费用等。这些费用可以根据实际工作量，参照有关计费标准估算。

2. 基础设施建设费

基础设施建设费是指土地、房屋开发过程中发生的供水、供电、供气、排污、排洪、通信、照明、绿化、环卫设施以及道路等基础设施费用。通常采用单位指标估算法来计算。

3. 房屋建筑安装工程费

房屋建筑安装工程费是指直接用于建安工程建设的总成本费用。主要包括建筑工程费(建筑、特殊装修工程费)、设备及安装工程费(给排水、电气照明、电梯、空调、燃气管道、消防、防雷、弱电等设备及安装)以及室内装修工程费等。在可行性研究阶段，建安工程费可采用单元估算法、单位指标估算法、工程量近似匡算法、概算指标估算法以及类似工程经验估算法等估算。

4. 公共配套设施建设费

公共配套设施建设费是指在开发小区内发生，可计入房地产开发成本的不能有偿转让的公共配套设施费用，如钢炉房、水塔、居委会、派出所、幼托、消防、自行车棚、公厕等设施支出。

5. 开发期间税费

开发项目投资估算应考虑项目在开发过程中所负担的各种税金和地方政府或有关部门征收的费用。在一些大中城市，这部分费用在开发建设项目投资构成中占较大比重。应根据当地有关法规标准估算。

6. 不可预见费

不可预见费包括基本预备费和涨价预备费。依据项目的复杂程度和各项费用估算的准确程度，以前述费用之和为基数，按3%～5%计算。

与房屋建造成本相比而言，土地开发成本计算更加复杂。在计算土地开发成本中，首先必须准确确定土地开发程度。所谓土地开发程度，是指土地的基础设施建设和开发的状况，一般包括道路、供电、供水、通信、排水、通气、供暖和场地是否平整等，这就是通常所说的"七通一平"。"七通一平"的说法实际上最早来源于房地产开发和土地开发区的开发，如在开发区的开发建设过程中，政府或开发商通常应实现开发区内的"三通一平""五通一平"或"七通一平"等，但这种开发程度对开发区来说，是指区内的"通"和"平"，而具体对于开发区内某一块土地来说，各种设施一般只建设到宗地红线外，而宗地内若还没有建成房屋等建筑物的话，一般来说是不通的，但通常应达到平整。这是指在正式的开发区内，土地开发程度一般来说比较容易分析，而在一般地区，尤其是独立工矿区的土地开发程度设定通常就比较困难了。在实践中确定土地开发程度，主要应注意如下两个方面问题：

(1)应准确区分宗地内和宗地外的开发程度。对于一般地区来说，由于有关土地开发设施不是由专门的开发商进行开发建设的，因此，许多开发设施并没有真正建设到宗地红线，有的可能距离几十米，有的距离几千米、十几千米，甚至几十千米，在这种情况下，一般企业要进行生产和建设，通常由企业自行将这部分没有到达宗地红线的设施建设到红线及红线内。在这种情况下，一般区分宗地内外的设施状况，由市政投资建设的应属于宗地外，由房地产企业投资建设的应属于宗地内。

(2)宗地红线内外的开发程度不一致。由于在房地产估价中设定土地开发程度应区分宗地红线内外，因此经常出现宗地红线内外开发程度不一致的现象，尤其是独立工业(矿)区。通常有以下几种情况：

1)红线外开发程度比红线内低。这种情况主要是由于有的设施是企业自建，如供水设施为企业自建的水井，而宗地所处区域又没有供水设施。这就宗地内有供水，而宗地外无供水。

2)红线外开发程度比红线内高。这主要是宗地所处区域(红线外)有各种设施，但该宗地内没有用。如煤矿的矸石山，其红线外可能有通信、供水设施，但矸石山不用，内部也没有建设。

3)某种设施红线内有，红线外也有，但宗地内的设施并不是依赖于红线外的设施建设的，如位于某城市市中心区的大酒店，为了满足经营的需要，其供暖设施是企业自建的，而该宗地所处区域也有市政供暖设施，可是红线内外就是不搭界，在这种情况下，按照客观估价的原则，应确定宗地红线内外均有该设施。

确定了土地开发程度后，应根据土地开发程度状况和当地有关土地开发费用标准，合理确定土地开发成本。

三、管理费用

管理费用是为管理和组织房地产开发经营活动所发生的各种费用，包括开发商的人员工资及福利费、办公费、差旅费等，可总结为土地取得成本与开发成本之和的一定比率。所以，在估价时管理费用通常可按土地取得成本与开发成本之和乘以这一比率来测算。

四、销售费用

销售费用是指销售开发完成后的房地产所需的费用，包括广告宣传费、销售代理费等。销售费用通常是按售价乘以一定比率来测算。

五、投资利息

投资利息是指在评估土地或不动产时要考虑资金的时间价值。此处的投资利息与会计上的财务费用不同，包括土地取得成本、开发成本和管理费用等的利息，无论它们的来源是借贷资金还是自有资金，都应计算利息。占用资金时要考虑资金获得其他收益的可能，显而易见的一种可能是将资金存入银行获取利息。另外，从估价角度来看，开发商自有资金应得的利息也要与开发商应获得的利润分开，不能算作利润。

由于各部分资金的投入时间不同，土地取得费及其税费在土地开发动工之前就要全部付清，经历整个开发期，在开发完成后才能收回；开发费及其税费在开发过程中逐步投入，销售后方可收回。因此，应通过计算利息来考虑各部分投入的时间价值。具体而言，土地取得费及其税费的利息计算期为整个开发期。开发费及其税费的利息可采用两种方法计算：一是以整个开发费为基数，计息期为开发期的一半；二是以开发费为一半基数，计息期为整个开发期。

土地开发周期一般根据房地产开发的面积大小和开发的难易程度确定，利息率可选用评估期日的银行贷款利息率。

六、销售税费

销售税费是指销售开发完成后的房地产应由开发商(作为卖方)缴纳的税费，又可分为下列两类：①销售税金及附加，包括营业税、城市维护建设税和教育费附加，即通常所说的"两税一费"等；②其他销售税费，包括应由卖方负担的交易手续费等。销售税费通常是售价的一定比率，所以，在估价时通常是按售价乘以这一比率来测算。

七、开发利润

现实中的开发利润是一种结果，是由销售收入(售价)减去各种成本、费用和税金后的余额。而在成本法中，"售价"是未知的，是需要求取的，开发利润则是需要事先测算的，因此，运用成本法估价首先需要测算出开发利润。测算开发利润应掌握下列几点：

(1)开发利润是所得税前的，即：

开发利润＝开发完成后的房地产价值－土地取得成本－开发成本－管理费用－投资利息－销售费用－销售税费

(2)开发利润是在正常条件下开发商所能获得的平均利润，而不是个别开发商最终获得的实际利润，也不是个别开发商所期望获得的利润。

(3)开发利润是按一定基数乘以同一市场上类似房地产开发项目所要求的相应平均利润率来计算。开发利润的计算基数和相应的利润率有下列几种：

1)计算基数＝土地取得成本＋开发成本，相应的利润率可称为直接成本利润率，即：

直接成本利润率＝开发利润/(土地取得成本＋开发成本)

2)计算基数＝土地取得成本＋开发成本＋管理费用，相应的利润率可称为投资利润率，即：

投资利润率＝开发利润/(土地取得成本＋开发成本＋管理费用)

3)计算基数＝土地取得成本＋开发成本＋管理费用＋投资利息＋销售费用，相应的利润率可称为成本利润率，即：

成本利润率＝开发利润/(土地取得成本＋开发成本＋管理费用＋投资利息＋销售费用)

4)计算基数＝开发完成后的房地产价值，相应的利润率可称为销售利润率，即：

销售利润率＝开发利润/开发完成后的房地产价值

所以，在测算开发利润时要注意计算基数与利润率的匹配，即采用不同的计算基数，应选用相对应的利润率；反过来，选用不同的利润率，应采用相对应的计算基数，不能混淆。从理论上讲，同一个房地产开发项目的开发利润，无论是采用何种计算基数与其相对应的利润率来测算，所得的结果都是相同的。

第三节　成本法的计算公式

一、成本法最基本的公式

成本法最基本的公式为：成本价值＝重新购建价格－折旧

上述公式可针对新开发房地产和旧房地产两类估价对象而具体化。新开发房地产采用成本法估价一般不扣除折旧，但应考虑其工程质量、规划设计、周围环境、房地产市场状况等方面对价格的影响而予以适当的增减价调整。如运用成本法评估某在建工程的价值，即使该在建工程实实在在花了较大的成本，但在房地产市场不景气时，应予以减价调整。

二、新开发房地产的公式

按照新开发房地产类型的不同，新开发房地产又可以具体分为新开发土地、新建建筑物和新开发房地三种情况。

1. 新开发土地

新开发土地包括填海造地、开山造地、征用农地后进行“三通一平”等开发的土地，在旧城区中拆除旧建筑物等开发的土地。在这些情况下，成本法的基本公式为：

新开发土地价格＝取得待开发土地的成本＋土地开发成本＋管理费用＋投资利息＋销售费用＋销售税费＋开发利润

对新开发区土地的分宗估价，成本法是一种有效的方法，因为新开发区在初期，房地产市场一般还未形成，土地收益也还没有。

2. 新建建筑物

新建建筑物价格＝建筑物建造成本＋管理费用＋投资利息销售费用＋销售税费＋开发利润

在该公式中，成本和费用不包含土地取得成本、土地开发成本以及应归属于土地的管理费用、投资利息、销售费用、销售税费和开发利润。

3. 新开发房地

新开发房地价格＝土地取得成本＋土地开发成本＋建筑物建造成本＋管理费用＋投资利息＋销售费用＋销售税费＋开发利润

三、旧房地产的公式

在旧房地的情况下，成本法的基本公式为：

旧房地价格＝土地的重新取得价格或重新开发成本＋建筑物的重新购建价格－建筑物折旧

在上式中，必要时还应扣除由于旧建筑物的存在而导致的土地价值减损。

在旧建筑物的情况下，成本法的基本公式为：

旧建筑物价格＝建筑物的重新购建价格－建筑物的折旧

第四节　重新购建价格

一、重新购建价格的内涵

重新购建价格又称重新购建成本，是指假设在价值时点重新取得全新状况的估价对象所必需的支出，或者重新开发建设全新状况的估价对象所必需的支出和应获得的利润。在这里，应特别注意以下三点：

(1)重新购建价格是价值时点时的。如在重新开发建设的情况下，重新购建价格是在价值时点的国家财税制度和市场价格体系下，按照价值时点的房地产价格构成来测算的价格。但价值时点并非总是现在，也可能为过去或未来。

(2)重新购建价格是客观的。具体来说，重新取得或重新开发建设的支出，不是个别单位或个人的实际耗费，而是必需的耗费，应能体现社会或行业的平均水平，即是客观成本而不是实际成本。如果超出了社会或行业的平均水平，超出的部分不仅不能构成价格，而且是一种浪费；而低于社会或行业平均水平的部分，不会降低价格，只会形成个别单位或个人的超额利润。

(3)建筑物的重新购建价格是全新状况下的价格，未扣除折旧；土地的重新购建价格(即重新取得价格或重新开发成本)是在价值时点状况下的价格。因此，建筑物的重新购建价格中未扣除建筑物的折旧，而土地的增减价因素一般已考虑在其重新购建价格中。如估价对象的土地是5年前取得的商业用途法定最高年限40年的土地使用权，求取其价值时点重新购建价格时不是求取其40年土地使用权的价格，而是求取其35年土地使用权的价格。如果该土地目前的交通条件比10年前有了很大改善，求取其重新购建价格时不是求取其10年前交通状况下的价格，而是求取其目前交通状况下的价格。

二、重新购建价格的求取思路

求取房地的重新购建价格，是先求取土地的重新取得价格或重新开发成本，再求取建筑物的重新购建价格，然后相加。在实际估价中，也可以采用类似于评估新建房地价格的成本法来求取。

求取土地的重新购建价格，通常是假设土地上的建筑物不存在，再采用市场法、基准地价修正法等求取其重新取得价格，这特别适用于城市建成区内的土地难以求取其重新开发成本时。求取土地的重新购建价格，也可采用成本法求取其重新开发成本。

求取建筑物的重新购建价格，是假设旧建筑物所在的土地已取得，且此土地为空地，但除了旧建筑物不存在之外，其他的状况均维持不变，然后在此空地上重新建造与旧建筑物完全相同或具有同等效用的新建筑物所需的一切合理、必要的费用、税金和正常利润，即为建筑物的重新购建价格；或是设想将建筑物发包给建筑承包商建造，由建筑承包商将直接可使用的建筑物移交给发包人，在这种情况下发包人应支付给建筑承包商的费用，再加上发包人应负担的正常费用、税金和利润，即为建筑物的重新购建价格。

三、建筑物的两种重新购建价格

建筑物的重新购建价格根据建筑物重新建造方式的不同，可分为重置价格(成本)和重建价格(成本)。

(1)建筑物重置价格是指采用价值时点的建筑材料和建筑技术，按价值时点的价格水平，重新建造与估价对象具有同等功能效用的全新状态的建筑物的正常价格。

(2)建筑物重建价格是指采用估价对象原有的建筑材料和建筑技术，按价值时点的价格水平，重新建造与估价对象相同的全新状态的建筑物的正常价格(所必需的支出和应获得的利润)。可将这种重新建造方式形象地理解为“复制”。因此，重建价格进一步来说，是在原址，按原规格和原建筑形式，使用与原有建筑材料、建筑构配件和建筑设备相同的新的建筑材料、建筑构配件和建筑设备，采用原有建筑技术和工艺等，在价值时点的国家财税制度和市场价格体系下，重新建造与原有建筑物相同的全新建筑物所必需的支出和应获得的利润。

上述两种重新建造方式往往得出的重新购建价格不同。有特殊保护价值的建筑物，如人们看重的有特殊建筑风格的建筑物，适用于重建价格。一般建筑物适用重置价格。因年代久远、已缺乏与旧建筑物相同的建筑材料、建筑构配件和建筑设备，或因建筑技术和建筑标准改变等，使“复制”有困难的建筑物，一般只有使用重置价格。重置价格的出现是技术进步的必然结果，也是“替代原理”的体现。由于技术进步，使原有的许多设计、工艺、原材料、结构等都已过时、落后或成本过高，而采用新材料、新技术等，不仅功能更加完善，成本也会降低，因此，重置价格通常要比重建价格低。

四、建筑安装工程费的求取方法

建筑物的重新购建价格可采用成本法、市场比较法求取，或通过政府确定公布的房屋重新购建价格扣除土地价格后的比较修正来求取，也可按工程造价估算的方法具体计算。

采用成本法、市场比较法求取建筑物重新购建价格时，建筑安装工程费的具体求取方法有以下几种。

1. 单位比较法

(1)单位面积法：是根据近期建成的类似建筑物的单位面积成本(造价)来估算。即用近期建成的类似建筑物的单位面积成本乘以估价对象建筑物的总面积。这是一种最常用、简便迅速的方法，但比较粗略。

(2)单位体积法：与单位面积法相似，是根据近期建成的类似建筑物的单位体积成本来估算。即用近期建成的类似建筑物的单位体积成本乘以估价对象建筑物的总体积。这种方法适用于成本与体积关系较大的建筑物。

2. 分步分项法

分步分项法是基于建筑物的各个独立构件或工程的单位成本来估算，即先估算各个独立构件或工程的单位成本，再乘以相应数量，然后相加。值得注意的是，要结合各构件或工程的特点使用计量单位，有的要用面积，有的要用体积，有的要用容量(如千瓦、千伏安)。

3. 工料测量法

工料测量法是先估算建筑物所需各种材料、设备的数量和人工时数，然后逐一乘以价值时点时各该同样材料、设备的单价和人工费标准，再将其加总。这种方法与编制建筑概算或预算的方法相似，即先估算工程量，再配上概(预)算定额的单价和取费标准来估算。

工料测量法的优点是翔实；缺点是费时费力并需委托专家参与办理，主要用于具有历史价值的建筑物的估价。

4. 指数调整法

指数调整法是运用建筑成本(造价)指数或变动率将估价对象建筑物的原始成本调整到价值时点上的现行成本的方法。主要用于检验其他方法的估算结果。

第五节　建筑物折旧

一、建筑物折旧的原因

这里所讲的建筑物折旧，是指估价上的折旧而非会计上的折旧。估价上的折旧与会计上的折旧，虽然有相似之处，但也有本质上的区别。估价上的折旧是指由各种原因所造成的价值损失，其数额为建筑物在价值时点时的市场价值与其重新购建价格之间的差额。从重新购建价格中扣除折旧，即是进行减价调整。在实际估价中，建筑物折旧可分为物质折旧、功能折旧和经济折旧三个方面。

1. 物质折旧

物质折旧又称物质磨损、有形损耗，是建筑物在实体方面的损耗所造成的价值损失。进一步可以归纳为四个方面：①自然老化；②正常使用的磨损；③意外的破坏损毁；④延迟维修的损坏残存。

自然老化是由于自然力的作用而引起的，如风吹、日晒、雨淋等引起的建筑物腐朽、生锈、风化雨基础沉降等，与建筑物的实际经过年数正相关；同时，还受建筑物所在地区的气候与环境条件的影响，如酸雨多的地区，建筑物的损耗就大。

正常使用所造成的磨损主要是由于人工使用引起的，与建筑物的使用性质、使用强度和使用年数正相关。如居住用途建筑物的磨损要小于工业用途建筑物的磨损。工业用途建筑物又可分为受腐蚀的和不受腐蚀的。受腐蚀的建筑物，由于会受到使用过程中产生的有腐蚀作用的废气、废液等的不良影响，其损毁程度要大于不受腐蚀的建筑物。

意外的破坏损毁主要因突发性的灾害所引起的，这里所讲的灾害主要包括自然的和人为的两方面，如地震、水灾、风灾、失火、碰撞等。对于这些损毁即使进行了修复，但可能仍然有“内伤”。

延迟维护所造成的损坏主要是由于没有适时地采取预防、保养措施或修理不够及时，造成不应有的损坏或提前损坏。

2. 功能折旧

功能折旧又称为精神磨损、无形损耗，是指建筑物成本效用的相对损失所引起的价值损失，它包括由于消费观念变更、设计更新、技术进步等原因导致建筑物在功能方面的缺乏、落后或不适用所造成的价值损失；也包括建筑物功能过度充足所造成的失效成本。导致建筑物功能相对缺乏、落后或过剩的原因，可能是建筑设计上的缺陷、过去的建筑标准过低、人们的消费观念改变、建筑技术进步、出现了更好的建筑物等。

功能缺乏是指建筑物没有其应具备的某些部件、设备、设施或系统等。如住宅没有卫生间、暖气、燃气、电话线路、有线电视等；办公楼没有电梯、集中空调、宽带等。

功能落后是指建筑物已有部件、设备、设施或系统等的标准低于正常标准或有缺陷而阻碍其他部件、设备、设施或系统等的正常运营。如设备、设施陈旧落后或容量不够，

建筑式样过时，空间布局欠佳等。以住宅为例，现在时兴"三大、一小、一多"式住宅，即客厅、厨房、卫生间大，卧室小，壁橱多的住宅，过去建造的卧室大、客厅小、厨房小、卫生间小的住宅，相对而言就过时了。再如高档办公楼，现在要求有较好的智能化系统，如果某个所谓高档办公楼的智能化程度不够，相对而言其功能就落后了。

功能过剩是指建筑物已有部件、设备、设施或系统等的标准超过市场要求的标准而对房地产价值的贡献小于其成本。如某幢厂房的层高为 6 m，但如果当地厂房的标准层高为 5 m，则该厂房超高的 1 m 因不能被市场接受而使其所多花的成本成为无效成本。

3. 经济折旧

经济折旧又称外部性折旧，是指建筑物本身以外的各种不利因素所造成的价值损失，包括供给过量、需求不足、自然环境恶化、环境污染、交通拥挤、城市规划改变、政府政策变化等。如一个高级居住区附近建设了一座工厂，该居住区的房地产价值下降，这就是一种经济折旧。这种经济折旧一般是不可恢复的。再如在经济不景气时期以及高税率、高失业率等，房地产的价值降低，这也是一种经济折旧。但这种现象不会永久下去，当经济复苏后，这方面的折旧也就消失了。

二、年限折旧法

1. 年限折旧法的含义

年限折旧法是把建筑物的折旧建立在建筑物的寿命、经过年数或剩余寿命之间关系的基础上。

建筑物的寿命可分为自然寿命和经济寿命。建筑物的自然寿命是指建筑物从竣工验收合格之日起到不堪使用时的年数；建筑物的经济寿命是指建筑物从竣工验收合格之日起预期产生的收入大于运营费用的持续年数。

建筑物的经济寿命短于其自然寿命，具体是根据建筑物的结构、用途和维修养护情况，结合市场状况、周围环境、经营收益状况等进行综合判断做出的。建筑物在其寿命期间如果经过了翻修、改造等，自然寿命和经济寿命都有可能得到延长。

建筑物的经过年数可分为实际经过年数和有效经过年数。实际经过年数是建筑物从竣工验收合格之日起到价值时点时的日历年数；有效经过年数是建筑物在价值时点按其状况与效用所显示的年数。有效经过年数可能短于也可能长于实际经过年数：①建筑物的维修养护是正常的，有效经过年数与实际经过年数相当；②建筑物的维修养护比正常维修养护好或经过更新改造的，有效经过年数短于实际经过年数，剩余经济寿命相应较长；③建筑物的维修养护比正常维修养护差的，有效经过年数长于实际经过年数，剩余经济寿命相应

较短。

在成本法求取折旧中，建筑物的寿命应为经济寿命，经过年数应为有效经过年数，剩余寿命应为剩余经济寿命。因此，有效经过年数＝经济寿命－剩余经济寿命。

在估价上，一般不采用实际经过年数而采用有效经过年数或预计的剩余经济寿命，因为采用有效经过年数或剩余经济寿命求出的折旧更符合实际情况。如有两座实际经过年数相同的同类建筑物，如果维修养护不同，其市场价值也会不同，但如果采用实际经过年数计算折旧，则它们的价值会相同。实际经过年数的作用是可以作为求取有效经过年数的参考，即有效经过年数可以在实际经过年数的基础上做适当的调整后得到。

2. 年限折旧法的计算方法

年限折旧法中最主要的是直线法。直线法是最简单的和迄今应用最普遍的一种折旧方法，它在建筑物的经济寿命期间每年的折旧额相等。年折旧额计算公式为：

$$D_i=D=\frac{C-S}{N}=\frac{C\times(1-R)}{N}$$

$$R=\frac{S}{C}$$

式中 D_i——第 i 年的折旧额；

C——建筑物的重新建造成本；

S——预计的建筑物的净残值；

N——建筑物的经济寿命；

R——建筑物的残值率。

每年的折旧额与重新购建价格的比率称为折旧率(用 d)表示，则有：

$$d=\frac{D}{C}=\frac{C-S}{N\cdot C}=\frac{1-R}{N}$$

有效经过年数为 t 年的建筑物折旧总额(用 E_t 表示)的计算公式为：

$$E_t=D\cdot t=(C-S)\times\frac{t}{N}=C\times(1-R)\times\frac{t}{N}$$

采用直线法计算的价值时点建筑物现值(V)的公式为：

$$V=C-E_t=C-(C-S)\frac{t}{N}=C\times\left[1-(1-R)\times\frac{t}{N}\right]$$

$$V=C(1-D\cdot t)$$

【例 6-1】 某建筑的建筑面积为 200 m^2，经过年数为 15 年，单位建筑面积的重置价格为 1 000 元/m^2，经济寿命为 50 年，残值率为 3%，试用直线法计算该建筑物的年折旧额、折旧总额，并估算其现值。

【解】 已知：$C=200\times1\ 000=200\ 000$(元)，$R=3\%$，$N=50$ 年，$t=15$ 年，则有：

$$D_i=\frac{C(1-R)}{N}=\frac{200\ 000\times(1-3\%)}{50}=3\ 880(\text{元})$$

$$E_t=C(1-R)\times\frac{t}{N}=\frac{200\ 000\times(1-3\%)\times 15}{50}=58\ 200(\text{元})$$

$$V=C\left[1-(1-R)\times\frac{t}{N}\right]=200\ 000\times\left[1-(1-3\%)\times\frac{15}{50}\right]=141\ 800(\text{元})$$

三、市场提取折旧法

市场提取折旧法是利用与估价对象建筑物具有类似折旧程度的可比实例来求取估价对象建筑物折旧的方法。这种方法的基本指导思想是：房地产价值的累计折旧是由市场上的买卖双方来确定的。如果在价值上一宗旧的房地产比一宗新的房地产低的话，那么它的售价就会比后者低。

在假设建筑物残值率为零的情况下，该方法求取折旧的步骤为：①收集交易实例；②从交易实例中选取三个以上与估价对象建筑物具有类似折旧程度的可比实例；③对可比实例成交价格进行付款方式、交易情况等修正；④求取可比实例在其成交日期时的土地价值，将可比实例的成交价格减去该土地价值得出建筑物的折旧后价值；⑤求取可比实例在其成交日期时的建筑物重新购建价格，将该建筑物重新购建价格减去建筑物的折旧后价值得出建筑物折旧；⑥将可比实例的建筑物折旧除以建筑物重新购建价格转换为折旧率，把各可比实例折旧率调整为适合估价对象的折旧率；或将各可比实例的折旧率除以其经过年数转换为年折旧率，再将各可比实例年折旧率调整为适合估价对象的年折旧率；⑦将估价对象建筑物的重新购建价格乘以折旧率，或者乘以年折旧率再乘以其经过年数，便可求出估价对象建筑物的折旧。

运用市场提取法求取建筑物的累计折旧额，见表 6-1。

表 6-1　市场提取法求取建筑物的累计折旧额

可比实例名称	可比实例 1	可比实例 2	可比实例 3
售价/万	230	200	380
土地价值	75	55	125
建筑物现值	155	145	245
重新建造成本	240	220	370
累计折旧额	85	75	125
折旧率	35.4%	34.1%	33.8%

根据交易实例，待估建筑物的折旧率为 33%～36%。实际操作中可以取得各可比实例折旧率的算术平均值，即(35.4%+34.1%+33.8%)/3=34.4%，将其乘以待估建筑物的重新建造成本即可求得其折旧额。

四、分解折旧法

分解折旧法是先把建筑物折旧分成它的各个组成部分，然后分别测算出各个组成部分，再把测算出的各个组成部分相加来求取建筑物折旧的方法。分解法是求取建筑物折旧的最详细、最复杂的一种方法。

分解法认为，建筑物折旧首先可分成物质折旧、功能折旧和外部折旧三大组成部分，而物质折旧、功能折旧和外部折旧又可分成若干个组成部分，并应根据其各自的特点分别采用适当的方法来求取。

分解法求取建筑物折旧的步骤是：①求取物质折旧。这是先把物质折旧分解为各个项目，然后分别采用适当的方法求取其折旧后相加。②求取功能折旧。这是先把功能折旧分解为各个项目，然后分别采用适当的方法求取其折旧后相加。③求取外部折旧。这是先把外部折旧分为不同情况，然后分别采用适当的方法求取其折旧后相加。④求取建筑物的折旧总额。这是把上述求取的物质折旧、功能折旧和外部折旧相加得到建筑物的折旧总额。

其中，物质折旧的求取方法如下：

(1)将物质折旧项目分为可修复项目和不可修复项目两类。修复是指恢复到新的或者相当于新的状况，有的是修理，有的是更换。预计采用最合理的修复方案予以修复的必要费用(包括正常的成本、费用、税金和利润等，以下简称修复费用)小于或者等于修复所能带来的房地产价值增值额的，是可修复的，即：

修复的必要费用≤修复后的房地产价值—修复前的房地产价值

反之，是不可修复的。

(2)对于可修复项目，估算在价值时点的修复费用作为折旧额。

(3)对于不可修复项目，根据其在价值时点的剩余使用寿命是否短于整体建筑物的剩余经济寿命，将其分为短寿命项目和长寿命项目两类。短寿命项目是剩余使用寿命短于整体建筑物剩余经济寿命的部件、设备、设施等，它们在建筑物剩余经济寿命期间迟早需要更换，甚至需要更换多次；长寿命项目是剩余使用寿命等于或者长于整体建筑物剩余经济寿命的部件、设备、设施等，它们在建筑物剩余经济寿命期间是不需要更换的。在实际中，短寿命项目与长寿命项目的划分，一般是在其寿命是否短于建筑物经济寿命的基础上做出的，如基础、墙体、屋顶、门窗、管网、电梯、空调、卫生设备、装饰装修等的寿命是不同的。

短寿命项目分别根据各自的重新购建价格(通常为市场价格、运输费用、安装费用等之和)、年龄、寿命或剩余使用寿命，利用年限法计算其折旧额。

长寿命项目是合在一起，根据建筑物重新购建价格减去可修复项目的修复费用和各短寿命项目的重新购建价格后的余额、建筑物的经济寿命、有效年龄或剩余经济寿命，利用年限法计算其折旧额。

(4)把可修复项目的修复费用、短寿命项目的折旧额、长寿命项目的折旧额相加，即为物质折旧额。

五、土地使用期限对建筑物经济寿命的影响

在计算建筑物折旧的过程中，需要注意土地使用期限对建筑物经济寿命的影响。

(1)建筑物的经济寿命早于土地使用年限而结束的，应按建筑物的经济寿命计算建筑物折旧。

(2)建筑物的经济寿命晚于土地使用年限而结束的，分为土地使用权出让合同中未约定不可续期和已约定不可续期两种情况。对于土地使用权出让合同中未约定不可续期的，应按照建筑物的经济寿命计算建筑物折旧。对于土地使用权出让合同中已约定不可续期的，应按照建筑物经济寿命减去其晚于土地使用期限那部分寿命后计算建筑物折旧的。

第六节　房屋完损等级评定和折旧的有关规定

一、房屋完损等级评定

房屋的完损等级是指对现有房屋的完好或损坏程度划分的等级，即现有房屋的质量等级。评定房屋的完损等级是按照统一的标准、统一的项目、统一的评定方法，对现有整幢房屋进行综合性的完好和损坏的等级评定。这项工作技术性强，既有目观检测，又有定性定量的分析。目前，我国对房屋质量的评定，是以城乡建设环境保护部1985年制定颁布的《房屋完损等级评定标准》作为依据的。

1. 房屋完损等级标准

一般按房屋的结构、装修、设备三个组成部分的完好、损坏程度分为五个等级标准。

(1)完好房。指房屋的结构构件完好，装修和设备完好、齐全完整，管道畅通，现状良好，使用正常；或虽个别分项有轻微损坏，但一般经过小修就能修复。

(2)基本完好房。指房屋结构基本完好，少量构部件有轻微损坏，装修基本完好，油漆缺乏保养，设备、管道现状基本良好，能正常使用，经过一般性维修即可修复。

(3)一般损坏房。指房屋结构一般性损坏，部分构部件有损坏或变形，屋面局部漏雨，装修局部破损，油漆老化，设备管道不够畅通，水卫、电照管线、器具和零件有部分老化、损坏或残缺，需要进行中修或局部大修更换零件。

(4)严重损坏房。指房屋年年失修，结构有明显变形或损坏，屋面严重漏雨，装修严重变形、破损，油漆老化见底，设备陈旧不齐全，管道严重堵塞，水卫、电照的管线、器具和零件残缺及严重损坏，需要进行大修或翻修、改建。

(5)危险房。指房屋承重构件已属危险构件，结构丧失稳定和承载能力，随时有倒塌可能，不能确保使用安全的房屋。

2. 房屋完损等级的评定方法

一般根据房屋各个组成部分完损程度综合评定。

(1)房屋的结构、装修、设备等组成部分各项完损程度符合同一个完损标准，则该房屋的完损等级就是分项所评定的完损程度。

(2)房屋的结构部分各项完损程度符合同一完损标准，在装修设备部分中有一、二项完损度下降一个等级，其余各项仍和结构部分符合同一完损标准，则该房屋的完损等级按结构部分的完损程度来确定。

(3)房屋结构部分中非承重墙与楼地面分项完损程度下降一个等级完损标准，在装修或设备部分中有一项完损程度下降一个等级完损标准，其余三个组成部分的各项都符合上一个等级以上的完损标准，则该房屋的完损等级可按上一个等级的完损程度来确定。

(4)房屋结构部分中地基基础、承重构件、屋面等项的完损程度符合同一完损标准，其余各分项完损程度可有高出一个等级的完损标准，则该房屋完损等级可按地基基础、承重结构，屋面等项的完损程度来确定。

3. 房屋完好率及危险率的计算

房屋的完损等级一律以建筑面积为计量单位，评定时则以幢作为评定单位。房屋的完好率是房产经营与管理单位(包括物业管理企业)的一个重要技术经济指标之一，它是完好房屋的建筑面积加上基本完好房屋建筑面积之和除以总建筑面积。

4. 房屋完损等级与成新度

房屋的成新度从基础、装修与设备等方面有所区别。

十成：建筑期最长不超过 5 年的新建房屋(特殊情况除外)。

九成：结构部分：地基基础有足够承载能力，无不均匀沉降；砖墙、屋架等承重构件完好牢固；非承重墙体完好；屋面部渗漏，排水畅通；楼地面整体完好平整。装修部分：门窗完好无损、开关灵活；内外粉刷完整无损；顶棚牢固不变形。设备部分：上、下水管道畅通无阻，卫生器具完好，零件齐全；线路、照明装置完好无缺，绝缘良好；特种设备现状良好、使用正常。

八成：部分符合上述九成新条件。

七成：结构部分：地基基础有承载能力，有少量不均匀沉降；墙、柱、梁等承重构件基本完好，屋架各部件、节点基本完好。非承重墙有轻微裂缝，面层破损；屋面局部渗漏，排水基本畅通；楼地面整体面层基本完好。装修部分：门窗少量开关不灵，玻璃五金少量残缺，油漆尚好；内外粉刷稍有空鼓、裂缝、风化；顶棚少量面层破裂、缺损，少量压条脱钉。设备部分：上、下水管道基本畅通，卫生器具基本完好，个别零件缺损；线路和各种照明装置完好；特种设备现状基本良好、使用正常。

六成：部分符合上述七成新条件。

五成：稍好于下述四成新条件。

四成：结构部分：地基基础有一定强度，局部有较大不均匀沉降，对上部结构已产生一定影响；墙、柱等承重构件产生下沉开裂，屋架有局部变形、腐朽、锈蚀；非承重墙部分裂缝，间隔墙面层局部损坏，失修严重；屋面局部漏雨，平屋面、隔热层、防水层破损较严重，热电厂水设施破坏严重；楼地面整体面层部分空鼓、脱落。装修部分：门窗部分开关不灵、局部破缺，油漆老化、剥落；内外粉刷部分空鼓、裂缝、剥落、勒脚严重侵蚀；顶棚面层损坏较大，有明显下垂变形。设备部分：上水管道锈蚀，下水不够畅通，卫生器具个别滴漏损坏严重；线路老化，照明装置残缺；特种设备不能正常使用。

三成：稍好于二成新条件。

二成：结构部分：地基基础强度不足，有较大不均匀沉降，且仍继续发展，严重影响住房安全；承重墙、柱严重损坏，有明显倾斜变形，屋梁端节点腐朽，锈蚀严重，有下翘变形；非承重墙严重开裂、倾斜，墙面松动、断折，面层破损；屋面严重漏雨，平屋面、防水隔热层严重破损，排水设施严重锈烂；楼地面整体面层严重剥落，木露地面腐烂破损。装修部分：门窗开关普遍不灵，缺损严重；内外粉刷严重风化剥落；顶棚基层破乱，面层破损。设备部分：下水管道严重堵塞，卫生器具严重残缺；电线破损、普遍老化，照明装置陈旧，不符合绝缘要求；特种设备严重损坏。

房屋完损等级与建筑物成新度密切相关，两者的关系具体表现为：完好房，成新度在八成新以上；基本完好房，成新度为七、六成；一般损坏房，成新度为五、四成；严重损坏房与危险房，成新度在三成以下。对于一些平面布置不合时宜、设备落后、式样过时的建筑物，在根据其结构、装修、设备三个组成部分的完损程度确定了成新度以后，还要依据市场情况和估价经验，对该成新度作适当减价修正，最后以修正的成新度来计算建筑物的现值。

二、房屋折旧

耐用年限是指建筑物能够正常使用的年限。它必须是在建造建筑物时按设计要求合理地采用原材料和符合质量要求、并在竣工后使用及合理保养下，平均达到的使用年限，不包括意外灾害的因素。

建筑物的耐用年限与建筑物的结构密切相关，因此，必须对不同的建筑结构有所把握与了解。

1. 各种结构类型建筑物的等级标准

(1)钢结构。轻质高强、质地均匀，生产、安装工业化程度高，密闭性能好，抗震及抗动力荷载性能好，具有一定的耐热性，钢结构抗腐蚀性较差。

(2)钢筋混凝土结构。全部或承重部分为钢筋混凝土结构。包括框架大板与框架轻板结构等房屋。一般装修良好，设备比较齐全。

(3)砖混结构一等。部分钢筋混凝土，主要是砖墙承重的结构。外墙部分砌砖、水刷石、水泥抹面或涂料粉刷，并设有阳台，内外设备齐全的单元式住宅或非住宅房屋。

(4)砖混结构二等。部分钢筋混凝土，主要是砖墙承重的结构。外墙是清水墙，没有阳台，内部设备不全的非单元式住宅或其他房屋。

(5)砖木结构一等。材料上等、标准较高的砖木(石料)结构。一般是外部有装修处理，内部设备完善的庭院式或花园洋房等高级房屋。

(6)砖木结构二等。结构正规、材料较高。一般外部没有装修处理，室内有专用上、下水等设备的普通砖木结构房屋。

(7)砖木结构三等。结构简单、材料较差，室内没有专用上、下水等设备，较低级的砖木结构房屋。

(8)简易结构。如简易房、平房、木板房、砖坯、土草房、竹木捆绑房等。

2. 各种结构类型建筑物的经济耐用年限

建筑物的折旧年限是建筑物价值转移的年限，它与耐用年限既有联系又有区别。折旧年限是由使用过程中的社会经济条件决定的社会必要平均使用寿命，或称为经济寿命；耐用年限是由结构、质量等决定的自然寿命。目前，一般是将建筑物的经济耐用年限作为折旧年限，不考虑物价上涨、人为损耗等因素。各种结构类型建筑物的经济耐用年限，见表 6-2。

表 6-2　各种结构类型建筑物的经济耐用年限

结构类型	经济耐用年限/年			残值率
	生产用房	受腐蚀的生产用房	非生产用房	
钢结构	70	50	80	0
钢筋混凝土结构	50	35	60	0
砖混结构一等	40	30	50	2%
砖混结构二等	40	30	50	2%
砖木结构一等	30	20	40	6%
砖木结构二等	30	20	40	4%
砖木结构三等	30	20	40	3%
简易结构	10	0		

第七节　成本法应用举例

【例 6-2】 某公司于 5 年前以出让方式取得一宗面积为 3 000 m² 的 40 年使用权的土地，并于 3 年前建成物业投入使用，总建筑面积为 8 000 m²。现时重新取得 40 年的土地使用权的出让价格为 2 500 元/m²，重新建造建筑物的建安成本为 1 000 万元(建设期为 2 年，第一年投入 40%，第二年投入 60%，可视为年中集中投入)，管理费用为建安成本的 3%，年利率为 6%，销售税费为 150 万元，开发利润为 200 万元。门窗、墙面等损坏的修复费用为

10 万元；装修的重置价格为 200 万元，平均寿命为 5 年；设备的重置价格为 150 万元，平均寿命为 10 年；假设残值率均为零。试计算该宗房地产现时的价格(土地资本化率为 8%)。

【解】 (1)运用成本法的计算公式：

房地产价格＝土地重新取得价格＋建筑物的重新购建价格－建筑物折旧

(2)求土地的重新取得价格。因该土地使用权为 40 年，已过去了 5 年，故要求土地使用权为 35 年的价格为：

$$V_{35}=3\ 000\times 2\ 500\times\frac{(1+8\%)^{40-35}\times[(1+8\%)^{35}-1]}{(1+8\%)^{40}-1}=733(\text{万元})$$

(3)计算建筑物的重新构建价格：

1)建安成本＝1 000(万元)

2)管理费用＝1 000×3%＝30(万元)

3)投资利息＝$(1\ 000+30)\times 40\%\times[(1+6\%)^{4.5}-1]+(1\ 000+30)\times 60\%\times[(1+6\%)^{3.5}-1]=263$(万元)

4)销售税费＝150(万元)

5)开发利润＝200(万元)

6)建筑物的重新构建价格＝1 000＋30＋263＋150＋200＝1 643(万元)

(4)计算建筑物的折旧额：

1)门窗、墙面等损坏的折旧额＝10(万元)

2)装修部分的折旧额＝200×1/5×3＝120(万元)

3)设备部分的折旧额＝150×1/10×3＝45(万元)

4)长寿命项目的折旧额＝(1 643－10－200－150)×1/38×3＝101(万元)

5)建筑物的折旧总额＝10＋120＋45＋101＝276(万元)

(5)计算该宗房地产的现时价格：

现时价格＝733＋1 643－276＝2 100(万元)

【例 6-3】

(一)估价对象概况

该房地产为某高校科技楼，土地总面积为 1 200 m^2，建筑总面积为 5 500 m^2，建筑物建于 1999 年 1 月，建筑结构为钢筋混凝土结构。要求评估该科技楼 2015 年 1 月的价值。

(二)估价过程

(1)选择估价方法。该房地产为高校内建科技楼，无直接效益，也很少出现交易情况，故选用成本估价法进行估价。

(2)选择计算公式。该房地产属于旧有房地产，故采用成本估价法中的旧有房地产计算公式：

房地产现时价格＝土地的重新取得价格或重新开发成本＋建筑物的重新购建价格－建筑物的折旧

(3)求取土地的重新取得价格。由于该土地坐落在城市建成区内。直接求取土地的重新取得价格很困难，故拟采用间接法求取该土地的重新取得价格。具体可采用两种方法：一是市场比较法，利用政府有偿出让土地的价格作比较求取；二是利用征用农地的费用再加上土地级差收益的办法来求取。

1)利用市场比较法求土地价格。

交易实例一：土地面积 1 000 m^2，出让日期 2007 年 8 月。出让价格 2 000 元/m^2。

交易实例二：土地面积 1 100 m^2，出让日期 2007 年 10 月。出让价格 2 100 元/m^2。

交易实例三：土地面积 1 050 m^2，出让日期 2007 年 11 月。出让价格 2 150 元/m^2。

由市场比较法求土地价格见表 6-3。

表 6-3　地价计算表

项目	实例一	实例二	实例三
交易价格/(元・m^{-2})	2 000	2 100	2 150
交易情况修正	100/100	100/100	100/100
交易日期修正	105/100	103/100	102/100
区域因素修正	100/102	101/100	102/100
个别因素修正	101/100	99/100	101/100
修正后价格/(元・m^{-2})	2 079	2 163	2 259
平均价格/(元・m^{-2})		2 167	

由表 6-3 可得待估房地产土地价格为 2 167 元/m^2。

2)利用征用农地费用再加上土地级差收益的办法求取土地价格。

目前征用农村土地平均每亩需要 30 万元征地补偿费，约合每平方米 450 元。土地的三通一平费用约每平方米 90 元。以上两项合计 540 元/m^2，可以看作城市边缘土地的价格。该城市土地分为 10 个级别，该房地产位于第 5 等级土地上，各级土地之间的价格差异根据当地的规定，本级别的地价是此一级别土地的 1.34 倍。因此估价对象的土地价格为：

$$估价对象土地价格=540\times1.34^5=2\ 333(元/m^2)$$

3)土地重新取得价格的确定。

上述两种方法取得的土地价格分别为 2 167 元/m^2 与 2 333 元/m^2。两种方法都要适当考虑，在征求当地相关专家的意见基础上，并便于取整的角度，最终确定土地价格为 2 200 元/m^2。

因此，$$土地总价=2\ 200\times1\ 200=264(万元)$$

(4)计算建筑物的重新购建价格。目前类似房地产的建筑造价(不含土地价格)为每平房建筑面积 2 500 元/m^2(含合理利润、税费等)，以此作为建筑物的价格。

$$建筑物总价=2\ 500\times5\ 500=1\ 375(万元)$$

(5)计算建筑物的折旧。采用直线法求取折旧额。根据前文得知，钢筋混凝土结构的耐用年限为60年，残值率为0，因此建筑物的折旧为：

$$E_t = C\times(1-R)\times\frac{t}{N}=1\ 375\times(1-0\%)\times\frac{16}{60}=367(\text{万元})$$

通过现场观察，该建筑物的成新度在七成新左右，与上述计算结果一致。

(6)求取成本价值。

估价对象的成本价值＝264＋1 375－367＝1 272(万元)

(三)估价结果

根据上述计算结果，本估价对象某高校科技楼于2015年1月的市场价值总额为1 272万元，折合单位建筑面积造价为2 313元/m^2。

【例 6-4】

(一)估价对象概况

本次估价对象位于××路21号××电子股份有限公司厂区内。该厂区西至××路，南至××路，北至××路，东与××电子器件厂相邻，总占地约79.35亩。厂区布局合理，道路、供排水、电力、电信等基础设施配套完善，生产运转正常。

显示器厂房位于厂区的东部，是一座三层(局部四层)的钢筋混凝土框架结构的建筑物，建成于1993年，建筑面积为9 836.69 m^2，土地面积为3 277.47 m^2。该楼外墙面贴白色玻璃马赛克，正面安装蓝色镀膜玻璃幕墙，外形美观大方，室内底层层高约为3.6 m，楼地面为水泥砂浆抹面，使用功能主要为大型设备房、机房，局部作为办公用房；二层至三层层高均约为4.0 m，楼地面铺防静电地板，局部为彩色水磨石，使用功能为生产用房和管理用房。

该综合楼室内安装有一部垂直电梯，水电设施齐全，保养良好。由于该厂房为精密设备的生产用房，楼内安装先进的恒温、恒湿及吸尘设备，以保证生产的需要。

(二)估价目的

为委托方办理估价对象的“产权转让”提供价值参考依据。

(三)估价方法选用

估价对象作为专用厂区，难以获取类似房地产的买卖成交实例或客观的租金水平，无法采用市场比较法或收益法进行估价。因此，估价人员在实地勘查和市场调查的基础上，以委托方提供的有关资料为依据，结合当前房地产市场的行情和估价对象的实际情况，决定采用成本法进行评估，即通过收集有关土地、房屋的成本、税费、开发利润、税金等资料，估算估价对象的重置价格，再估算建筑物的折旧，求出其成本价值，确定估价对象的市场价值。

(四)估价测算过程

房地产重置价格的计算公式为：

房地产重置价格＝土地取得费用＋建筑物现有价值

＝土地取得费用＋建筑物重置价值－建筑物折旧

分别将上述各项费用套入公式汇总即可得出估价对象的重置价格。

(1)求取土地取得费用。采用市场比较法测算宗地的价值(计算过程省略)。

得出宗地总地价：2 290 952 元

(2)确定建筑物的现有价值。

建筑物现有价值＝建筑物开发成本＋管理费用＋投资利息＋销售税费＋开发利润－建筑物的折旧

1)求取建筑物的开发成本。

计算公式为：开发成本＝建筑物建安工程费用＋专业费用

①建筑物建安工程费用。估价人员通过广泛的市场调查和测算后，参考当地现时与估价对象类型和结构相同的厂房、仓库的建安工程造价水平，综合确定该建筑物的建安造价为：土建造价 800 元/m^2，水电造价 180 元/m^2，总造价为 9 836.69×(800＋180)＝9 639 956(元)。

②专业费用。包括勘察设计及前期工程费、基础设施建设费及公共配套设施建设费、开发过程中的各种收费等。即开发建设过程中所需要的测量、勘察、设计、规划费、报建费、质监费等建设费用以及有关主管部门收取的各项相关费用。

参照当地有关该类费用的收取水平，并结合估价对象的实际情况，确定专业费用为建安工程费的 5％，总价值为 9 639 956×5％＝481 998(元)。

③开发成本合计。通过上述的分析、计算，可确定开发成本为：9 639 956 元＋481 998 元＝10 121 954 元。

2)管理费用。管理费用包括开办费用和开发管理人员的工资及办公费等。据测算，按照同等项目的平均水平，房屋开发建造的管理费用为开发成本的 2％，即管理费用为 10 121 954×2％≈202 439(元)。

3)投资利息。以当前银行的贷款利率为基础，适当考虑必要的筹资费用，确定年利息率为 7％。假设建设期为一年，并假定土地取得费用在建设初期一次性投入，其他各项费用在建设期内均匀投入，则投资利息为：

2 290 952×7％×1＋(10 121 954＋202 439)×7％×0.5≈521 720(元)

4)开发利润。由于该厂房为自建自用项目，因此，不考虑其开发利润。

5)销售税费。该厂房为自建自用项目，有别于一般商品房，因此，也不考虑其销售税费。

6)确定建筑物的重置价格。

将上述分析和计算的结果汇总，即可得建筑物的重置价格：

建筑物重置价值＝建筑物开发成本＋管理费用＋投资利息＋销售税费＋开发利润
＝10 121 954＋202 439＋521 720＋0＋0
＝10 846 113(元)

7)估算建筑物的折旧。

钢筋混凝土结构厂房的经济耐用年限为50年，腐蚀性厂房的经济耐用年限为40年。估价对象建于2001年，至今已使用了14年。据现场勘查，该建筑物目前主体结构基本保持完好牢固，基础仍保持足够的承载力，无不均匀沉降，大部分房屋楼地面、内外装饰基本完好、平整，水电设施使用正常，符合基本完好房的评定标准。估价人员根据建筑物的实际使用年限和完好程度，结合评估经验确定，显示器厂房的综合成新率为72%，则采用成新折扣法计算出该建筑物的折旧额为：

建筑物的折旧额＝建筑物的重置价格×(1－综合成新率)
＝10 846 113×(1－72%)＝3 036 912(元)

8)计算建筑物的现有价值。

将上述的分析计算结果代入公式：

建筑物现有价值＝建筑物重置价格－建筑物的折旧
＝10 846 113－3 036 912
＝7 809 201(元)

(3)确定估价对象现有价值。

估价对象的客观合理价值＝土地现有价值＋建筑物现有价值
＝2 290 952＋7 809 201
＝10 100 153(元)

(五)估价结果确定

经过评定估算，最终确定估价对象在价值时点的客观合理价值(总价值)为人民币10 100 153元，大写金额为壹仟零壹拾万零壹佰伍拾叁元整。

本章小结

本章阐述了成本法的基本概念、理论依据、适用范围与条件，分析了房地产价格的成本构成及其有关规定，介绍了房地产重新购建价格的计算方法：单位比较法、分部分项法、工料测量法和指数调整法以及建筑物折旧的计算方法：年限法、市场提取法和分解法，并示范了成本法估价的基本步骤。

思考与练习

一、单项选择题

1. 下列不属于导致建筑物经济折旧的因素是(　　)。

A. 交通拥挤　　B. 建筑技术减少　　C. 城市规划改变　　D. 自然环境恶化

2. 某8年前建成交付使用的建筑物，建筑面积为120 m^2，单位建筑面积的重置价格为800元/m^2，建筑物残值率为6%，年折旧率为2.2%，计算该建筑物的现值是(　)元。

A. 76 880　　B. 79 104　　C. 77 952　　D. 81 562

3. 某建筑物实际经过年数为10年，估价人员现场查勘后认为该建筑物建筑设计过时和维修保养差造成功能折旧和物质折旧高于正常建筑物，判断其有效经过年数为18年，剩余经济寿命为22年，残值率为4%，用直线法计算该建筑物的成新率为(　)。

A. 43.2%　　B. 50%　　C. 56.8%　　D. 70%

4. 某写字楼由于市场不景气和周边新增居住房地产较多，造成不便于上午办公和需求减少，估价未来期限内每年平均空置率由现在的15%上升为25%，每月可出租面积租金为70元/m^2，又知该写字楼可出租面积为1 000 m^2，运营费用率为40%。若该写字楼可出租剩余年限为30年，投资报酬率为8%，其他条件保持不变，则该写字楼将产生(　)万元的贬值。

A. 548.19　　B. 558.15　　C. 567.39　　D. 675.40

5. 某商场建成3年后补办了土地使用权出让手续，土地使用权出让年限为40年。建筑物的自然寿命为50年，在这种情况下，建筑物的经济寿命为(　)年。

A. 40　　B. 43　　C. 47　　D. 50

6. 下列各类房地产中，特别适用于成本法估价的是(　)。

A. 某标准厂房　　B. 某酒厂厂房　　C. 某待出让土地　　D. 某写字楼

7. 某企业开发某土地，土地重新取得成本为1 000元/m^2，正常开发成本为1 500元/m^2，管理费用为前两项的5%，投资利息占直接成本的5%，销售费用为1 005元/m^2，直接成本利润率为6%，则开发后的地价为(　)元/m^2。

A. 1 840　　B. 2 840　　C. 2 966　　D. 3 000

8. 某宗房地产建筑物建成于2000年10月1日，经济寿命为60年。后于2005年10月1日补办了土地使用权出让手续，土地使用权出让年限为50年(从补办之日算起)。2015年10月1日对该房地产进行评估。经计算，该房地产的土地重新购建价格为2 000万元，建筑物重新购建价格为3 000万元，残值率为0。则在价值时点(2015年10月1日)该房地产的评估价值为(　)万元。

A. 4 091　　B. 4 182　　C. 4 250　　D. 5 000

9. 某幢写字楼，建筑物重新购建价格为2 000万元，经济寿命为50年，有效经过年数为10年。其中，门窗等损坏的修复费用为10万元；装修的重置价格为200万元。平均寿命为5年，有效经过年数为4年；设备的重置价格为250万元，平均寿命为15年，有效经过年数为9年。假设残值率均为零，则该幢写字楼的物质折旧额为(　)万元。

A. 400　　B. 628　　C. 656　　D. 700

10. 某房地产的重建价格为2 000万元，已知在建造期间中央空调系统因功率大较正常情况多投入150万元，投入使用后每年多耗电费0.8万元。假定该空调系统使用寿命为15年，估价对象房地产的报酬率为12%，则该房地产扣除该项功能折旧后的价值为(　　)万元。

A. 1 838.00　　B. 1 844.55

C. 1 845.87　　D. 1 850.00

二、多项选择题

1. 成本法特别适用于那些既有收益又很少发生交易的房地产估价，这类房地产主要包括(　　)。

A. 图书馆　　B. 钢铁厂

C. 空置的写字楼　　D. 单纯的建筑物

E. 加油站

2. 功能折旧是指建筑物在功能上的相对缺乏、落后或者过剩所造成的建筑物价值的损失。造成建筑物功能折旧的主要原因有(　　)。

A. 意外破坏的损毁　　B. 市场供给过量

C. 建筑设计的缺陷　　D. 人们消费观念的改变

E. 周围环境条件恶化

3. 关于重新购建价格的说法，下列正确的有(　　)。

A. 重新购建价格是指重新开发建设全新状况的估价对象所必需的支出

B. 重新购建价格是在价值时点的价格

C. 重新购建价格是客观的价格

D. 建筑物的重新购建价格是全新状况下的价格

E. 土地的重新购建价格是法定最高出让年限状况下的价格

4. 在运用成本法时最主要的有(　　)。

A. 区分计划成本和实际成本

B. 区分实际成本和客观成本

C. 结合实际成本来确定评估价值

D. 结合实际开发利润来确定评估价值

E. 结合市场供求分析来确定评估价值

5. 建筑物折旧分为物质折旧、功能折旧和经济折旧三大类。下列选项中属于经济折旧的有(　　)。

A. 功能落后　　B. 功能缺乏

C. 环境污染　　D. 交通拥挤

E. 正常使用的磨损

三、判断题

1. 某房地产开发项目的利润为 360 万元，土地取得成本、开发成本、管理费用、销售费用合计 2 000 万元，投资利息为 200 万元，企业应缴纳土地增值税 200 万元，该房地产开发项目的投资利润率为 18%。 （ ）

2. 在运用成本法估价时，房地产价格直接取决于其花费的成本，成本增加则房地产价格就相应增高。 （ ）

3. 建筑物的经济寿命早于或与土地使用期限一起结束的，应根据土地剩余使用期限确定收益期限。 （ ）

4. 成本法是根据估价对象房地产在建造时的购建价格，然后扣除折旧，以此来估算估价对象客观合理的价格或价值的方法。 （ ）

5. 在确定建筑物的重置价格或建筑安装工程费时，都应包含开发管理费用。 （ ）

四、简答题

1. 成本法的含义是什么？

2. 成本法的适用条件与理论依据是什么？

3. 成本法的各个公式如何应用？

4. 房地产的价格由哪几部分构成？

5. 建筑物重新购建价格的求取方法有哪些？

6. 重置价格与重建价格的含义及其异同点有哪些？

7. 建筑物折旧的求取方法有哪些？

五、计算题

1. 某公司于 2005 年 3 月 1 日在某城市水源地附近取得一宗土地使用权，建设休闲度假村。该项目总用地面积 10 000 m^2，土地使用期限 40 年，建筑总面积为 20 000 m^2，并于 2007 年 9 月 1 日完成，该公司申请竣工验收。根据环保政策要求，环保管理部门在竣工验收时要求该公司必须对项目的排污系统进行改造。请根据下列资料采用成本法评估该项目于 2007 年 9 月 1 日的正常市场价格。

(1)假设在价值时点重新取得该项目建设用地，土地取得费用为 1 000 元/m^2。新建一个与上述项目相同功能且符合环保要求的项目开发成本为 2 500 元/m^2，销售费用为 200 万元，管理费用为开发成本的 3%，开发建设期为 2.5 年，开发成本、管理费用、销售费用在第一年投入 30%，第二年投入 50%，最后半年投入 20%，各年内均匀投入，贷款年利率为 7.02%，销售税金及附加为售价的 5.53%，投资利润率为 12%。

(2)经分析，新建符合环保要求的排污系统设备购置费和安装工程费分别为 400 万元和 60 万元，而已建成项目中排污系统设备购置费和安装工程费分别为 200 万元和 40 万元。对原项目排污系统进行改造，发生拆除费用 30 万元，拆除后的排污系统设备可回收 90 万元。

(3)原项目预计于 2008 年 1 月 1 日正常营业，当年可获得净收益 500 万元。由于排污系统改造，项目营业开始时间将推迟到2009年1月1日，为获得与2008年1月1日开始营业时可获得的相同的年净收益，该公司当年需额外支付运营费用100万元，之后将保持预计的盈利水平。

(4)该类度假村项目的报酬率为8%。

2. 估价对象为一写字楼，土地总面积1 000 m^2，于2001年9月底获得50年使用权。写字楼总建筑面积4 500 m^2，建成于2004年9月底，为钢筋混凝土结构，建筑层高5 m，没有电梯，需评估该写字楼2006年9月30日的价值。收集有关资料如下：

(1)收集了三宗出让年限50年的土地交易实例作为可比实例，有关资料见表6-4。

表6-4 可比实例比较因素状况表

可比实例	交易价格/(元·m^{-2})	交易情况	交易日期	房地产状况
A	2200	正常	2006年3月30日	比估价对象劣3%
B	2050	正常	2006年12月30日	比估价对象劣8%
C	2380	比正常价格高3%	2006年5月30日	比估价对象优5%

(2)当地征收农地的费用等资料如下：

在价值时点征收城市边缘土地平均每亩需要5 732万元的征地补偿和安置等费用，向政府交付土地使用权出让金等为150元/m^2，土地开发费用、税金和利润等为120元/m^2，以上合计为城市边缘土地使用权年限50年熟地的价格。该城市土地分为八个级别，城市边缘土地为第八级，而估价对象处于第六级土地上。各级土地之间的价格差异见表6-5。

表6-5 各级土地之间的价格差异

级别	一	二	三	四	五	六	七	八
地价是次级土地的倍数	1.4	1.4	1.4	1.4	1.4	1.3	1.3	1
地价是最差级土地的倍数	10.54	7.53	5.38	3.84	2.74	2.00	1.5	1

(3)在价值时点不设电梯的层高5 m的建筑物重新购建价格为1 800元/m^2，估价对象写字楼门窗等损坏的修复费用为10万元；装修的重新购建价格为140万元，经济寿命为5年；设备的重新购建价格为100万元，经济寿命10年；建筑物的使用寿命长于土地使用年限。假设残值率均为0。另调查，由于该写字楼缺乏电梯，导致其出租率较低，仅为80%，月租金为38元/m^2。而市场上类似的有电梯的写字楼的出租率为85%，正常月租金为40元/m^2。一般租赁经营的正常运营费用率为租金收入的35%。如果在价值时点重置具有电梯的类似写字楼．则需电梯购置费用60万元，安装费用40万元。同时，由于该写字楼的层高比正常层高要高，使其能耗增加。经测算正常情况下每年需要多消耗1万元能源费。同时由于周边环境的变化，该写字楼的经济折旧为20万元。试用成本法评估该写字楼2006年9月30日的价值。土地重新购建价格要采用市场法和成本法综合求取。土地报酬率

为 5%，房地产报酬率为 7%(如需计算平均值，请采用简单算术平均法，小数点后保留两位)。

3. 某幢写字楼，土地面积 4 000 m^2，总建筑面积为 9 000 m^2，建成于 1990 年 10 月 1 日，土地使用权年限为 1995 年 10 月 1 日～2035 年 10 月 1 日。现在获得类似的 40 余年土地使用权价格为 2 000 元/m^2，建筑物重置成本为 1 300 元/m^2。建筑物自然寿命为 60 年，有效经过年数为 10 年。其他的相关资料如下：

(1)门窗等损坏的修复费用为 3 万元，装修的重置价格为 82.5 万元，平均寿命为 5 年，有效经过年数为 4 年，空调系统功能落后，必须更换，旧系统已提折旧 80 万元，拆除该空调费用为 10 万元，可回收残值 30 万元，重新构建价格(不含安装费)为 130 万元，安装新的空调系统的费用为 8 万元，除空调以外的设备的重置价格为 250 万元。平均寿命为 15 年，经过年数为 9 年。

(2)该幢写字楼由于层高过高和墙体隔热保温性差，导致与同类写字楼相比，每月增加能耗 800 元。

(3)由于写字楼所在区域刚有一化工厂建成投产，区域环境受到一定的污染，租金将长期受到负面影响，预计每年租金损失为 7 万元。

(4)该类写字楼的报酬率为 10%，银行贷款年利率为 5%，土地报酬率为 8%。

(5)假设除空调以外，残值率均为零。试计算该写字楼于 2005 年 10 月 1 日的折旧总额和现值。

综合实训

分组以一宗工业厂房为估价对象，进行模拟评估。

第七章 假设开发法

知识目标

1. 理解假设开发法的基本原理和适用对象；
2. 掌握假设开发法的计算公式；
3. 掌握假设开发法中静态分析法和动态分析法的应用。

能力目标

1. 能够甄别假设开发法的适用对象；
2. 能够界定假设开发法中各个成本费用项目发生的时间和数量；
3. 能够运用静态分析法和动态分析法进行估价操作。

第一节 假设开发法的基本原理

一、假设开发法的概念

假设开发法又称为剩余法、余值法或预期开发法，是预测估价对象开发完成后的价值和后续开发的必要支出及应得利润，然后将开发完成后的价值减去后续开发的必要支出及应得利润来求取估价对象价值的一种方法。

二、假设开发法的理论依据

假设开发法的基本理论依据是预期收益原理。其基本思想可以通过下面的案例进行反映。

在规范运作、公平竞争的土地市场上，某房地产开发商欲取得一块房地产开发用地时，是如何思考该地块的价格或者确定其出价的？首先，房地产开发商会进行市场调查与分析，了解该土地的自然状况、周围环境以及相应房地产市场的发展趋势，以此确定土地利用的最佳方案，并据此测算出未来开发建设过程中需要发生的开发成本、管理费用、投资利息、开发税费等建设成本；根据市场调查分析结果确定开发建设完成后的销售价格以及销售过程中发生的税费。而获取土地的最终目的是通过土地获取开发利润，在市场机制的作用下，会由于竞争导致开发商不能获得高于正常利润，同时该开发商最可能获得其开发活动的利润底线，即社会上相同或者相似房地产开发建设活动的正常利润。这些数字确定以后，就可以得出开发商能够接受的最高地块价格，它等于预测的开发完成后的销售价格，减去预测的必须付出的各项成本、费用、税金以及应当获得的开发利润后的余额。

以上案例之间的关系可以通过如下公式加以反映：

地块最高的购买价＝房地产销售价格－(开发成本＋管理费用＋投资利息＋开发税费)

－销售税费－正常利润

由该案例可以看出，假设开发法在形式上是评估新建房地产价格的成本法的"倒算法"。两者的主要区别是：成本法中的土地价格为已知，需要求取的是开发完成后的房地产价格；假设开发法则是将通过预测等方法求得的开发完成后房地产价格作为已知条件，需要求取的是土地价格。

三、假设开发法适用的对象和需要的条件

(一)假设开发法的适用对象

假设开发法适用于具有开发或再开发潜力并且其开发完成后的价值可以采用市场法、收益法等方法求取的房地产的估价，包括可供开发的土地(包括生地、毛地、熟地，典型的是房地产开发用地)、在建工程(或者称为房地产开发项目)、可重新改造或改变用途的旧的房地产(包括装饰装修、改建、扩建)。以下把这类房地产统称为"待开发房地产"。

对于有规划条件但规划条件尚未正式确定的待开发房地产，则难以采用假设开发法估价。因为在该房地产的法定开发利用前提尚未确定的情况下，其价值也就不能确定。如果在这种情况下仍然需要估价，则房地产估价师可以通过咨询城乡规划主管部门或者有关专业机构、专家的意见，或者参照周边地块的规划条件等方式，推测其最可能的规划条件，然后据此进行估价，但必须将该推测的最可能的规划条件作为估价的假设和限制条件，并在估价报告中做出特别提示，说明规划条件的可靠性，以及其对估价结果的影响或者估价结果对它的依赖性。

假设开发法还可以用于房地产开发项目投资分析，可以为房地产投资者的投资决策提供参考依据。假设开发法具体可为房地产投资者提供以下三种数值：

(1)测算待开发房地产的最高价格，即房地产投资者获取行业正常利润时待开发房地产的价格。

(2)测算房地产开发项目的预期利润，即测算待开发房地产建设后的总收入与待开发房地产的取得成本以及开发成本等费税后的余额，如利润或利润率高于房地产投资者期望的利润或利润率，则认为该房地产开发项目可行。

(3)测算房地产开发中可能出现的最高费用，即在假设建成后总收入、预期利润已知的前提下，测算开发建设过程中出现的成本费用的最高额，以利于项目的成本控制。

(二)假设开发法估价需要具备的条件

1. 假设开发法运用的内部条件

使用假设开发法得出的估价结果，其可靠程度取决于估价过程中的三个方面：

(1)坚持房地产估价的合法原则和最高最佳使用原则，正确设定房地产的最佳开发利用方式，包括用途、建筑规模、档次等。

(2)依据房地产市场行情和供求状况，正确测算开发完成后的价值。

(3)正确测算后续开发建设的必要支出及应得利润。

2. 假设开发法运用的外部环境条件

运用假设开发法估价的效果如何，除了取决于估价人员对假设开发法本身的运用情况以外，还要求有一个良好的社会经济环境，良好的社会经济环境包括以下几项：

(1)要有一套统一、严谨及健全的房地产法规。如城市规划、房地产管理、土地使用权出让等法规。

(2)要有一个明朗、稳定及长远的房地产政策。如产业结构调整、增加财政支出等政策的变化都会使房地产市场的供需发生变化。

(3)要有一个长远、公开的土地供应计划。土地供应的计划，将直接影响房地产市场中土地的供给数量，进而对市场价格产生影响。

(4)要有一个全面、连续及开放的房地产信息资料库。房地产信息资料库的作用是方便估价人员能够检索到类似房地产的交易价格、建设成本等信息，并根据其变化趋势，估算估价对象的交易价格和建设成本。

(5)要有一个清晰、全面的有关房地产开发建设和交易的税费清单或目录。有关房地产开发建设和交易方面的税费计征标准、计税基础都影响到房地产的价格。

四、最佳开发经营方式的选取

最佳开发经营方式是指待开发房地产开发完成后销售或经营时能获得最高收益的方式。

通过对估价对象的现状及规划前景、开发投资市场前景等因素的分析，确定最佳开发经营方式。最佳开发经营方式包括确定用途、建筑容积率、土地覆盖率、建筑式样、规模、档次等方面。这些内容的确定都要在城市规划允许的范围内进行，也就是说在这个许可范围内选择开发经营的最佳方式。

选择最佳的开发经营方式，最重要的是要选择最佳的用途。最佳用途的选择，要考虑土地位置的可接受性及这种用途的现实社会需要程度和未来发展趋势，或者说，要分析当地市场的接受能力，究竟市场在项目建成后最需要什么类型的房地产。如某成片土地城市规划规定的用途为住宅用地，但在实际估价时究竟应选择何种形式的开发方式为最佳，是高密度住宅、低密度住宅还是高级别墅？这就要求房地产估价人员对房地产市场现状与需求和购买力等进行调研，最后确定一个最佳的房地产开发经营方式。

五、假设开发法的估价步骤

运用假设开发法进行房地产价格评估一般分为：调查待开发房地产的基本情况；选择最佳的开发经营方式；估算开发经营期；预测开发完成后的房地产价值；估算各项成本费用及利息；求取待开发房地产的价值六个步骤进行。

第二节　假设开发法的计算公式

一、假设开发法最基本的公式

根据假设开发法的基本原理，其最基本的公式为：

待开发房地产价值＝开发完成后的价值－开发成本－管理费用－投资利息－销售税费－开发利润－购买待开发房地产应负担的税费

运用上述公式估价时，要注意把握两个内容：一是要把握待开发房地产的状况和开发完成后的房地产状况；二是要把握开发完成后的房地产经营方式。待开发房地产的状况有土地(又可分为生地、毛地、熟地)、在建工程和旧房等；开发完成后的房地产状况，有熟地和新房(又可分为毛坯房、粗装修房、精装修房)等；开发完成后的房地产经营方式有出售(含预售)、出租和营业等。

二、假设开发法具体细化的公式

按照估价对象状况和开发完成后的房地产状况的不同，可以将假设开发法最基本的公式细化如下。

(1)将生地开发为熟地的公式。

生地价值＝开发完成后的熟地价值－由生地开发为熟地的成本－管理费用－投资利息－销售税费－开发利润－购买生地应负担的税费

(2)将生地开发为房地租售的公式。

生地价值＝开发完成后的房地价值－由生地开发为房地的成本－管理费用－投资利息－销售税费－开发利润－购买生地应负担的税费

(3)将毛地开发为熟地的公式。

毛地价值＝开发完成后的熟地价值－由毛地开发为熟地的成本－管理费用－投资利息－销售税费－开发利润－购买毛地应负担的税费

(4)将毛地开发为房地租售的公式。

毛地价值＝开发完成后的房地价值－由毛地开发为房地的成本－管理费用－投资利息－销售税费－开发利润－购买毛地应负担的税费

(5)将熟地开发为房地租售的公式。

熟地价值＝开发完成后的房地价值－由熟地开发为房地的成本－管理费用－投资利息－销售税费－开发利润－购买熟地应负担的税费

(6)将在建工程续建为房地租售的公式。

在建工程价值＝续建完成后的房地价值－续建成本－管理费用－投资利息－销售税费－续建利润－购买在建工程应负担的税费

(7)将旧房重新装饰装修改造或改变用途成新房租售的公式。

旧房价值＝装饰装修改造或改变用途后的价值－装饰装修改造或改变用途的成本－管理费用－投资利息－销售税费－装饰装修改造利润－取得旧房的税费

第三节　假设开发法的估价方法

运用假设开发法评估待开发房地产的价值，具体有静态分析法和动态分析法两种估价方法。

一、静态分析法

静态分析法对开发完成后的房地产价值、开发成本、管理费用、销售税费等的估算主要是根据价值时点的房地产市场状况做出的，它们基本上是静止的数额，即不考虑各项支出与收入发生时间不同而直接相加减，但要计算利息。计息期通常到开发完成时止，既不考虑预售，也不考虑延迟销售。在计息方法中，投资利息和开发利润单独显现出来。

【例 7-1】 需要评估某成片生地的现时价格。已知该成片生地的面积为 2 平方公里，适宜开发成熟地后分块转让，可转让面积比率为 60%；市场调查分析获知，该类土地的小块熟地转让价为 1 000 元/m^2；将生地开发成熟地的周期为 2 年，开发成本和管理费等为 2.5 亿元/平方公里，其中的 60%在第一年均匀投入，40%在第二年均匀投入，贷款利率为 10%，投资利润率为 15%；当地土地转让中买卖双方要缴纳的税费分别为转让价格的 2.0%和 3.5%。试评估该成片生地的现时总价与可转让土地单价。

【解】 (1)确定运用的公式。

生地价值＝开发完成后的熟地价值－由生地开发为熟地的成本－管理费用－投资利息－销售税费－开发利润－购买生地应负担的税费

(2)计算公式中各个项目。

1)开发完成后的熟地价值＝1 000×2 000 000×60%＝12(亿元)

2)由生地开发为熟地的成本和管理费＝2.5×2＝5(亿元)

3)投资利息＝(地价格＋地价格×2.0%)×[$(1+10\%)^2-1$]

＋土地开发成本及管理费×60%×[$(1+10\%)^{1.5}-1$]

＋土地开发成本及管理费×40%×[$(1+10\%)^{0.5}-1$]

＝0.214×生地价格＋0.559(亿元)

4)销售税费＝开发完成后的熟地价值×3.5%＝0.42(亿元)

5)开发利润＝(生地价格＋生地价格×2.0%＋土地开发成本及管理费)×15%

＝0.153×生地价格＋0.75(亿元)

6)购买生地应负担的税费＝生地价格×2.0%＝0.02×生地价格

(3)将各项目数值代入公式，即：

生地价格＝12－5－(0.214×生地价格＋0.559)－0.42－(0.153×生地价格＋0.75)－0.02×生地价格

求得生地价格＝3.77(亿元)

生地单价＝314.17(元/m^2)

二、动态分析法

动态分析法对开发完成后的房地产价格、开发成本、管理费用等的估算是模拟开发过程，预测它们在未来发生的时间及发生的数额，并将它们折算到价值时点后再相加减。动态分析法在投资项目评估中通常要求折现率既包含作为安全收益的利息率，又包含作为风险收益的利润率部分，在估价中也可将利润单独显现出来。当同类房地产估价采用不同的处理方式时，它们的折现率的大小是不同的，利润单独显现的折现率小于其隐含在折现过程中的折现率。当开发利润单独显现时，还应减去开发利润得到待开发房地产价值。

【例 7-2】 某房地产公司打算参与一商业、居住综合熟地的投标，该土地总面积 20 000 m^2，建筑容积率为 2.5，土地出让时间为 2015 年 5 月，使用年限为 50 年。初步计划建造 6 000 m^2 的商场，其余为住宅。预计开发期为 3 年，包括建筑安装、勘察设计、前期工程和管理等的开发建设费用预计为每平方米 2 200 元；估计在未来的开发期内第一年均匀投入 20%的开发费用，第二年均匀投入 50%的开发费用，第三年均匀投入 30%的开发费用。根据市场调查分析，估计商场部分在建成后可全部售出，居住部分在建成后售出 30%、半年后可再售出 50%、其余部分 20%需一年后才能售出，商场部分在出售时的平均价格为每平方米建筑面积 7 500 元，居住部分为 5 000 元。广告宣传和销售代理费预计为售价的 3%，营业税、交易手续费等为售价的 6%，得到该土地还需按取得价款的 3%交纳有关税费。折现率选取 14%，试估算该块土地于 2015 年 5 月出让时的正常购买价格(土地总价及楼面地价)。

【解】 (1)确定运用的公式。

熟地价值＝开发完成后的房地价值－由熟地开发为房地的成本－管理费用－销售税费－购买熟地应负担的税费

由于采用动态分析法，故本公式中无投资利息和开发利润两项目。

(2)计算公式中各个项目。

总建筑面积＝20 000×2.5＝50 000(m^2)

居住部分建筑面积＝50 000－6 000＝44 000(m^2)

1)开发完成后的房地价值

$$=\frac{7\ 500\times 6\ 000}{(1+14\%)^{3}}+5\ 000\times 4\ 400\times\left[\frac{30\%}{(1+14\%)^{3}}+\frac{40\%}{(1+14\%)^{3.5}}+\frac{30\%}{(1+14\%)^{4}}\right]$$

＝17 051.19(万元)

2)由熟地开发为房地的成本及管理费用

$$=2\ 200\times 50\ 000\times\left[\frac{30\%}{(1+14\%)^{0.5}}+\frac{50\%}{(1+14\%)^{1.5}}+\frac{20\%}{(1+14\%)^{2.5}}\right]$$

＝8 957.32(万元)

3)广告费、代理费＝开发完成后的房地价值×3%＝511.54(万元)

4)销售税费＝开发完成后的房地价值×6%＝1 032.07(万元)

5)购买熟地应负担的税费＝熟地价格×3%＝0.03×熟地价格

(3)将各项目数值代入公式，即：

熟地价格＝17 051.19－8 957.32－511.54－1 032.07－0.03×熟地价格
＝6 359.47(万元)

楼面地价＝63 594 700/50 000＝1 271.894(万元)

从理论上讲，动态分析法测算的结果比较精确，但测算过程比较复杂；静态分析法测算的结果比较粗略，但测算过程相对简单。由于存在众多的未知因素和偶然因素，会使预测偏离实际，准确地预测是十分困难的。在实际估价中宜采用动态分析法，当难以采用折现方法时，可以采用静态分析法进行计算。

第四节　假设开发法中各项的求取

一、后续开发经营期

开发经营期的起点是(假设)取得估价对象(待开发房地产)的日期，即价值时点，终点是预计未来开发完成后的房地产经营结束的日期。开发经营期可分为开发期和经营期。

开发期可称为开发建设期、建设期，其起点与开发经营期的起点相同，终点是预计待开发房地产开发完成(竣工)的日期。对于在土地上进行房屋建设的情况来说，开发期又可分为前期和建造期。前期是从取得待开发土地到动工开发(开工)的这段时间；建造期是从动工开发到房屋竣工的这段时间。

经营期根据未来开发完成后的房地产的不同经营使用方式而可以具体化。未来开发完成后的房地产的经营使用方式，主要有销售(包括预售，下同)、出租、营业、自用。因此，经营期可以具体化为销售期(针对销售这种情况)和运营期(针对出租、营业、自用这些情况)。销售期是从开始销售已开发完成或未来开发完成的房地产到将其全部销售完毕的日期。销售未来开发完成的房地产，即预售。在有预售的情况下，销售期与开发期有重合。运营期的起点通常是待开发房地产开发完成(竣工)的日期，终点是开发完成后的房地产经济寿命结束的日期。

确定开发经营期的目的是把握开发成本、管理费用、销售费用、销售税费等发生的时间和数额，预测开发完成后的房地产售价或租金，以及各项收入和支出的折现或计算投资利息等。

确定开发经营期的方法可采用类似于市场法的方法，即根据同一地区、相同类型、同等规模的类似开发项目已有的正常开发经营期来估计。

开发期一般能较准确地估计。但在现实中因某些特殊因素的影响，可能使开发期延长。例如，房屋拆迁或土地征用中遇到“钉子户”，基础开挖过程中发现重要的文物，原计划筹措的资金不能按时到位，某些建筑材料、设备不能按时供货，或者劳资纠纷，遭遇恶劣气候，以及政治经济形势发生突变等一系列因素，都可能导致工程停工，使开发期延长。由于开发期延长，开发商一方面要承担更多的投资利息；另一方面要承担总费用上涨的风险。但这类特殊的非正常因素在估计开发期时一般不考虑。经营期、特别是销售期，通常是难以准确估计的，在估计时应考虑未来房地产市场的景气状况。

二、开发完成后的房地产价值

开发完成后的房地产价值，是指开发完成时的房地产状况的市场价值。该市场价值所对应的日期，通常也是开发完成时的日期，而不是在购买待开发房地产时或开发期间的某个日期(但在市场较好时考虑预售和市场不好时考虑延期租售例外)。

开发完成后的房地产价值一般是通过预测来求取。对于销售的房地产，通常是采用市场法，并考虑类似房地产价格的未来变动趋势，或采用市场法与长期趋势法相结合，即根据类似房地产过去和现在的价格及其未来可能的变化趋势来推测。比较的单位通常是单价而非总价(同市场法中建立价格可比基础的要求)。如假设现在 2014 年 8 月，有一宗房地产开发用地，用途为兴建商品住宅，开发期为 1.5 年(或 18 个月)，如果要推测该商品住宅在 2016 年 2 月建成时的价格，则可以通过收集当地该类商品住宅过去若干年和现在的价格资料以及未来可能的变化趋势来推测确定。

对于出租和营业的房地产，如写字楼、商店、旅馆、餐馆，预测其开发完成后的价值，可以先预测其租赁或经营收益，再采用收益法将该收益转换为价值。

三、后续开发的必要支出及应得利润

后续必要支出及应得利润，是将待开发房地产状况“变成”开发完成后的房地产状况所必须付出的各项成本、费用、税金及应当获得的利润，具体包括取得待开发房地产的税费（以下简称取得税费）以及后续的开发成本、管理费用、销售费用、投资利息、销售税费和开发利润。这些是假设开发法测算中都应当减去的项目，统称为“扣除项目”。它们的估算方法与成本法中的相同（见本书第六章第二节“房地产价格构成”），但要注意两点区别：①它们本质上应是预测的扣除项目在未来发生时的值，而不是在价值时点时的值；②它们是在取得待开发房地产之后到把待开发房地产开发完成的必要支出及应得利润，而不包括在取得待开发房地产之前所发生的支出及应得的利润。取得税费是假定在价值时点购置待开发房地产，此时应由购置者（买方）缴纳的有关税费，如契税、印花税、交易手续费等。该项税费通常是根据税法及中央和地方政府的有关规定，按照待开发房地产价值的一定比例来测算。

后续的开发成本、管理费用、销售费用等必要支出的多少，要与开发完成后的房地产状况相对应。相同的待开发房地产，开发完成后的房地产为毛坯房的后续必要支出，要少于为粗装修房的后续必要支出；粗装修房的后续必要支出，要少于精装修房的后续必要支出。特别是开发完成后的房地产为“以房地产为主的整体资产”的，后续必要支出通常还应包括家具设备等房地产以外财产的购置费等支出。

投资利息和开发利润只有在传统方法中才需要测算。在测算投资利息时要把握应计息项目、计息周期、计息期、计息方式和利率。其中，应计息项目包括：①未知的需要求取的待开发房地产的价值；②取得待开发房地产的税费；③后续的开发成本、管理费用和销售费用。销售税费一般不计算利息。一项费用的计息期的起点是该项费用发生的时点，终点通常是建设期的终点，一般不考虑预售和延迟销售的情况。另外，值得注意的是，未知的需要求取的待开发房地产的价值是假设在价值时点一次性付清，因此其计息的起点是价值时点。

后续的开发成本、管理费用、销售费用通常不是集中在一个时点发生，而是分散在一段时间内（如开发期间或建造期间）不断发生，但计息时通常将其假设为在所发生的时间段内均匀发生，并具体视为集中发生在该时间段的期中。发生的时间段通常按年来划分，精确的测算要求按半年、季或月来划分。

在测算开发利润时要注意在成本法中已讲过的，利润率有直接成本利润率、投资利润率、成本利润率和销售利润率，它们的内涵及所对应的计算基数不同，测算时要相互匹配。另外，要注意利润率是总利润率还是年利润率。

四、折现率

折现率是在采用现金流量折现法时需要确定的一个重要参数，与报酬资本化法中的报酬率的性质和求取方法相同，具体应等同于同一市场上类似房地产开发项目所要求的平均报酬率，它体现了资金的利率和开发利润率两部分。

第五节　假设开发法应用举例

【例 7-3】 单纯的地价评估

某房地产为一块“七通一平”的待建筑空地，土地总面积为 10 000 m^2，且土地形状规则，允许用途为商业居住混合，允许容积率为 7，允许覆盖率≤50%，土地使用年限为 50 年，出售时间为 2014 年 10 月。需要估价出该块土地 2014 年 10 月出售时的购买价格。

【解】

(1)选择估价方法：该块土地为待建筑土地，适合用假设开发法进行估价。

(2)选择最佳开发利用方式：

通过调查研究得知这块土地最佳的开发利用方式如下：用途为商业居住混合；建筑容积率为 7；建筑覆盖率≤50%；建筑总面积为 70 000 m^2；建筑层数为 14 层；各层建筑面积均为 5 000 m^2；地上 1～2 层为商店，建筑面积为 10 000 m^2；地上 3～14 层为住宅，建筑面积为 60 000 m^2。

(3)预计建设期：预计 3 年时间才能建造完成，即 2017 年 10 月完成。

(4)预计出售楼价：估计建造完成后，其中的商业楼即可全部售出；住宅楼的 30%在建造完成后即可售出，50%半年后才能售出，其余 20%一年后才能售出。预计商业楼出售当时的平均售价按建筑面积计算为每平方米 4 500 元，住宅楼出售当时的平均售价按建筑面积计算为每平方米 2 500 元。

(5)估计开发费以及开发商利润：估计总建筑费为 5 000 万元；专业费用为建筑费的 8%；年利息率为 15%；销售费用为楼价的 3%；税费为楼价的 6%，即建成出售时所需由卖方承担的那部分营业税、印花税、交易手续费等，其他类型的税费已考虑在建筑费之中；投资利润为 25%。

在未来 3 年的建设期内，开发费用的投入情况如下：第一年需投入 20%的建筑费及相应的专业费用；第二年需投入 50%的建筑费及相应的专业费用；第三年投入余下的 30%的建筑费及相应的专业费用。

(6)求取地价：采用静态分析法和动态分析法计算出的总地价有较大的差别，一般认为动态分析法更为精确。因此，本案例以动态分析法估算地价，同时兼顾到静态分析法计算以及估价经验最终确定总地价。

计算的基准时间为该块土地的出售时间，即2014年10月，年贴现率选取为15%。

1)总楼价

$$总楼价=\frac{4\ 500\times10\ 000}{(1+15\%)^3}+\frac{2\ 500\times6\ 000}{(1+15\%)^3}\times\left[\frac{30\%}{(1+15\%)^0}+\frac{50\%}{(1+15\%)^{0.5}}+\frac{20\%}{(1+15\%)^1}\right]$$

$$=12\ 230(万元)$$

2)总建筑费

各年建筑费的投入实际上是覆盖全年的，但为贴现计算的方便，假设各年建筑费的投入是集中在各年的年中。这样，在计算总建筑费时，贴现年数分别为0.5、1.5和2.5。

$$总建筑费=\frac{5\ 000\times20\%}{(1+15\%)^{0.5}}+\frac{5\ 000\times50\%}{(1+15\%)^{1.5}}+\frac{5\ 000\times30\%}{(1+15\%)^{2.5}}$$

$$=4\ 017(万元)$$

3)总专业费用=总建筑费×8%=4 017×8%=321(万元)

由于计算总地价、总建筑费、总专业费用时采用动态方式，其中均已考虑了时间因素，实际上均已含利息，所以不再需要单独计算总利息。

4)总销售费用=总楼价×3%=12 230×3%=367(万元)

5)总税费=总楼价×6%=12 230×6%=734(万元)

6)总利润=(总地价+总建筑费+总专业费用)×利润率

=(总地价+4 017+321)×25%

将上述参数代入假设开发法公式中，即

总地价=12 230−4 017−321−367−734−(总地价×0.25+1 085)

总地价=(12 230−4 017−321−367−734−1 085)/(1+0.25)=4 565(万元)

采用动态分析法计算出的总地价为4 565万元，考虑到采用静态分析法计算的结果偏高，并参考估价经验，将总地价定为4 800万元。

(7)结论：

对于待建筑土地的估价，通常要给出三种价格形势，即总地价、单位地价和楼面地价。这样，该块土地2008年10月出售时的购买价格最终评估结果如下：

总地价为：4 800万元

单位地价为：4 800元/m^2

楼面地价为：685.7元/m^2

【例7-4】 旧有房地产价格评估

某旧厂房的建筑面积为5 000 m^2。根据其所在地点和周围环境，适宜装修改造成商场出售，并可获得政府批准，但需补交土地使用权出让金等每平方米400元(按建筑面积计)，同时取得40年的土地使用权。预计装修改造期为1年，装修改造费为每平方米建筑面积1 000元；装修改造完成后即可全部售出，售价为每平方米建筑面积4 000元；销售费用和销售税费为售价的 8%；购买该旧厂房买方需要缴纳的税费为其价格的 4%。试利用上述资料用现金流量折现法测算该旧厂房的正常购买总价和单价(折现率为 12%)。

【解】 设该旧厂房的正常购买总价为 V。

$$装修改造后的总价值=\frac{4\,000\times5\,000}{(1+12\%)}=1\,785.71(万元)$$

$$装修改造后总费用=\frac{1\,000\times5\,000}{(1+12\%)^{0.5}}=472.46(万元)$$

销售费用总额 $=1\,785.71\times8\%=142.86$(万元)

购买该旧厂房的税费总额 $=V\times4\%=0.04V$(万元)

需补交土地使用权出让金等的总额 $=400\times5\,000=200$(万元)

$$V=1\,785.71-472.46-142.86-0.04V-200$$

$$V=933.07(万元)$$

故：

$$旧厂房总价=933.07(万元)$$

$$旧厂房单价=1\,866.13(万元)$$

【例 7-5】 在建工程价格评估

某在建工程开工于 2014 年 3 月 1 日，总用地面积 3 000 m^2，规划总建筑面积 12 400 m^2，用途为写字楼。土地使用年限为 50 年，从开工之日起计；当时取得土地的花费为楼面地价每平方米 800 元。该项目的正常开发期为 2.5 年，建设费用(包括前期工程费、建筑安装工程费、管理费等)为每平方米建筑面积 2 300 元。至 2015 年 9 月 1 日实际完成了主体结构，已投入 50%的建设费用。但估计至建成尚需 1.5 年，还需投入 60%的建设费用。建成后半年可租出，可出租面积的月租金为每平方米 60 元，可出租面积为建筑面积的 70%，正常出租率为 85%，出租的运营费用为有效毛收入的 25%。当地购买在建工程买方需要缴纳的税费为购买价的 3%，同类房地产开发项目的销售费用和销售税费为售价的 8%。试利用上述资料用现金流量折现法测算该在建工程 2015 年 9 月 1 日的正常购买总价和按规划建筑面积折算的单价(报酬率为 9%，折现率为 13%)。

【解】 设该在建工程的正常购买总价为 V。

(1)续建完成后的总价值 $V=\frac{A}{r}\times\left[1-\frac{1}{(1+r)^n}\right]\times\frac{1}{(1+r_d)^t}$

上式中，r_d 表示折现率，t 表示需要折现的年数，其他符号的含义同收益法。故续建完成后的总价值计算如下：

$$续建完成后的总价值=\frac{60\times12\times12\,400\times0.7\times85\%\times(1-25\%)}{9\%}\times\left[1-\frac{1}{(1+9\%)^{50-3.5}}\right]$$

$$\times\frac{1}{(1+13\%)^2}$$

$$=3\,403.80(万元)$$

(2)续建总费用$=\dfrac{2\ 300\times 12\ 400\times 60\%}{(1+13)^{0.75}}=1\ 561.32$(万元)

(3)销售费用和销售税费总额$=3\ 403.80\times 8\%=272.30$(万元)

(4)购买该在建工程的税费总额$=V\times 3\%=0.03V$(万元)

(5)$V=3\ 403.80-1\ 561.32-272.30-0.03V$

$V=1\ 524.45$(万元)

故：

在建工程总价＝1 524.45(万元)

在建工程单价＝1 524.45/1.24＝1 229.39(元/m²)

【例 7-6】 开发商预期利润的估算

某开发商已经取得某宗地 70 年土地使用权，该宗地为“七通一平”空地，面积 2 000 m²，土地价格为 600 万元，取得土地使用权过程中所支付的法律费用、估价及登记等费用为地价的 2%。城市规划规定该地块用途为住宅，最大容积率为 4。估算开发商在该项目开发建设中的预期利润。

【解】 (1)选择估价方法。该宗地为待开发空地，适宜采用假设开发法估价。

(2)选择最佳开发利用方式。根据规划要求，该宗地最佳利用方式为修建住宅，容积率为 4。

(3)建设期及可行性研究。根据市场调查和项目可行性研究，该项工程在取得土地使用权后 3 个月即可动工，建筑时间为 2 年，建成后即可全部售出。根据目前的市场行情，住宅售价预计为每平方米3 000 元；建筑费和专业费预计为每平方米 1 000 元；在建筑期间的投入情况为：第一年投入 40%，第二年投入 60%；目前资金贷款年利率为 12%；房地产销售的税费为房地产总价的 6%。

(4)估算开发商预期利润。

1)房地产总价$=3\ 000\times 2\ 000\times 4=2\ 400$(万元)

2)建筑费及专业费$=1\ 000\times 2\ 000\times 4=800$(万元)

3)地价及法律、估价、登记等费用$=600\times(1+2\%)=612$(万元)

4)总利息$=612\times[(1+12\%)^{2.25}-1]+800\times 40\%\times[(1+12\%)^{1.5}-1]+800\times 60\%\times[(1+12\%)^{2.25}-1]$

$=265.03$(万元)

(地价计息期为 2 年 3 个月，即 2.25 年)

5)销售税费$=2\ 400\times 6\%=144$(万元)

6)开发商利润$=2\ 400-800-612-265.03-144=578.97$(万元)

利润占房地产总价的百分比$=578.97/2\ 400=24.12\%$

利润占开发总成本的百分比$=\dfrac{578.97}{800+612+265.03+144}=31.79\%$

由上述估算可知，该项目投资回报良好，项目可行。

本章小结

本章阐述了假设开发法的概念、理论依据、适用范围与操作步骤，介绍了假设开发法的计算公式、计算方法以及最佳开发经营方式的选取方法，分析了后续开发经营期、开发完成后的房地产价值、后续开发的必要支出及应得利润、折现率的求取方法，并示范了假设开发法估价的基本应用。

思考与练习

一、单项选择题

1. 假设开发法中，开发完成后的房地产价值所对应的时间通常是(　　)。

A. 开发结束时的时间　　B. 购买待开发房地产时的时间

C. 开发期间的某个时间　　D. 全部租售出去时的时间

2. 现有一宗规划用途为商住综合的城市土地，采用假设开发法估价，假设按纯商业用途的估算结果为 800 万元，按纯居住用途的估价结果为 1 000 万元。该宗土地的评估价值为(　　)万元。

A. 800　　B. 1 000　　C. 1 800　　D. 800～1 000

3. 当较为精确地应用假设开发法时，应考虑(　　)。

A. 通货膨胀影响　　B. 投资利息影响

C. 资金时间影响　　D. 投资风险补偿

4. 对于出售的房地产，采用假设开发法估算开发完成后的房地产价值时，根据待估宗地的最佳开发经营方式和当地房地产市场现状及未来变化趋势，可以采用(　　)和长期趋势法相结合进行估算。

A. 比较法　　B. 收益法　　C. 成本法　　D. 路线价法

5. 某在建工程项目计划建混合结构仓库 2 000 m^2，总预算为 400 万元，估价时，建筑工程中的基础工程已完成，结构工程完成 50%，设备安装工程尚未进行。另据调查得知，基础工程、结构工程和设备安装工程的造价占整个建筑工程造价的比重分别是 15%、60%、25%，该在建工程在价值时点的完工程度是(　　)。

A. 30%　　B. 45%　　C. 65%　　D. 75%

6. 假设开发法是以(　　)为理论依据的。

A. 收益递增原理　　B. 均衡原理

C. 预期原理　　D. 未来趋势原理

7. 假设开发法中开发经营期的起点是取得估价对象的时间，即(　　)。

A. 价值时点　　B. 待开发项目开工之日

C. 待开发项目取得土地使用权之日　　D. 待开发项目开始销售之日

8. 评估某宗房地产用地2008年10月16日的价值，要将在未来发生的支出和收入都折算到2008年10月16日。如果预测该宗土地2011年10月15日开发完成后的房价为3 000万元，折现率为12%，则需将这3 000万元折现到2008年10月16日，即在2008年10月16日的房价实际为(　　)万元。

A. 2 526　　B. 2 241　　C. 2 135　　D. 2 985

二、多项选择题

1. 假设开发法中，按传统方法需要计算利息的项目有(　　)。

A. 待开发房地产的价值

B. 开发成本和管理费用

C. 销售税费

D. 投资者购买待开发房地产应负担的税费

E. 开发利润

2. 下列表述中，正确的有(　　)。

A. 开发经营期可分为开发期和经营期

B. 开发期又可称为建设期，对于在土地上进行房屋建设的情况来说，又可分为前期和建造期

C. 开发期的终点是预计待开发房地产开发完成的日期，起点与开发经营期的起点相同

D. 经营期可具体化为销售期和出售期

E. 在有租赁的情况下，租售期通常到开发完成的日期

3. 下列可以作为假设开发法的适用对象的有(　　)。

A. 待开发的土地

B. 在建工程

C. 有收益或有潜在收益的房地产

D. 可装修改造或可以改变用途的房地产

E. 既无收益又很少发生交易的房地产

4. 考虑资金的时间价值可以采用的方式有(　　)。

A. 动态分析法　　B. 未来收益贴现法

C. 计算利息的方式　　D. 计算净现金流的方式

E. 平均增减量法

5. 假设开发法在正确地计算投资利息时，要注意把握(　　)。

A. 应计息的项目　　B. 计息的方式

C. 计息周期　　D. 计息期的长短

E. 银行存款利率

三、判断题

1. 假设开发法是一种科学实用的估价方法，其基本理论依据与比较法相同，是替代原理。(　　)

2. 成本法与假设开发法的主要区别是：成本法中的地价为已知，要求的是开发完成后的房地产价格；假设开发法中开发完成后的房地产价格已事先通过预测得到，需要求取的是土地价格。(　　)

3. 假设开发法适用于具有投资开发或再开发潜力的房地产估价，如待开发的土地、在建工程、旧房、现房、期房等。(　　)

4. 在选择最佳的开发经营方式中，最重要的是要选择最佳规模。(　　)

5. 运用假设开发法最基本的公式估价，一是要把握待开发房地产在投资开发前的状况；二是要把握投资开发后的房地产经营方式。(　　)

四、简答题

1. 什么是假设开发法，假设开发法的理论依据是什么？

2. 假设开发法适用于哪些估价对象？

3. 假设开发法中的静态分析法与动态分析法的主要区别有哪些？

4. 如何求取开发完成后的房地产价值？

5. 假设开发法估价的操作步骤是什么？

五、计算题

1. 某开发商拟购入200亩土地，规划允许建筑面积40万m^2，单位建筑面积的建造成本为1 050元/m^2，专业费用为建造成本的6%，区内设施配套预计为建造成本的15%，销售税费为销售收入的5%，年利息率为12%，开发商的投资利润率为30%，预计单位建筑面积楼价为3 000元/m^2。试用静态分析法求开发商能承受的地价(总开发时间为4年，开发成本均匀投入)。

2. 2015年11月，某开发商想投标某城市计划于2015年12月底出让的一宗“五通一平”商住用地土地使用权；该宗土地总面积为286.56亩，土地使用权年限为50年，规划容积率为3.60，适宜开发为某种类型的商住楼盘，其中商铺面积不超过建筑总面积的10%。该开发商计划取得该土地后，分两期对该地块进行开发。

第一期开发的土地面积为总土地面积的45%，设计容积率为3.8，商住楼盘面积为该期建筑总面积的15%；建造该类商住楼盘的开发期为2年，建筑安装工程费用为每平方米建筑面积1 060元，基础设施配套费用为建筑安装费用的5%，勘察设计等专业费用及管理费用等为建筑安装工程费用的12%，第一年需要投入上述费用的55%，第二年需要投入余下的45%；该开发期内，楼盘的销售广告宣传费等费用为其售价的4%，房地产交易中卖方需缴纳的营业税等为交易价格的5%，买方需缴纳的契税等为交易价格的2.5%；预计在开工一年时可售出其住宅的40%和商铺的20%，售出时住宅平均价格为每平方米建筑面积3 600元，商铺平均价格为每平方米14 200元；余下商住楼盘在建成时全部售出，售出时住宅平均价格为每平方米建筑面积3 900元，商铺平均价格为每平方米15 600元。

第二期开发余下的土地，开发期为1.5年，建筑安装工程费用为每平方米建筑面积1 180元，基础设施配套费用为建筑安装费用的4%，勘察设计等专业费用及管理费用等为建筑安装工程费用的12%；第一年需要投入上述费用的70%，余下的费用一年之后投入；该开发期内，楼盘的销售广告宣传费等费用为其售价的3%，房地产交易中卖方需缴纳的营业税等为交易价格的5.5%，买方需缴纳的契税等为交易价格的2.75%；预计该期商住楼盘在开工半年时可售出其住宅的20%和商铺10%，售出时住宅平均价格为每平方米建筑面积4 100元，商铺平均价格为每平方米15 800元；预计该期商住楼盘在开工一年时可售出其住宅的70%和商铺40%，售出时住宅平均价格为每平方米建筑面积4 500元，商铺平均价格为每平方米17 600元；建成时全部售出，售出时住宅平均价格为每平方米建筑面积4 900元，商铺平均价格为每平方米19 800元。

试利用所给资料分别用动态分析法和静态分析法帮助该开发商估算该宗土地2015年12月底的总价、单价及楼面地价(假设开发费用在开发期入均匀投入，折现率为18%，银行贷款年利率为9.0%，投资商要求的投资利润率为30%)。

综合实训

1. 分组收集当地现时房屋开发成本、销售税金等数据。
2. 就近以一宗在建工程项目为估价对象，进行模拟评估。

第八章　长期趋势法

知识目标

1. 熟悉长期趋势法的含义；
2. 了解长期趋势法的理论依据、适用的估价对象；
3. 了解长期趋势法估价需要具备的条件和估价的操作步骤；
4. 熟悉数学曲线拟合法、平均增减量法、平均发展速度法；
5. 了解移动平均法、指数修匀法；
6. 掌握长期趋势法的作用。

能力目标

1. 能够运用长期趋势法推测、判断房地产的未来价格；
2. 能够解决与房地产价格相关的实际问题。

第一节　长期趋势法的基本原理

一、长期趋势法的含义

长期趋势法是运用预测科学的有关理论和方法，特别是时间序列分析和回归分析来推测、判断房地产未来价格的方法。所谓预测，就是由已知的过去和现在预先推测未知的未来。

二、长期趋势法的理论依据

长期趋势法的理论依据是事物的过去和未来是有联系的，事物的现实是其历史发展的结果，而事物的未来又是现实的延伸。就房地产价格而言，房地产价格是波动的，在短期内一般难以看出其变动规律和发展趋势，但从长期来看却会呈现出一定的变动规律和发展趋势。因此，当需要估价某宗或某类房地产的未来价格时，可以收集该宗或该类房地产过去和现在较长一段时间的历史价格资料，并按照时间的变化而变动的过程、方向、程度和趋势，然后进行外延或类推，这样，就可以做出对该宗或该类房地产的未来价格比较肯定的推测和科学的判断，即估价出了该宗或该类房地产的未来价格。

三、长期趋势法适用的估价对象

长期趋势法是根据房地产价格在过去和现在较长时期内形成的变动规律做出判断，借助历史统计资料和现实调查资料来推测未来，通过对这些资料的统计、分析得出一定的变动规律，并假定过去形成的趋势在未来继续存在。因此，长期趋势法适用的估价对象是价格无明显季节波动的房地产。

四、长期趋势法估价需要具备的条件

长期趋势法估价需要具备的条件是拥有估价对象或类似房地产过去和现在较长时期的历史价格资料，并且要求所拥有的历史价格资料真实。拥有越长时期、越真实的历史价格资料，做出的推测、判断就会越准确、可信，因为长期趋势可以消除房地产价格的短期波动和意外变动等不规则变动。

五、长期趋势法的作用

长期趋势法主要用于推测、判断房地产的未来价格，除用于假设开发法中预测开发完成后的价值外，还有以下作用：

(1)用于收益法中预测未来的租金、经营收入、运营费用、空置率或净收益等。

(2)用于市场法中对可比实例的成交价格进行市场状况调整。

(3)用于比较、分析两宗或两类以上房地产价格的发展趋势或潜力。

(4)用于填补某些房地产历史价格资料的缺乏。

六、长期趋势法估价的操作步骤

运用长期趋势法估价，一般可分为以下四个步骤：

(1)收集估价对象和类似房地产的历史价格资料，并进行检查、鉴别，以保证其真实性。

(2)整理上述收集到的历史价格资料，将其化为同一标准(如为单价，土地还有楼面地价。化为同一标准的方法与比较法中“建立比较基准”的方法相同)，并按照时间的先后顺序将它们编排成时间序列，画出时间序列图。

(3)观察、分析这个时间序列，根据其特性选择适当、具体的长期趋势法，找出估价对象的价格随着时间的变化而出现的变动规律，得出一定的模式(或数学模型)。

(4)以此模式去推断估价对象在未来某个时间的价格。

长期趋势法主要有数学曲线拟合法、平均增减量法、平均发展速度法、移动平均法和指数修匀法。下面将分节进行介绍。

第二节　数学曲线拟合法

数学曲线拟合法主要有直线趋势法、指数曲线趋势法和二次抛物线趋势法。直线趋势法是其中最简单、最常用的一种计算方法；指数曲线趋势法和二次抛物线趋势法均是运用数学方法转化成直线趋势法来进行操作的，故在此只介绍直线趋势法。

运用直线趋势法预测，估价对象或类似房地产的历史价格的时间序列散点图，应表现出明显的直线趋势。房地产价格与时间的关系用方程式可表示为：

$$Y=a+bX$$

式中，Y 表示各期的房地产价格，X 表示时间，则 X 为自变量，Y 为因变量，Y 依 X 而变。a、b 为未知参数，如果确定了它们的值，直线的位置也就确定了。a、b 的值通常采用最小二乘法来确定。根据最小二乘法求得的 a、b 的值如下：

$$a=\frac{\sum Y-b\sum X}{n}$$

$$b=\frac{n\sum XY-\sum X\sum Y}{n\sum X^2-\left(\sum X\right)^2}$$

式中，n 为时间序列的项数；$\sum X$、$\sum X^2$、$\sum Y$、$\sum XY$ 的值可以从时间序列的实际值中求得。

为了计算方便，可以使 $\sum X=0$，此时，

$$a=\frac{\sum Y}{n}$$

$$b=\frac{\sum XY}{\sum X^2}$$

其方法是：当时间序列的项数为奇数时，设中间项的 $X=0$，中间项之前的项依次设为 -1、-2、-3、…，中间项之后的项依次设为 1、2、3、…；当时间序列的项数为偶数时，以中间两项相对称，前者依次设为 -1、-3、-5、…，后者依次设为 1、3、5、…。

【例 8-1】 某城市该类房地产 2014 年 1 月～9 月的价格见表 8-1 第 2 列，试预测该类房地产 2014 年 10 月和 11 月的价格。

表 8-1　某类房地产 2014 年 1～9 月的价格　　　元/m^2

月份	房地产价格 Y	X	XY	X^2	趋势值($a+bX$)
1	2 200	−4	−8 800	16	1 988.22
2	2 400	−3	−7 200	9	2 367.22
3	2 700	−2	−5 400	4	2 752.22
4	3 000	−1	−3 000	1	3 137.22
5	3 400	0	0	0	3 522.22
6	3 800	1	3 800	1	3 907.22
7	4 200	2	8 400	4	4 292.22
8	4 700	3	14 100	9	4 677.22
9	5 300	4	21 200	16	5 062.22
总计	31 700	0	23 100	60	

【解】 令 $\sum X=0$。已知 $n=9$ 为奇数，故设中间项的 $X=0$，则 X 的值见表 8-1 第 3 列。$\sum Y$、$\sum XY$、$\sum X^2$ 的计算分别见表 8-1 第 2、4、5 列。求取 a、b 如下：

$$a=\frac{\sum Y}{n}=\frac{31\ 700}{9}=3\ 522.22$$

$$b=\frac{\sum XY}{\sum X^2}=\frac{23\ 100}{60}=385.00$$

因此，描述该类房地产价格变动长期趋势线的方程为：

$$\begin{aligned}Y&=a+bX\\&=3\ 522.22+385.00X\end{aligned}$$

根据该方程计算的 1～9 月该类房地产价格的趋势值见表 8-1 第 6 列。

预测该类房地产 10 月的价格为：

$$\begin{aligned}Y&=a+bX\\&=3\ 522.22+385.00X\\&=3\ 522.22+385.00\times5\\&=5\ 447.22(\text{元}/\text{m}^2)\end{aligned}$$

预测该类房地产 11 月的价格为：

$$\begin{aligned}Y&=a+bX\\&=3\ 522.22+385.00X\\&=3\ 522.22+385.00\times6\\&=5\ 832.22(\text{元}/\text{m}^2)\end{aligned}$$

第三节　平均增减量法

如果房地产价格时间序列的逐期增减量大致相同，也就是时间序列显示出大致等差数列的特性，那么就可以采用最简便的平均增减量法进行预测。其计算公式如下：

$$V_i = P_0 + d \times i$$

$$d = \frac{(P_1 - P_0) + (P_2 - P_1) + \cdots + (P_n - P_{n-1})}{n}$$

$$= \frac{P_n - P_0}{n}$$

式中　V_i——第 i 期(可为年、半年、季、月等，下同)房地产价格的趋势值；

i——时期序数，$i=1$、2、…、n；

P_0——基期房地产价格的实际值；

d——逐期增减量的平均数；

P_i——第 i 期房地产价格的实际值。

【例 8-2】 已知某类房地产的平均价格 2010—2014 年的历史数据见表 8-2，请预测该类房地产 2015 年的平均价格。

表 8-2　2010—2014 年房地产平均价格

年份	实际价格/(元·m^{-2})	逐年变动额	房地产价格的趋势值
2010	6 770		
2011	6 880	110	6 882.5
2012	6 993	113	6 995.0
2013	7 107	114	7 107.5
2014	7 220	113	7 220.0

【解】 由表 8-2 可知该类房地产 2010—2014 年房地产平均价格逐年变动额大致相同。因此可以用平均增减量法。

该类房地产价格逐年变动额的平均数计算如下：

$$d = (110 + 113 + 114 + 113)/4 = 112.5(\text{元/m}^2)$$

据此预测该宗房地产 2015 年的价格为：

$$V_5 = P_0 + d \times i = 6\,770 + 112.5 \times 5 = 7\,332.5(\text{元/m}^2)$$

【例 8-3】 采用逐年上涨额的平均数计算的趋势值(表 8-2 第 4 列)，基本上都接近于实际值。但需要注意的是，如果逐期上涨额时起时伏，很不均匀，也就是说时间序列的变动幅度较大，则计算出的趋势值与实际值的偏离也随之增大，这就意味着运用这种方法预测的房地产价格的准确性随之降低。

运用平均增减量法进行预测的条件是，房地产价格的变动过程是持续上升或持续下降的，并且各期上升或下降的数额大致相同，否则就不宜采用这种方法。

一般来说，越接近价值时点的增减量对待估房地产价格影响越大，因此，如果对不同时期的房地产价格增减量赋予不同的权数，就更能使估价结果符合实际。

对于例 8-3 的逐年上涨额，可选用表 8-3 的几种权重予以加权。表 8-3 的权重是根据一般惯例进行假设的。

表 8-3　过去各期增减量的权重

年份	第一种权重	第二种权重	第三种权重
2011	0.1	0.1	0.1
2012	0.2	0.2	0.1
2013	0.3	0.2	0.2
2014	0.4	0.5	0.6

例 8-3 的逐年上涨额如果采用表 8-3 的第一种权重予以加权，则其逐年上涨额的加权平均数为：

$$d=110\times0.1+113\times0.2+114\times0.3+113\times0.4=113(\text{元/m}^2)$$

采用这个逐年上涨额的加权平均数预测该房地产 2015 年的价格为：

$$V_5=P_0+d\times i=6\ 770+113\times5=7\ 335(\text{元/m}^2)$$

第四节　平均发展速度法

当房地产价格时间序列的逐期发展速度大致相同时，可以采用平均发展速度法实行预测。其计算公式为：

$$V_i=P_0\times t^i$$

$$t=\sqrt[n]{\frac{P_1}{P_0}\times\frac{P_2}{P_1}\times\cdots\times\frac{P_i}{P_{i-1}}\times\cdots\times\frac{P_n}{P_{n-1}}}$$

$$=\sqrt[n]{\frac{P_n}{P_0}}$$

式中　t——平均发展速度。

【例 8-4】 需要预测某类房地产 2015 年的价格，已知该地区该类房地产 2010—2014 年的价格及其逐年上涨速度见表 8-4 中第 2、3 列。

表 8-4　某类房地产 2010—2014 年的价格

年份	实际价格/(元·m^{-2})	逐年上涨速度/%	房地产价格趋势值
2010	5 120		
2011	6 170	120.5	
2012	7 484	121.3	
2013	8 988	120.1	
2014	10 965	122.0	

【解】 从表 8-4 可知该类房地产逐年上涨速度大致相同，可用平均发展速度法。

该类房地产价格平均上涨速度：

$$t=\sqrt[4]{\frac{10\ 965}{5\ 120}}=121.0\%$$

即平均每年上涨 21%。据此，预测该类房地产 2015 年的价格为：

$$V_i=P_0\times t^i$$

$$V_5=5\ 120\times 1.21^5=13\ 279.96(\text{元}/\text{m}^2)$$

预测该类房地产 2016 年的价格为：

$$V_i=P_0\times t^i$$

$$V_5=5\ 120\times 1.21^6=16\ 068.75(\text{元}/\text{m}^2)$$

此题中，t 开的是 4 次方不是 5 次方，2010 年是第 0 期，2014 年是第 4 期，$n=2014-2010=4$，一定要搞清楚这一点，这是在计算中经常会出错的地方。

运用平均发展速度法进行预测的条件是：房地产价格的变动过程是持续上升或持续下降的，并且各期上升或下降的幅度大致相同，否则就不宜采用这种方法。

与平均增减量法类似，由于越接近所预测的价格对应的时间的发展速度对预测越重要，所以如果能用不同的权重对过去各期的发展速度予以加权后再计算其平均发展速度，就能使预测的价格更接近或符合实际。至于在预测时究竟应采用哪种权重予以加权，一般需要根据房地产价格的变动过程和趋势以及房地产估价师的经验来判断确定。

若是对逐年上涨速度按表 8-3 第三种权重取值的话，120.5%×0.1+121.3%×0.1+120.1%×0.2+122.0%×0.6=121.4%，则 $t=1.214$。

第五节　移动平均法

移动平均法是对原有价格按照时间序列进行修匀，即采用逐项递移的方法分别计算一系列移动的时序价格平均数，形成一个新的派生平均价格的时间序列，借以消除价格短期波动的影响，显现出价格变动的基本发展趋势。在运用移动平均法时，一般应按照房地产价格变化的周期长度进行移动平均。移动平均法有简单移动平均法和加权移动平均法。

一、简单移动平均法

简单移动平均法又叫算术移动平均法。其预测步骤如下：

(1)计算房地产时间序列的各期简单移动平均数。当移动周期 n 为奇数时，一次便得到趋势值；若 n 采用偶数项时，需再进行二次项移动平均。因采用偶数项移动平均法计算较复杂，通常采用奇数项移动平均。

(2)计算各移动平均值的逐期变动额 $\Delta \overline{P_i}$。

(3)计算最后一个移动平均值到预测值的累计变动额 $\sum(\Delta\bar{P})$，它等于最后一个逐期变动额 $\Delta \bar{P}_K$ 乘以最后一个移动平均值到预测值的间隔期 Δt，即 $\sum(\Delta\bar{P}) = \Delta\bar{P}_K \cdot \Delta t$。通常，当时间周期 n 为奇数项时，$\Delta t = \frac{1}{2}(n+1)$；当 n 为偶数项时，$\Delta t = \frac{n}{2}+1$ 。

(4)计算预测值。它等于最后一个移动平均值 $\bar{P}_K$ 加上它到预测值的累计增长量 $\sum(\Delta\bar{P})$，即：

$$\hat{P}_{t+1} = \bar{P}_K + \sum(\Delta\bar{P})$$

或

$$\hat{P}_{t+1} = \bar{P}_K + \Delta\bar{P}_K \cdot \Delta t$$

式中　$\hat{P}_{t+1}$——表示$(t+1)$期的预测值。

【例 8-5】 某类商品房 2014 年 1～12 月的价格见表 8-5，试计算 2015 年 1 月份该商品房的价格。

表 8-5　某类商品房 2014 年 1～12 月的价格　　元/m^2

月份	实际均价	(a)移动期为 3		(b)移动期为 5	
		平均值	变动额	平均值	变动额
1	2 110				
2	2 130	2 130.0			
3	2 180	2 180.0	50.0	2 166.0	
4	2 190	2 190.0	10.0	2 188.0	22.0
5	2 220	2 220.0	30.0	2 214.0	26.0
6	2 220	2 220.0	0.0	2 240.4	26.4
7	2 260	2 260.0	40.0	2 272.4	32.0

续表

月份	实际均价	(a)移动期为 3		(b)移动期为 5	
		平均值	变动额	平均值	变动额
8	2 312	2 312.0	52.0	2 307.6	35.2
9	2 350	2 350.0	38.0	2 347.6	40.0
10	2 396	2 396.0	46.0	2 383.0	35.4
11	2 420	2 420.0			
12	2 437				

【解】 由于各月份的价格受某些不确定因素影响，时高时低，变动较大，如果不予以分析则不易显现其发展趋势。如果把若干个月的价格加起来计算其移动平均数，建立一个移动平均数时间序列，就可以从平滑的发展趋势中明显地看出其发展变动的方向和程度，进而可以预测该类房地产未来价格。

根据表 8-5 的计算结果可以计算 2015 年 1 月份该商品房的价格。

在计算移动平均数时，每次应采用几个月来计算，需要根据时间序列的序数和变动周期来确定，如果序数多、变动周期长，则可采用每 6 个月甚至每 12 个月来计算；反之，可以采用每 3 个月或每 5 个月来计算。对于上述房地产价格，以采用每 5 个月的实际值计算其移动平均数为例，具体的计算方法是：把 1～5 月的价格加起来除以 5 得 2 166 元/m^2，作为 3 月的房地产价格移动平均值；把 2～6 月的价格加起来除以 5 得 2 188 元/m^2，作为 4 月的房地产价格移动平均值；把 3～7 月的价格加起来除以 5 得 2 214 元/m^2，作为 5 月的房地产价格移动平均值。依此类推，计算结果见表 8-5“(b)移动期为 5”的“平均值”列。然后根据每 5 个月的移动平均数计算其逐月上涨额，计算结果见表 8-5“(b)移动期为 5”的“变动额”列。预测该类房地产 2015 年 1 月的价格，其计算方法如下：

以最后的一个移动平均数为基础来确定预测值，由于最后的一个移动平均数 2 383.0 对应的时间是 2014 年 10 月，与 2015 年 1 月相差 3 个月，所以预测该类房地产 2015 年 1 月的价格为：

$$b\text{方案}=2\,383.0+35.4\times3=2\,489.2(\text{元}/m^2)$$

若采用每 3 个月的实际值来计算其移动平均数则为：

$$a\text{方案}=2\,420.0+46.0\times2=2\,512.0(\text{元}/m^2)$$

二、加权移动平均法

加权移动平均法是在计算移动平均数时，根据越是近期的数据对预测值影响越大这一特点，对近期的数据给予较大权重，对较远的数据给予较小权重，将各期房地产价格的实际值经过加权后，再采用类似简单移动平均法的方法进行趋势估计。

第六节　指数修匀法

指数修匀法是以本期的实际值和本期的预测值为根据，经过修匀后得出下一期预测值的一种预测方法。其计算公式为：

$$V_{i+1}=V_i+a(P_i-V_i)=aP_i+(1-a)V_i$$

式中　V_{i+1}——第 $i+1$ 期的预测值；

V_i——第 i 期的预测值；

P_i——第 i 期的实际值；

a——修匀常数，$0\leqslant a\leqslant 1$。

在实际计算时，采用 $V_{i+1}=aP_i+(1-a)V_i$ 要比采用 $V_{i+1}=V_i+a(P_i-V_i)$ 简便。

从公式中可以看出，用指数修匀法进行预测的关键在于 a 值的确定。一般认为，a 的数值可以通过试算来确定。如对同一个预测对象用 0.3、0.5、0.7、0.9 进行计算，哪个常数修正的预测数与实际数的绝对误差最小，就以这个常数来修正最合适。指数修匀法也称指数平滑法，修匀常数也称平滑指数，修匀常数越小，说明前期预测值在本期预测值中所占比重越大，说明越平滑。

本章小结

长期趋势法是依据一系列已知房地产价格数据来判断房地产的未来价值，此方法还可以用于收益法中预测未来的收益与费用，用于市场中对可比实例的成效价格进行市场状况调整等。

思考与练习

一、单项选择题

1. 长期趋势法主要用于对房地产未来价格的推测、判断，如用于(　　)中预测未来开发完成后的房地产价值。

A. 比较法　　B. 成本法　　C. 假设开发法　　D. 收益法

2. 加权移动平均法是将价值时点前每若干时期的房地产价格的实际值经过(　　)之后，再采用类似简单移动平均法的方法进行趋势估计。

A. 修匀　　B. 修正　　C. 加权　　D. 平滑

3. 采用长期趋势法估价所适用的对象，主要是(　　)。

A. 价格在不断上涨的房地产　　B. 价格在不断下降的房地产

C. 价格呈有规律变化的房地产　　D. 价格并无明显的季节波动的房地产

4. 在房地产估价中，长期趋势法运用的假设前提是(　　)。

A. 过去形成的房地产价格变动趋势在未来仍然存在

B. 市场上能找到充分的房地产历史价格资料

C. 房地产在过去无明显的季节变动

D. 政府关于房地产市场调控的有关政策不会影响房地产的历史价格

5. 用直线趋势法预测甲类房地产的价格变化趋势为 $V_{甲}=1\,480+80i$，乙类房地产的价格变化趋势为 $V_{乙}=1\,500+60i$，两类房地产的价格增长潜力相比，下列叙述正确的是(　　)。

A. 甲类房地产比乙类房地产强　　B. 乙类房地产比甲类房地产强

C. 两类房地产强弱程度相同　　D. 两类房地产强弱程度不可比

6. 某城市 2000 年和 2005 年普通商品房的平均价格分别是 3 500 元/m^2 和 4 800 元/m^2，采用平均发展速度法预测 2008 年的价格最接近于(　　)元/m^2。

A. 4 800　　B. 5 124　　C. 5 800　　D. 7 124

7. 采用长期趋势法估价时，决定直线趋势法公式 $Y=a+bx$ 中的常数 a、b 的因素应是(　　)。

A. 房地产的历史价格资料

B. 房地产的现时价格资料

C. 房地产的未来价格资料

D. 房地产的历史、现时和未来价格资料的总和

8. 在运用长期趋势法测算房地产未来价格时，当房地产价格的变动过程是持续上升的，并且各期上升的幅度大致接近，宜选用(　　)测算。

A. 指数修匀法　　B. 平均增减量法

C. 平均发展速度法　　D. 二次抛物线趋势法

二、多项选择题

1. 长期趋势法主要有(　　)。

A. 数学曲线拟合法　　B. 平均增减量法

C. 平均发展速度法　　D. 年限法

E. 指数修匀法

2. 根据有关统计资料，对某类房地产价格统计数据整理见表 8-6，其中，2006 年的房地产价格统计数据缺失。则关于该类房地产价格的说法，下列正确的有(　　)。

表 8-6　某类房地产 2004—2009 年的价格　　元/m^2

年份	2004	2005	2006	2007	2008	2009
价格	6 810	7 130	—	7 810	8 150	8 490

A. 利用平均增减量法模拟 2006 年的价格为 7482 元/m^2

B. 利用平均增减量法预测 2010 年的价格为 8 826 元/m^2

C. 利用平均发展速度法模拟 2006 年的价格为 7 438 元/m^2

D. 利用平均发展速度法预测 2010 年的价格为 7 438 元/m^2

E. 无法利用平均增减量法预测 2010 年的价格为 8 873 元/m^2

3. 长期趋势法可以用于(　　)。

A. 推测、判断房地产的未来价格

B. 预测收益法中未来的租金、空置率等

C. 市场法中对可比实例的成交价格进行房地产状况调整

D. 比较、分析两宗或两类以上的房地产价格的发展趋势或潜力

E. 填补某些房地产历史价格资料的缺乏

4. 长期趋势法除了用于推测、判断房地产的未来价格，还可用于(　　)。

A. 假设开发法中开发完成后的房地产价值的预测

B. 收益法中未来租金、运营费用的预测

C. 成本法中对先前发生费用的正确性的校核

D. 市场比较法中对房地产状况进行调整

E. 某些缺乏的房地产历史价格资料的填补

5. 下列房地产估价活动中，适用长期趋势法的有(　　)。

A. 比较某项目在不同档次商品房开发方式下的开发价值

B. 判断某经营性房地产的未来运营费用水平

C. 预测某地区限购政策出台后对房价的影响程度

D. 对可比实例进行市场状况调整

E. 对房地产市场中出现的新型房地产的价格进行评估

三、判断题

1. 长期趋势法是运用预测科学的有关理论和方法，根据房地产在未来较长时期内获得收益的变动规律，推测和判断房地产价格的方法。(　　)

2. 运用平均增减量法进行预测的条件是：房地产价格的变动过程是持续上升或下降的，并且上升或下降的幅度大致接近，否则就不宜采用这种方法。(　　)

3. 在运用移动平均法预测房地产价格时，一般应按照房地产价格变化的周期长度进行移动平均。(　　)

4. 房地产价格上涨或下降趋势的强弱与房地产目前价格的高低无关，价格较低的房地产其价格上涨趋势可能更强劲。（ ）

5. 运用长期趋势法估价时，若历史价格受短期波动影响较大，可采用加权移动平均法进行趋势分析。（ ）

四、简答题

1. 什么叫长期趋势法？
2. 长期趋势法的理论依据是什么？
3. 长期趋势法的适用条件是什么？
4. 长期趋势法的操作步骤是什么？
5. 长期趋势法主要包括哪几种方法？
6. 运用平均增减量法进行估价的条件是什么？

五、计算题

1. 某类房地产 2005—2009 年的价格见表 8-7，各年增长量的权重分别为 0.1、0.2、0.2、0.5，请利用平均增减量法预测该类房地产 2010 年的价格。

表 8-7　某类房地产 2005—2009 年的价格

元/m^2

年份	2005	2006	2007	2008	2009
价格	6 810	7 130	7 460	7 810	8 150

2. 某类商品房 2004—2008 年的售价分别为 6 000 元/m^2、6 300 元/m^2、6 678 元/m^2、7 212 元/m^2、7 645 元/m^2。请利用平均增减量法预测该类商品房 2009 年的价格。

3. 某类房地产 2007—2011 年的价格见表 8-8，请预测 2012 年的价格趋势值。

表 8-8　某类房地产 2007—2011 年的价格

元/m^2

年份	2007	2008	2008	2009	2010
价格	5 734	6 105	6 189	6 870	7 254

第九章　土地估价方法

知识目标

1. 熟悉路线价法的含义、理论依据、适用的估价对象和条件，以及路线价法的操作步骤；

2. 熟悉划分路线价区段；

3. 了解设定标准临街深度、选取标准临街宗地、调查评估路线价；

4. 掌握制作价格修正率表、计算临街土地的价值；

5. 熟悉城镇基准地价评估、基准地价修正法；

6. 熟悉补地价的测算、高层建筑地价分摊的意义及方法。

能力目标

1. 能够运用路线价法、基准地价修正法进行地价评估；

2. 能够进行补地价的测算、高层建筑地价分摊的计算。

第一节　路线价法

城镇临街商业用地，即使位置相邻、形状相同、面积相等，但由于临街状况不同，如矩形土地是较长的边临街还是较短的边临街，梯形土地是较宽的边邻街等价值会有所不同，甚至差异很大。如果要快速且相对科学准确、客观公平地评估出某条街道或多条街道所有临街土地的价值或价格，就需要采用路线价法。

一、路线价法的基本原理

1. 路线价法的概念

路线价法是在城镇街道上划分路线价区段并设定标准临街深度，在每个路线价区段内选取一定数量的标准临街宗地并测算其平均单价或楼面地价，利用有关调整系数将该平均单价或楼面地价调整为各宗临街土地价值或价格的方法。

2. 路线价法的理论依据

路线价法认为城市内各宗土地(以商业用地为主)价格的高低，随其距离道路的远近程度，即临街深度的增加而递减；宗地越接近道路的利用价值越大，地价也越高；距离道路越远，利用价值越小，地价也越低。因此，路线价估价法实质上是一种比较法，是比较法的派生方法，其理论依据与比较法相同是替代原理。只不过在路线价法中以“标准临街宗地”取代了比较法中的“可比实例”，“路线价”可视为比较法中经过交易情况修正、市场状况调整，但未进行房地产状况调整的“可比实例价格”，以深度等差异修正取代了区域因素和个别因素等的“房地产状况调整”。

路线价法与比较法的区别在于：①利用路线价求取临街土地价值时不进行“交易情况修正”和“市场状况调整”，仅进行“房地产状况调整”；②先对“可比实例价格”进行综合，然后再进行“房地产状况调整”，而不是先分别对每个“可比实例价格”进行修正和调整，然后进行综合；③利用相同的“可比实例价格”即路线价，同时，估出“估价对象”即所有临街土地的价值，而不是仅估出一个估价对象的价值。

3. 路线价法适用的估价对象和条件

路线价法主要适用于城镇临街商业用地的估价。路线价法被认为是一种高效、低成本、相对科学准确、客观公平地估出许多宗土地的方法，是一种批量估价方法，特别适用于房地产税收、市地重划、房地产征收或其他需要在短时间内对许多宗土地进行估价的情形。运用路线价法的前提条件是街道较规整，临街土地排列较整齐。

二、路线价法的估价程序与方法

运用路线价法估价一般分为六个步骤进行：①划分路线价区段；②设定标准临街深度；③选取标准临街宗地；④调查评估路线价；⑤制作价格修正率表；⑥计算临街土地的价值。

1. 划分路线价区段

一个路线价区段是指具有同一路线价的地段，因此，在划分路线价区段时，影响土地使用价值的土地条件大致相同，即可及性相等的地段应划为同一路线区段。原则上以地价有显著差异的地点为区段界，通常是从十字路口或丁字路口中心外划分，路口与路口之间的地段为一个路线价区段。一般情况下，一条街道只设一个路线价。但对一些特别繁华，土地条件变化较大的街道，也可以分设路线价。某些不繁华的地区也可延长至数个街道。在同一街道上，某一侧的繁华状况与对侧有显著差异时，同一路线价区段也可附设两种不同的路线价，这时在观念上视为两个路线价区段。

2. 设定标准临街深度

标准临街深度简称标准深度，是街道对地价影响的转折点，由此点接近街道的方向地价逐渐升高，由此点远离街道的方向地价可视为基本不变。但实际设定的标准深度，直接关系到路线价的确定和深度指数表的编制，通常是路线价区段内临街各宗土地的深度的众数。因为如果不以众数的深度为标准深度，由此制作的深度指数修正表将使以后多数宗地的地价计算都要用深度百分率加以修正，这不仅增加计算工作量，而且会使设定的路线价失去其代表性。

3. 选取标准临街宗地

标准临街宗地简称标准宗地，是路线价区段内具有代表性的宗地。选取标准宗地的具体要求是：①一面临街；②土地形状为矩形；③临街深度为标准临街深度；④临街宽度为标准临街宽度(通常简称标准宽度，可为同一路线价区段内临街各宗地的临街宽度的众数)；⑤临街宽度与临街尝试的比例(简称"宽深比")适当；⑥用途为所在路线价区段具有代表性的用途；⑦容积率为所在路线价区段具有代表性的容积率(可为同一路线价区段内临街各宗地的容积率的众数)；⑧其他方面，如土地使用年限、土地生熟度等也具有代表性。

4. 调查评估路线价

路线价主要是应用收益法、市场法等方法，求取同一路线价区段内各标准宗地的土地单价或楼面地价。然后求这些标准临街宗的单位价格或楼面地价的简单算术平均数、中位数、众数，即得该路线价区段的路线价。

路线价通常为土地单价，也可为楼面地价，作为标准土地单位价格的路线价，可用货币表示，也可用点数表示。

(1)以货币表示。以美国为代表的欧美国家，对路线价是以美元表示的。这种表示方法比较符合常规，易为人们所接受，如每平方英尺 2 000 美元等。但这种表示方法往往不能反映货币价值变动对价格的影响。

(2)以点数表示。日本对路线价是以点数表示的。如某区段内路线价为 1 000 点，则该区段内各宗土地可以表示为 1 000 点的比较值，如 800 点等。这种方法避免了币值波动对价格的影响，但是，需要换算才能表示待估土地的价格。如 1 点 = 0.8 元，则 1 000 点 = 800 元。

5. 制作价格修正率表

价格修正率表有临街深度价格修正率表和其他价格修正率表(临街宽度、形状、临街状况等因素的修正，如三角形地块价格修正率)。

(1)制作临街深度价格修正率表。临街深度价格修正率表简称深度价格修正率表，也称深度百分率表、深度指数表，是基于临街深度价格递减率制作的。即一宗临街土地中各个部分的价值随着其远离街道而有递减的现象。根据深度价格递减现象，若把土地划分为许多与街道平等的细条，则越接近街道的土地利用价值越大，因而其价格要高于离街道远的土地。假设有一临街土地为矩形，宽 m 米，深 n 米，平均每平方米的价格为 A 元，则该宗

地的总价格为 $m \cdot n \cdot A$ 元。现根据深度价格递减对该土地进行分析，如图 9-1 所示。

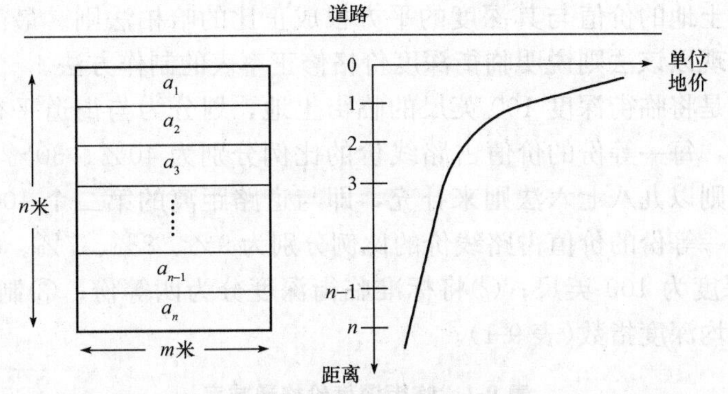

图 9-1　临街深度指数修递减率

图 9-1 中，沿平行道路的方向，将深度以 1 m 为单位加以区分成许多细条的土地，并从临街方向起，按顺序赋予 a_1、a_2、a_3、…、a_n 等符号单位价格，则可以得出这样的结论：

1)深度对土地价格的影响程度，随着土地与街道距离的加深而相应降低，直到消失。

2)矩形土地的单价 A 是 n 块土地单价的平均数，即：

$$A=\frac{a_1+a_2+a_3+\cdots+a_{n-1}+a_n}{n}=\frac{1}{n}\sum_{i=1}^{n}a_i$$

3)计算个别深度百分率或个别深度指数。将 $a_1>a_2>a_3>\cdots>a_{n-1}>a_n$ 折算为百分率表示，就是一系列个别深度百分率，据此可以编成单独深度指数表。

4)计算平均深度百分率。a_1、$\frac{a_1+a_2}{2}$、$\frac{a_1+a_2+a_3}{3}$、…、$\frac{a_1+a_2+\cdots+a_n}{n}$是 m 米，深分别为 1、2、3、…、n 米的土地平均单位价格，并且有 $a_1>\frac{a_1+a_2}{2}>\frac{a_1+a_2+a_3}{3}>\cdots>\frac{a_1+a_2+\cdots+a_n}{n}$的性质，若将此折算成百分率，就是一系列平均深度百分率，据此可以编成平均深度指数表。

5)计算累计深度百分率。累计深度百分率是根据累计单位价格计算的，累计单位价格表现为 a_1、a_1+a_2、$a_1+a_2+a_3$、…、$a_1+a_2+\cdots+a_n$，并且有 $a_1>a_1+a_2>a_1+a_2+a_3>\cdots>a_1+a_2+\cdots+a_n$ 的性质，如果折算为百分率，即为累计百分率。据此可以编制累计深度指数表。

制作临街深度价格修正率表的要领是：①设定标准临街深度；②将标准临街深度划分为若干等份；③确定临街深度价格递减率；④求取单独深度价格修正率或累计深度价格修正率、平均深度价格修正率，并用表格反映。

路线价法很早就在英美流行，已有许多值得参考的制作深度指数的方法。如欧美认为每一等份土地价值与其深度成一定比例关系的四三二一法则(慎格尔法则)、霍夫曼法则、苏慕斯法则和认为土地的价值与其深度的平方根成正比的哈柏法则。最简单且容易理解的是四三二一法则，现以该法则说明临街深度价格修正率表的制作方法。

四三二一法则是将临街深度100英尺的临街土地，划分为与街道平行的四等份，随着与道路距离的增加，每一等份的价值占路线价的比例分别为40%、30%、20%、10%。如果超过100英尺，则以九八七六法则来补充，即与道路距离的第二个100英尺，随着离道路距离的增加，每一等份的价值占路线价的比例分别为9%、8%、7%、6%。据此，则有：①设定标准临街深度为100英尺；②将标准临街深度分为四等份；③制定单独深度指数、累计深度指数或平均深度指数(表9-1)。

表9-1 临街深度价格递减率

临街深度/英尺	25	50	75	100	125	150	175	200
四三二一法则/%	40	30	20	10	9	8	7	6
单独深度指数/%	40	30	20	10	9	8	7	6
累计深度指数/%	40	70	90	100	109	117	124	130
平均深度指数/%	160	140	120	100	87.2	78.0	70.8	65.0

注：表中的平均深度指数，是将上述临街深度100英尺的平均价格修正率25%乘以4转换为100%，同时为保持与其他数字的关系不变，其他数字也相应乘以4所得。

(2)制作其他价格修正率表。在一个路线价区段内虽然临同一街道，但因各宗地的宽度、形状的不同，在计算三角形等形状的土地价值时，还需要制作其他价格修正率表。

6. 计算临街土地的价值

路线价法基本公式的表示形式是：

$$宗地总价=路线价\times深度百分率\times宗地面积$$

运用路线价法时，如果街道两边的土地另有特殊条件存在(如属街角地、两面临街地、三角形地、梯形地、不规则形地、袋地等)，则除依上列的普通计算公式计算地价外，还要进一步做加价或减价修正，这种情况下的计算公式如下：

$$宗地总价=路线价\times深度百分率\times宗地面积+其他条件修正额$$

或

$$宗地总价=路线价\times深度百分率\times其他条件修正额\times宗地面积$$

三、路线价法的应用举例

在正确确定了待估宗地所处的路线价区段和路线价，以及待估宗地的深度修正系数和其他条件修正系数后，就可以方便地计算待估临街宗地价格。下面对各类临街宗地的地价计算进行举例说明，各类临街宗地如图 9-2 所示。

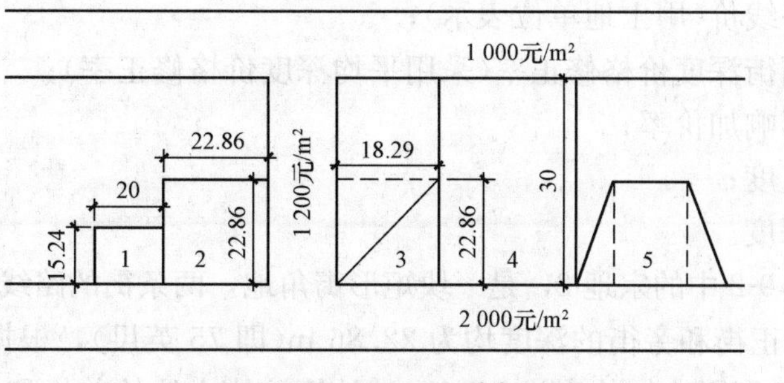

图 9-2　各类临街宗地示例

1. 一面临街矩形土地价值的计算

一面临街矩形土地价值的计算公式如下：

$$V(\text{单价})=u\times dv$$

$$V(\text{总价})=u\times dv\times(f\times d)$$

式中　V——土地价值；

u——路线价(用土地单位表示)；

dv——临街深度价格修正率(采用平均深度价格修正率)；

f——临街宽度；

d——临街深度。

【例 9-1】　如图 9-2 中的宗地 1，是一临街深度 15.24 m(即 50 英尺)、临街宽度 20 m 的矩形，其所在区段的路线价为 2 000 元/m²。试计算该宗土地的单价和总价。

【解】　根据表 9-1，得

$$V(\text{单价})=u\times dv=2\ 000\times 140\%=2\ 800(\text{元/m}^2)$$

$$V(\text{总价})=V(\text{单价})\times 20\times 15.24=85.34(\text{万元})$$

2. 街角土地价值的计算

街角土地是指位于十字路口或丁字路口的土地。对于街角土地的估价，一般先计算土地的正街价格，然后再计算旁街的影响价格，两者之和作为该街角土地的总价。这种方法被称为“正旁两街分别轻重估价法”，路线价高、较繁华的街道或交通主干线为正街。其计算公式如下：

$$V(\text{单价})=u_0\times dv_0+u_1\times dv_1\times t$$

$$V(\text{总价})=(u_0\times dv_0+u_1\times dv_1\times t)\times(f\times d)$$

式中　V——土地价值；

u_0——正街路线价(用土地单位表示)；

dv_0——正街临街深度价格修正率(采用平均深度价格修正率)；

u_1——正街路线价(用土地单位表示)；

dv_1——正街临街深度价格修正率(采用平均深度价格修正率)；

t——旁街影响加价率；

f——临街宽度；

d——临街深度。

【例 9-2】 如图 9-2 中的宗地 2，是一块矩形街角地，两条街的路线价分别为 2 000 元/m² 和 1 200 元/m²，临正街和旁街的深度均为 22.86 m(即 75 英尺)，根据表 9-1 的临街深度价格修正率，另假设旁街影响加价率为 20%，试计算该块土地的单价和总价。

【解】 该块土地的单价和总价计算如下：

$$V(\text{单价})=2\ 000\times120\%+1\ 200\times120\%\times20\%=2\ 688(\text{元}/\text{m}^2)$$

$$V(\text{总价})=2\ 688\times22.86\times22.86=140.63(\text{万元})$$

3. 直角三角形土地价值的计算

直角三角形土地的估价，根据底边临街或顶点临街，在具体计算时有所差异，其估价步骤为：

(1)绘成矩形土地。即以直角三角形土地的宽度和深度为基础，绘成矩形土地。

(2)计算矩形土地价格。

(3)对矩形土地价格进行修正，计算待估土地即直角三角形土地的价格。

修正方法如下：

1)若直角三角形的底边临街，则直接可用三角形土地价格修正率(一边临街直角三角形土地的价值占一面临街矩形土地的价值的百分率)乘以矩形土地价格，就得到直角三角形土地的价格。

2)若直角三角形的顶点临街，则先用 100%减去三角形土地价格的修正率，以此余额再乘上矩形土地的价格，就得到待估土地的价值。其计算公式如下：

$$V(\text{单价})=u\times dv\times h$$

$$V(\text{总价})=u\times dv\times h(f\times d\div2)$$

式中 V——土地价值；

u——路线价；

dv——临街深度价格修正率；

h——三角形土地价格修正率；

f——临街宽度；

d——临街深度。

其他三角形土地价值的计算，通常是先将该三角形土地做辅助线，使其成为直角三角形土地，然后依照前述方法计算直角三角形土地的价值，再计算该三角形的价值。

【例 9-3】 如图 9-2 中的宗地 3，是一块直角三角形的土地。路线价为 2 000 元/m²。即临街宽度 18.29 m，临街深度 22.86 m(即 75 英尺)。临街深度 75 英尺的三角形土地价格的修正率为 62.5%，试计算该块三角形土地的价值。

【解】 根据表 9-1，临街深度为 75 英尺的一边临街矩形土地的价格修正率为 120%，则有：

三角形 ABC 土地的总价 $= u \times \mathrm{d}v \times h \times (f \times d \div 2)$

$= 2\,000 \times 120\% \times 62.5\% \times (18.29 \times 22.86 \div 2)$

$= 31.11$(万元)

4. 前后两面临街的矩形土地价值的计算

对于前后两面临街的矩形土地的估价，有平均估价法和重叠价值估价法两种。

(1)平均估价法。平均估价法就是对位于两街之间的土地，将其深度平均分为前后两部分，前一部分按前街的路线价估价，后一部分按后街的路线价估价，然后合计即为全部土地的价格。其计算公式如下：

$$V(\text{总价}) = u_0 \times \mathrm{d}v_0 \times f \times d \div 2 + u_1 \times \mathrm{d}v_1 \times f \times d \div 2$$

$$V(\text{单价}) = (u_0 \times \mathrm{d}v_0 + u_1 \times \mathrm{d}v_1) \div 2$$

式中 V——土地价值；

u_0——前街路线价；

$\mathrm{d}v_0$——前街临街深度价格修正率；

u_1——后街路线价；

$\mathrm{d}v_1$——后街临街深度价格修正率；

f——临街宽度；

d——临街深度。

(2)重叠价值估价法。重叠价值估价法就是先确定高价街(前街)与低价街(后街)影响深度的分界线，再以此分界线分别求取面临高价街、低价街部分的地价，再将两者合计，即为全部土地的价格。其计算公式如下：

$$V(\text{总价}) = u_0 \times \mathrm{d}v_0 \times f \times d_0 + u_1 \times \mathrm{d}v_1 \times f \times d_1$$

$$V(\text{单位}) = (u_0 \times \mathrm{d}v_0 \times d_0 + u_1 \times \mathrm{d}v_1 \times d_1) \div d$$

式中 V——土地价值；

u_0——前街路线价；

$\mathrm{d}v_0$——前街临街深度价格修正率；

d_0——前街影响深度；

u_1——后街路线价；

$\mathrm{d}v_1$——后街临街深度价格修正率；

d_1——后街影响深度；

f——临街宽度；

d——临街深度。

求取分界线的计算公式为：

$$前街影响深度=d\times u_0\div(u_0+u_1)$$

$$后街影响深度=d\times u_1\div(u_0+u_1)$$

平均估价法的优点是便于计算，但它忽略了不同街道对于土地深度影响的差异，把前街地和后街地同等看待。而重叠价值估价法尽管计算比较烦琐，却弥补了平均估价法的不足。

【例 9-4】 如图 9-2 中的宗地 4，是一块前后两面临街的矩形土地，总深度 30 m，前街路线价为 2 000 元/m²，后街路线价为 1 000 元/m²。试采用重叠价值估价法计算前街和后街影响深度。

【解】 该块前后两面临街的矩形土地的前街和后街影响深度计算如下：

前街影响深度 $=d\times u_0\div(u_0+u_1)=30\times2\ 000\div(2\ 000+1\ 000)=20(\text{m})$

后街影响深度 $=d\times u_1\div(u_0+u_1)=d-d_0=30-20=10(\text{m})$

5. 不规则土地价值的计算

不规则土地的形状各式各样，但都可以将其转化成矩形、直角三角形等规则形状的土地，然后进行估价。如图 9-2 中宗地 5，可将其转化成一个矩形、两个直角三角形，然后进行估价。

第二节　基准地价修正法

一、基准地价修正法的基本原理

1. 基准地价修正法的概念

城镇基准地价是以一个城市为对象，在该城市一定区域范围内，根据用途相似、地块相连、地价相近的原则划分地价区段，调查评估出各该地价区段在某一时点的平均水平价格。

每个城镇的基准地价都有其特定的内涵，包括对应的价值时点(基准日期)、土地用途、土地使用权性质(如出让、划拨、转让)、土地使用期限、容积率和土地开发程度等。

基准地价修正法是在政府或有关部门已公布基准地价的地区，利用相关调整系数对估价对象宗地所在位置的基准地价进行适当调整后得到估价对象宗地价值或价格的方法。基准地价修正法本质上是一种比较法，且是一种间接估价方法，其估价结果的准确性主要取决于基准地价的准确性及各种调整系数的科学性。

2. 基准地价修正法的基本原理

基准地价修正法的基本原理是替代原理，即在正常的市场条件下，具有相似土地条件和使用功能的土地，在正常的房地产市场中，应当具有相似的价格。因此，通过待估宗地条件与级别或区域内同类用地平均条件的比较，并根据二者在区域条件、个别条件、使用年期、容积率和价格期日等方面的差异大小，对照因素修正系数表选取适宜的修正系数，对基准地价进行修正，即可得到待估宗地地价。

二、基准地价修正法的估价程序与公式

运用基准地价修正法评估估价对象宗地的价格(可以同时对多个估价对象地块进行估价，这一点与路线价法相同，基准地价也可以视为比较法中的标准房地产的价格)，一般分为四个步骤：①收集有关基准地价的资料；②查找估价对象宗地所在位置的基准地价；③进行土地市场状况调整和土地状况调整(不需要进行交易情况修正)；④求出估价对象宗地的价格。

(1)收集有关基准地价的资料，包括收集估价对象宗地所在城镇的基准地价表或基准地价图、土地级别或不同均质地域图、土地级别或不同均质地域范围说明、基准地价内涵说明，以及将基准地价调整为宗地价格的方法和系数等。

(2)查找估价对象宗地所在位置的基准地价，首先是根据估价对象宗地的具体用途，确定其所属的用途类别，例如是属于商业用途还是属于居住、工业用途；其次是根据估价对象宗地的用途类别和位置，确定其所处的土地级别或均质地域；然后是根据估价对象宗地所处的土地级别或均质地域，确定其适用的基准地价。

(3)进行土地市场状况调整，是将基准地价在其基准日期的值，调整为在价值时点的值。此处的土地市场状况调整的方法，与比较法中市场状况调整的方法相同。进行土地状况调整，是将估价对象宗地的状况，包括具体区位、具体用途、土地使用期限、容积率、土地开发程度、土地形状等，与在评估基准地价时设定的有关状况进行比较，将基准地价调整为在估价对象宗地状况下的价格。此处的土地状况调整的内容和方法，与比较法中房地产状况调整的内容和方法相似。

调整系数连乘的基准地价修正法公式为：

宗地价格＝适用的基准地价×土地市场状况调整系数×区位调整系数×用途调整系数×土地使用期限调整系数×容积率调整系数×土地开发程度调整系数×其他因素调整系数

需要注意的是，因基准地价的内涵、表达方式等在不同的城镇可能不同，所以基准地价修正法估价中具体调整的内容和方法会有所不同。

三、基准地价修正法的适用范围与特点

(1)适用于完成基准地价评估城镇的土地估价，即该城市具备基准地价成果图和相应修正体系成果。

(2)基准地价修正系数法可在短时间内大批量进行宗地地价评估，因此，可快速、方便地进行大面积的数量众多的土地价格评估。

(3)基准地价修正系数法估价的精度取决于基准地价及其修正系数的精度，因此，该方法一般在宗地地价评估中不作为主要的评估方法，而作为一种辅助方法。

四、基准地价修正法的应用举例

某待估宗地为工业用地，土地级别属于三级，宗地内设定为“场地平整”，容积率为0.30，土地使用年期为50年，试求待估宗地于评估基准日2015年6月30日的地价。

地价测算过程如下：

根据《城镇土地估价规程》(试行)与××市有关城镇国有土地基准地价修正体系，宗地通过基准地价系数修正法评估宗地价格的计算公式为：

$$宗地地价=(宗地所在区域的级别基准地价-K_1)\times K_2\times K_3\times(1\pm\sum K_i)$$

式中　宗地地价——与基准地价价格定义一致情况下的土地使用权价格；

K_1——开发程度修正额；

K_2——期日修正系数；

K_3——土地使用年期修正系数；

$\sum K_i$——影响地价的区域因素和个别因素修正系数之和。

1. 确定待估宗地的土地级别及适用基准地价

××市城镇国有土地基准地价表见表9-2。

表9-2　××市城镇国有土地基准地价表

用途	级别	一	二	三	四	五	六	七	八	九	十
商业	40年	6 894	4 402	2 810	1 795	1 146	731	467	298	190	122
	30年	6 306	4 027	2 571	1 642	1 048	669	427	273	174	111
	20年	5 255	3 356	2 142	1 368	873	557	356	227	145	93
	10年	3 372	2 153	1 375	878	560	358	228	146	93	60

续表

用途	级别	一	二	三	四	五	六	七	八	九	十
综合公建	50 年	4 536	3 028	2 022	1 350	901	602	402	269	179	120
	40 年	4 330	2 891	1 930	1 289	860	575	384	256	171	115
	30 年	3 961	2 644	1 766	1 179	787	526	351	235	156	105
	20 年	3 301	2 204	1 471	983	656	438	292	195	130	87
	10 年	2 118	1 414	944	631	421	281	188	125	83	56
高中档住宅	70 年	3 918	2 844	1 899	1 181	826	521	319	210	164	119
	60 年	3 864	1 873	2 805	1 165	815	514	315	207	162	117
	50 年	3 769	2 736	1 827	1 136	794	501	307	202	158	114
	40 年	3 598	2 612	1 744	1 084	758	478	293	193	151	109
	30 年	3 291	2 389	1 596	992	694	438	268	177	138	100
普通住宅	70 年	2 367	1 669	1 178	830	586	413	291	205	145	102
	60 年	2 335	1 646	1 162	819	578	407	287	203	143	101
	50 年	2 277	1 606	1 133	799	564	397	280	198	139	98
	40 年	2 174	1 533	1 082	763	538	379	267	189	133	94
	30 年	1 989	1 402	989	698	492	367	244	173	121	86
工业	50 年	1 636	1 180	851	614	443	320	230	166	120	86
	40 年	1 562	1 127	813	586	423	305	219	159	115	82
	30 年	1 429	1 031	743	536	387	279	201	145	105	75
	20 年	1 190	859	619	447	322	233	167	121	87	63
	10 年	764	551	397	287	207	149	107	78	56	40

根据待估宗地的位置，查对××市土地级别图，宗地级别属于三级，对应的基准地价为 851 元/m^2。

由于待估宗地的宗地内设定为“场地平整”条件，与基准地价设定的“七通一平”不一致，需扣减 70 元/m^2，则待估宗地为 851－70＝781(元/m^2)。

2. 确定期日修正系数

××市基准地价的期日为 2008 年 6 月，本次评估的基准日为 2015 年 6 月 30 日。在此期间，工业用地地价水平基本保持平稳，因此，将期日修正系数确定为 1.0，即 k_1＝1.0。

3. 土地使用年期修正系数

《××市基准地价测算汇编》中所界定的工业用地土地使用年期为法定最高出让年期，

即 50 年。此次评估中所界定的待估宗地的土地使用年期为 50 年，与基准地价价格定义的工业用地土地使用年期一致，故不进行年期修正。则 $K_2=1.0$。

4. 区域因素和个别因素修正系数($\sum K_i$)

根据《××市基准地价测算汇编》中工业用地地价修正系数及说明表(表 9-3)，按照待估宗地的区域因素和个别因素条件，编制待估宗地的因素说明和修正系数表(表 9-4)，并修正得到待估宗地在设定开发程度条件下的宗地价格。

表 9-3　××市工业用地宗地地价修正系数及说明表(三级)

宗地修正因素		指标标准	优	较优	一般	较劣	劣
基础设施状况/%	供水保证率	因素指标	100	100～95	95～85	85～75	<75
		修正系数	6.9	3.4	0	−3.2	−6.5
	供电保证率	因素指标	100	100～95	95～90	90～80	<80
		修正系数	7.4	3.7	0	−3.5	−7.0
	排水保证率	因素指标	>95	95～85	85～70	70～60	<60
		修正系数	6.2	3.1	0	−3.0	−5.9
	通信保证率	因素指标	>90	90～80	80～70	70～60	<60
		修正系数	3.6	1.8	0	−1.7	−3.5
交通条件	距火车站距离	因素指标	<1 500	1 500～3 000	3 000～4 500	4 500～6 000	>6 000
		修正系数	4.0	2.0	0	−1.9	−3.8
	区域道路级别	因素指标	主干道快速路	次干道	支干道	小区支路	街坊小路
		修正系数	4.3	2.2	0	−2.0	−4.1
宗地形状		因素指标	规则	—	较规则	—	不规则
		修正系数	3.2	1.6	0	−1.5	−3.0
用途		因素指标	大型工厂、车间、储备、中转、外贸供应等各种仓库、材料堆放场、军用工厂、仓库等	中小型工厂、车间、仓库等	供热中心、煤气站等	劳改场(所)及内部工厂、乡办企业等	泵站、变电所、加压站、村办工厂等
		修正系数	4.9	2.4	0	−2.4	−4.7

表 9-4　待估宗地因素条件说明和修正系数表

修正因素		条件说明	优劣度	修正系数/%
基础设施状况	供水保证率	由市政供水管网给区域内供水，现有供水设施基本能满足区域内生产、生活用水需要，满足程度为100%	优	6.9
	供电保证率	由市政供电网给区域内供电，双回路，现有供电设施能满足区域内生产、生活用电需要，满足程度为100%	优	7.4
	排水保证率	区域内雨水、污水均排入市政排水管网，采取清水明流、污水暗流的方式。现有排水设施能满足区域内生产、生活排水需要，满足程度为100%	优	6.2
	通信保证率	区域内已经实现通信程控化，现有电信设施能基本满足区域内生产、生活通信需求，满足程度为100%	优	3.6
交通条件	距火车站距离	距南站约5公里，距北站约7公里	较劣	−1.9
	区城道路级别	宗地所临道路级别为街坊小路	劣	−4.1
宗地形状		规则	优	3.2
用途		待估宗地是为本单位提供采暖的锅炉房用地，在此次评估中参照工业用地中的供热中心、煤气站等	一般	0
$\sum K_i$			—	21.3

5. 计算委估宗地地价

经过以上分析过程，可得到待估宗地在基准地价定义的开发程度条件下的土地价格：

$$待估宗地地价=(基准地价-K_1)\times K_2\times K_3\times(1\pm\sum K_i)$$
$$=781\times1.0\times1.0\times(1+21.3\%)$$
$$=947(元/m^2)$$

第三节　补地价的测算

补地价是指建设用地使用权人因改变国有建设用地使用权出让合同约定的土地使用条件等而应向国家缴纳的建设用地使用权出让金、土地出让价款、租金、土地收益等。需要补地价的情形可分为三类：①改变土地用途、容积率等规划条件。具体有建设用地使用权出让之后变更用途、变更容积率、既变更用途又变更容积率等情形。②延长土地使用期限

(包括建设用地使用权期间届满后续期)。③转让、出租、抵押以划拨方式取得建设用地使用权的房地产。

对改变土地用途、容积率等规划条件的，补地价的数额理论上等于批准变更时新旧规划条件下的土地市场价格之差额，即：

补地价=新规划条件下的土地市场价格－旧规划条件下的土地市场价格

补地价(单价)=新楼面地价×新容积率－旧楼面地价×旧容积率

补地价(总价)=补地价(单价)×土地总面积

如果提高容积率但楼面地价不变，则补地价为：

补地价(单价)=楼面地价×(新容积率－旧容积率)

补地价(总价)=补地价(单价)×土地总面积

【例 9-5】 某宗土地的面积为 1 500 m^2，容积率为 3.0，相应的土地单价为 480 元/m^2，现可依法将容积率提高到 4.5，楼面地价不变。请计算应补地价的数额。

【解】 应补地价的数额计算如下：

补地价(单价)=480÷3×(4.5－3)=245(元/m^2)

补地价(总价)=245×0.15=36.75(万元)

【例 9-6】 某宗工业用地的面积为 2 800 m^2，容积率为 1.0，相应的楼面地价为 710 元/m^2。现可依法变更为商业用地，容积率提高到 2.0，相应的楼面地价为 1 500 元/m^2。请计算应补地价的数额。

【解】 应补地价的数额计算如下：

补地价(单价)=1 500×2－710×1=2 290(元/m^2)

补地价(总价)=2 290×0.28=641.2(万元)

实际中的补地价数额主要取决于政府的政策。如已购公有住房和经济适用住房的建设用地使用权一般属于划拨性质，其上市出售从理论上讲应缴纳较高的出让金等费用，但政府为了促进房地产市场发展和存量住房流通，满足居民改善居住条件的需要，鼓励已购公有住房和经济适用住房上市出售，可能只要求缴纳较低的出让金等费用，如为房价的1%～3%。

第四节 高层建筑地价分摊

一、高层建筑地价分摊的意义

在现代城市中，由于土地越来越稀缺、地价越来越高，以及建筑技术的日益发展，多层、高层建筑越来越多。不仅办公楼、商场，而且住宅、厂房等，都出现了多层或高层化。另外，人们的活动还向地下发展，出现了地下商场、地下停车场、地下仓库等。在城市中心商业区，建筑物不仅多层、高层化，而且建筑物的用途也出现了立体化。典型的一幢大楼的立体用途是：地下一～二层为停车场、会所或设备用房，地上一～三层为商店，四～五层为餐饮，以上可能是写字楼或公寓。与此同时，随着房地产交易活动的多样化和产权多元化，一幢建筑物只有一个所有者的格局被打破了，出现了一幢建筑物内同时存在着多个所有者的情况，他们分别拥有该幢建筑物的某个部分，如甲拥有地下一层，乙拥有地面一层，丙拥有地上一层。特别是多层、高层写字楼或住宅，一个单位或一个家庭通常只拥有其中某层或某套，整幢写字楼或住宅被十几个甚至几十个单位或家庭"区分所有"。

但是，整幢建筑物占用的土地只是一块，在实物形态上不可分割。当该建筑物的某个部分被售出后，该块土地的使用权的一个相应份额也就随之转移，最后是购得该幢建筑物的众多所有者按份共有该块土地的使用权，但各个所有者的土地份额分别为多少就成了一个需要解决的现实问题。

拥有一块土地，不仅享有该块土地的一定权利，而且要承担相应的义务。如在建筑物寿命结束时或者建筑物被火灾烧毁后，大家决定不再重建而是将该块土地出售，但售出后的地价收益如何分配；相反，在建筑物使用过程中，政府要根据该块土地的价值或等级、位置征收土地税费，该土地税费在建筑物各个所有者之间如何分摊。要解决这些问题，就需要解决在建筑物建成后地价如何合理分摊的问题，以此确定建筑物各个所有者占有的土地份额。知道了建筑物每个所有者占有的土地份额之后，无论是他们在土地中的权利还是义务，就都可以通过其土地份额顺利得到解决。

通过高层建筑地价分摊可以解决各部分占有的土地份额、各部分分摊的土地面积及各部分分摊的地价额。

二、高层建筑地价分摊的方法

高层建筑地价分摊的方法有按照建筑物面积进行分摊、按照房地价值进行分摊和按照土地价值进行分摊等方法。

1. 按照建筑物面积进行分摊

按照建筑物面积进行分摊的方法，是根据建筑物各部分的建筑物面积(如建筑面积、套内建筑面积、使用面积)占整个建筑物面积的比例，来推断其占有的土地份额。即某部分占有的土地份额为该部分的建筑物面积除以建筑物总面积。具体计算公式为：

$$\text{某部分占有的土地}=\frac{\text{该部分的建筑面积}}{\text{建筑物总面积}}$$

$$\text{某部分分摊的土地面积}=\text{土地总面积}\times\frac{\text{该部分的建筑物面积}}{\text{建筑物总面积}}$$

$$\begin{aligned}\text{某部分分摊的地价数额}&=\text{土地总价值}\times\frac{\text{该部分的建筑物面积}}{\text{建筑物总面积}}\\&=\text{楼面地价}\times\text{该部分的建筑物面积}\end{aligned}$$

【例 9-7】 某幢楼房的建筑面积为 1 000 m^2，土地面积为 600 m^2，某人拥有其中 100 m^2 的建筑面积。请按照建筑面积进行分摊的方法计算该人占有的土地份额及分摊的土地面积。

【解】 该人占有的土地份额及分摊的土地面积计算如下：

$$该人占有的土地份额=100\div1\,000=10\%$$

$$该人分摊的土地面积=600\times10\%=60(m^2)$$

或者 600÷1 000=0.6，即 1 m^2 的建筑面积附带 0.6 m^2 的土地面积。

按照建筑面积进行分摊，简便、可操作性强，但也存在问题：建筑面积分摊出现的不同部分的价值不同，但却分摊了等量地价。它主要适用于各层用途相同且价格差异不大的建筑物，如用途单一的住宅楼、办公楼。

2. 按照房地价值进行分摊

为了克服按照建筑面积分摊出现的不同部分的价值不同，但却分摊了等量地价的情况，可以根据各部分的房地价值进行分摊。这种分摊方法是根据建筑物各部分的房地价值占房地总价值的比例，来推断其占有的土地份额。即某部分占有的土地份额为该部分的房地价值除以房地总价值。具体计算公式为：

$$某部分占有的土地=\frac{该部分的房地价值}{房地总价值}$$

$$某部分分摊的土地面积=土地总面积\times\frac{该部分的房地价值}{房地总价值}$$

$$某部分分摊的地价数额=土地总价值\times\frac{该部分的房地价值}{房地总价值}$$

【例 9-8】 某 6 层楼的综合楼，1～3 层为商场，4～6 层为写字楼；商场为甲公司拥有，写字楼为乙公司拥有。该综合楼的土地价值为 3 500 万元，房地总价值为 5 000 万元，其中商场的房地价值为 3 000 万元，写字楼的房地价值为 2 000 万元。请按照房地价值进行分摊的方法计算甲、乙公司占有的土地份额及分摊的地价数额。

【解】 甲、乙公司占有的土地份额及分摊的地价数额计算如下：

甲公司占有的土地份额=3 000÷50 000=60%

乙公司占有的土地份额=2 000÷50 000=40%

甲公司分摊的地价数额=3 500×60%=2 100(万元)

乙公司分摊的地价数额=3 500×40%=1 400(万元)

深入分析：甲公司分摊的建筑物价值=3 000－2 100=900(万元)，乙公司分摊的建筑物价值=2 000－1 400=600(万元)，建筑面积相同的各层分摊的建筑物价值不相同，这是按照房地价值进行分摊方法的理论缺陷。从理论上看，各层房地价值有差异的原因，撇开为各层特殊的装饰装修不谈，应是土地的垂直立体效果不同造成的，各层的建筑物价值应相等。下面举一个简化的例子，可使这个问题得到清楚的说明：假设整幢大厦都是住宅，且每层的面积、户型、装饰装修等都相同，但由于楼层不同，售价肯定不同，如底层与其他层的价格有差异。显然，各层之间的价格差异不是其建筑造价不同造成的，只能归因于土地，是各层占据的土地立体空间位置的不同，从而其通达性、视野、景观、采光、通风、空气质量、安宁程度、安全等的不同造成的。

按照房地价值进行分摊比按照建筑物面积进行分摊要复杂一些，但更符合实际情况，主要适用于各部分的房地价值(单价)有差异但差异不很大的建筑物。

3. 按照土地价值进行分摊

按照房地价值进行分摊的方法仍然存在上述的假设用途、面积、空间布局、装饰装修等相同，仅房地价值不同的各层所分摊的建筑物价值不相等这个理论缺陷，因此，需要进一步寻找更为合理的分摊方法。

更为合理的分摊方法就是根据各部分的土地价值进行分摊。这种分摊方法是根据建筑物各部分的土地价值占土地总价值的比例，来推断其占有的土地份额。即某部分占有的土地份额为该部分的土地价值除以土地总价值。具体计算公式为：

$$\text{某部分占有的土地份额}=\frac{\text{该部分的房地价值}-\text{该部分的建筑物价值}}{\text{房地总价值}-\text{建筑物总价值}}$$

$$\text{某部分分摊的土地面积}=\text{土地总面积}\times\text{该部分占有的土地份额}$$

$$\begin{aligned}\text{某部分分摊的地价数额}&=\text{土地总价值}\times\text{该部分占有的土地份额}\\&=\text{该部分的房地价值}-\text{该部分的建筑物价值}\end{aligned}$$

【例 9-9】 某幢大厦的房地总价值为 5 000 万元，其中建筑物总价值为 2 000 万元。某人拥有该大厦的某部分，该部分的房地价值为 100 万元，建筑物价值为 40 万元。请按照土地价值进行分摊的方法计算该人占有的土地份额。

【解】 该人占有的土地份额计算如下：

$$\text{该人占有的土地份额}=\frac{100-40}{5\,000-2\,000}=2\%$$

上述讨论的分摊方法不仅适用于多层、高层建筑物的地价分摊，而且适用于同一层或平房的不同部位分别为不同人所有、房地价值不相等时的地价分摊。如在繁华地段，沿街部分的房屋比里面的房屋价值高，在这同一房屋分别为两人或两人以上所有的情况下，就需要进行地价分摊，确定各自的土地占有份额。

本章小结

本章主要介绍了路线价法、基准地价修正法、补地价的测算以及高层建筑地价分摊方法等。路线价法是求取临街若干标准宗地的平均价格，再配合深度价格修正率表，计算出与该道路临街的其他土地价格的一种估价方法，适宜城市繁华的商业街道两侧的土地。基准地价修正法是利用有关调整系数，将估价对象宗地所处土地级别或地价区段的基准地价调整为估价对象宗地价格的方法。高层建筑地价分摊的方法有按照建筑物面积分摊、按照房地价值分摊和按土地价值分摊等方法，可以计算各部分占有的土地份额、分摊的土地面积和分摊的地价数额。

思考与练习

一、单项选择题

1. 路线价法在实际估价时，设定的标准深度通常是路线价区段内临街各宗土地的临街深度的(　　)。

A. 算术平均数　　B. 加权平均数　　C. 中位数　　D. 众数

2. 对于(　　)，其临街深度虽然各不相同，只要先查出其所在区段的路线价，再根据临街深度查出相应的深度价格修正率，就可计算此宗土地的价格，而不必再考虑其他价格修正率。

A. 一面临街的矩形地　　B. 前后两面临街的矩形地

C. 矩形街角地　　D. 三角地

3. 路线价法主要适用于城市(　　)土地的估价。

A. 居住用地　　B. 工业用地　　C. 公益事业用地　　D. 商业街道两侧

4. 如果一幢建筑物内各层用途相同且价格差异不大，如用途单一的住宅楼、办公楼，其地价一般可以按(　　)分摊。

A. 土地价值　　B. 建筑物价值　　C. 建筑面积　　D. 房地价值

5. 城市基准地价是根据用途相似、地块相连、地价相近的原则划分地价区段，调查评估的各地价区段在某一时点的(　　)。

A. 最低价格　　B. 平均价格　　C. 出让地价　　D. 标定地价

6. 关于路线价法的表述中，下列不正确的是(　　)。

A. 路线价法实质是一种比较法，其理论依据与比较法相同，是房地产价格形成的替代原理

B. 路线价法适用于城镇街道两侧商业用地的估价

C. 运用路线价法的前提条件是街道较规整，两侧临街土地的排列较整齐

D. 路线价法是在特定的街道上设定标准临街宽度，从中选取若干标准临街宗地求其平均价格

7. 已知临街矩形地块甲的总价为 36 万元，临街宽度为 20 英尺，临街深度为 75 英尺。现有一相邻矩形地块乙，临街宽度为 30 英尺，临街深度为 125 英尺。运用四三二一法则，地块乙的总地价为(　　)万元。

A. 65.4　　B. 81.8　　C. 87.2　　D. 109.0

8. 某宗工业用地面积为 5 000 m^2，容积率为 1.0，楼面地价为 800 元/m^2，若城市规划部门批准将该地块改为商住用地，容积率为 8.0，其中商业用途建筑面积占 40%，楼面地价为 3 000 元/m^2，居住用途建筑面积占 60%，楼面地价为 1 000 元/m^2。该宗地块上理论上应补交的地价为(　　)万元。

A. 4 000　　B. 5 900　　C. 6 800　　D. 7 200

9. 某居民楼总建筑面积为 5 000 m^2，总价值为 1 000 万元，其中土地总价值为 500 万元，某人拥有该居民楼的一套单元式住宅，建筑面积为 150 m^2。房地总价值为 35 万元。若按照土地价值进行分摊，该人占有的土地份额为(　　)。

A. 3%　　B. 3.5%　　C. 7%　　D. 4%

二、多项选择题

1. 运用基准地价修正法评估宗地价值时，应明确的基准地价主要包括基准地价对应的(　　)。

A. 容积率　　B. 土地用途

C. 土地开发程度　　D. 评估单位

E. 土地使用权性质

2. 某建筑物共 3 层，总建筑面积为 600 m^2，每层建筑面积相等，房地总价值为 600 万元，土地价值为 200 万元。其中一层房地价值是二层的 0.85 倍，二层房地价值是三层的 1.2 倍。关于土地份额的计算，下列正确的有(　　)。

A. 按建筑面积分摊，一层占有的土地份额为 33.3%

B. 一层按房地价值分摊的土地份额低于按土地价值分摊的土地份额

C. 按房地价值分摊，二层占有的土地份额为 37.3%

D. 按土地价值分摊，二层占有的土地份额为 45.2%

E. 按土地价值分摊，三层占有的土地份额为 31.7%

3. 关于路线价法中选取标准宗地的说法，下列正确的有(　　)。

A. 应一面临街

B. 土地形状应为矩形

C. 临街宽度与临街深度之比应为 1∶1

D. 用途应为所在区段的代表性用途

E. 容积率一般设定为 1.0

4. 基准地价修正法评估国有建设用地使用权价值应具备的条件有(　　)。

A. 政府确定并公布了征收农地区片价标准

B. 估价对象位于基准地价覆盖区域

C. 有完备的基准地价修正体系

D. 估价对象宗地的开发程度与基准地价对应的开发程度一致

E. 估价对象宗地的使用年限与基准地价对应的使用年限相同

5. 从理论上讲，可按(　　)分摊高层建筑地价。

A. 建筑物价值　　B. 房地价值

C. 土地价值　　D. 建筑面积

E. 楼层

三、判断题

1. 由于路线价是若干标准临街宗地的平均价格，因此在采用路线价法估价时，一般不做因素修正。(　　)

2. 划分路线价区段时，将可及性相当、地块相连的土地划为同一路线价区段。因此，两个路口之间的地段一定是同一个路线价区段。(　　)

3. 现行城镇基准地价是在土地使用权出让和转让中形成的地价，而不是通过评估确定的地价。(　　)

4. 按照建筑物面积分摊高层建筑地价的方法主要适用于各层用途相同且价格差异不大的建筑物。(　　)

5. 路线价法实质上是一种比较法，在求取路线价时不需要进行交易情况修正，但应进行市场状况调整及房地产状况调整。(　　)

四、简答题

1. 什么是路线价法？路线价法的理论依据是什么？

2. 路线价法与一般的市场法有何异同？

3. 路线价法的优点是什么？

4. 路线价法适用的对象和条件是什么？

5. 路线价法的操作步骤是什么？

6. 如何划分路线价区段？

7. 如何设定标准临街深度？

8. 标准临街宗地应符合哪些条件？

9. 如何求出路线价？

10. 什么是临街深度价格修正率？

11. 什么是四三二一法则？

12. 路线价法的计算公式是怎样的？

13. 什么是基准地价？

14. 基准地价评估的思路主要有哪些？各有什么优缺点？

15. 基准地价评估的方法和步骤是什么？

16. 什么是补地价？需要补地价的情形主要有哪些？

17. 基准地价的评估结果应如何表示才能便于实际应用?

18. 什么是宗地价格? 评估宗地价格有哪两种方式?

19. 运用基准地价修正法评估宗地价格应注意哪些问题?

20. 高层建筑地价分摊是为了解决什么问题?

五、计算题

1. 某城市路线价标准深度为 24 m，划分为三个等份，从街道方向算起，各等份单独深度价格修正率分别为50%、30%、20%，请问临街16 m的矩形土地的平均深度价格修正率为多少?

2. 某宗土地总面积 7 500 m^2，容积率为 3，相应的土地单价为 4 500 元/m^2，现允许容积率提高到 5，假设容积率每提高 0.1，楼面地价下降 1%，请计算因容积率提高应补交的地价款。

3. 有一幢总楼层为 4 层的房地产，每层建筑面积相等，已知第二层的房地价为第一层的 1.35 倍，第三层的房地价为第四层的 1.45 倍，第四层的房地价为第二层的 91%，请按房地价分摊法计算第三层房地产占用的土地份额。

第十章　房地产估价案例

知识目标

1. 熟悉房地产估价报告的组成；
2. 熟悉房地产估价报告的内容；
3. 掌握房地产估价方法的运用。

能力目标

能够评估房地产价值并撰写估价结果报告和技术报告。

房地产估价报告

估价项目名称：××区××大街××号××公寓2号楼的土地使用权及地上建筑物(停建)房地产价格评估

委托人：××银行

估价机构：北京市×××房地产评估有限责任公司

注册房地产估价师：×××(注册号××)、×××(注册号××)

估价作业日期：2006年04月27日至2006年06月01日

估价报告编号：×××(2006)评字第××号

目　录

致委托人函

××银行：

承蒙贵方的委托，我公司对位于北京市××区××大街××号××公寓 2 号楼的土地使用权及地上建筑物(停建)房地产价格进行了评估。此次评估目的是确定房地产价值，为委托人以估价对象进行房地产交易工作提供价格参考依据。估价时点为 2006 年 5 月 21 日。

在整个估价过程中，注册房地产估价师本着独立、客观、公正的原则，在对估价对象进行了实地查看、广泛收集有关市场信息和估价对象信息的基础上，全面分析了影响估价对象市场价格的因素，运用成本法、收益法、市场法、假设开发法等估价方法对估价对象进行了评估，确定估价对象房地产市场价值为 12 323 万元，大写金额为壹亿贰仟叁佰贰拾叁万元整。

北京市×××房地产评估有限责任公司

法定代表人：×××

二〇〇六年六月一日

注册房地产估价师声明

我们郑重声明：

一、我们在本估价报告中陈述的事实是真实的和准确的。

二、本估价报告中的分析、意见和结论是我们自己公正的专业分析、意见和结论，但受到本估价报告中已说明的假设和限制条件的限制。

三、我们与本估价报告中的估价对象没有利害关系，与有关当事人也没有个人利害关系。

四、我们依照中华人民共和国国家标准《房地产估价规范》进行分析，形成意见和结论，撰写本估价报告。

五、我们已亲自对本估价报告中的估价对象进行了实地查看。

六、参加本次估价的注册房地产估价师：

×××（签名)(注册号：××××××)

×××（签名)(注册号：××××××)

估价的假设和限制条件

一、估价的假设前提

我们评估的是估价对象的现时市场价格，是指在估价时点对估价对象进行销售的正常合理价格，它依据如下假设：

1. 任何有关估价对象运作方式、程序符合国家和地方法律、法规。

2. 在估价时点的房地产市场为公开、平等、自愿的交易市场。

3. 在估价时点不受任何权利限制，在公开市场可以合法地进行转让。

4. 存在自愿销售的卖主，不考虑特殊买家的额外出价。

5. 有一段合理洽谈时间，通盘考虑房地产性质和市场情形进行议价。

二、未经调查确认或无法调查确认的资料数据

1. 根据《国有土地使用证》〔市东涉外国用(99)字第××号〕、《北京市城镇国有土地使用权出让合同》〔京房地出让[合]字(95)第××号〕及其附件记载，本次评估设定估价对象的现状土地用途为公寓。

2. 注册房地产估价师只对估价对象房屋进行一般性查看，未接受进行结构、设施品质的检测要求，由于估价对象房屋已闲置多年，注册房地产估价师不能确定该建筑现状是否存在质量缺陷或安全隐患等方面的问题。

3. 对于估价对象的房地产产权，注册房地产估价师仅以委托人提供的《国有土地使用证》〔市东涉外国用(99)字第××号〕、《北京市城镇国有土地使用权出让合同》〔京房地出让[合]字(95)第××号〕(估价对象属于停建工程，因此没有办理房屋所有权证)等文件复印件予以界定，产权人为北京××有限公司。

4. 估价对象的建筑面积、土地使用权面积，分别以委托人提供的《房屋土地测绘技术报告书》(××测绘技术有限责任公司 2004 年 12 月 30 日)、《国有土地使用证》〔市东涉外国用(99)字第××号〕记载的数据为依据。如与国家有关测绘部门最终确认的面积有差异，本报告结果应作相应调整。

5. 关于他项权利的披露。根据《国有土地使用证》〔市东涉外国用(99)字第××号〕记载，估价对象设置了抵押，抵押权人为北京市海淀区农村信用合作社联合社，权利价值 15 000 万元，抵押期限自 2005 年 12 月 23 日至 2006 年 12 月 22 日。本报告的估价结果未考虑抵押权的存在对房地产价值的影响。

三、估价中未考虑的因素及一些特殊处理

1. 本报告对估价对象市场价格的把握，仅相对于估价时点市场状况以及估价对象的现状而言，并未考虑市场价格波动、税费率的变化、国家经济政策发生变化以及其他不可抗力等因素对估价对象价值的影响，使用者在运用本报告的结果时应予充分考虑。

2. 估价对象至今只取得了 1996 年的主体验收合格文件，尚未办理《房屋所有权证》，本报告的估价结果未考虑办理房屋所有权证可能发生的费用。

3. 根据《国有土地使用证》〔市东涉外国用(95)字第××号〕、《北京市城镇国有土地使用权出让合同》{京房地出让[合]字(95)第××号}和《建设工程规划许可证》(95)规建字××号)记载，××区××大街××号院土地用途为商业办公及公寓，总出让金 5 396.85 万元，

1号楼和2号楼总建筑面积45 910 m^2。由于北京××有限公司无法提供各个用途土地的出让金额，在此我们根据总出让金和总建筑面积测算出原土地出让金均价为1 175.53元/m^2，并以此为假设前提计算估价对象因用途改变而需补交的出让金额，若改变建设用途确需补交土地出让金，具体金额应依据北京市地价评审委员会审定结果为准。

4. 由于对估价对象建成写字楼的改造方案具有一定的特殊性，因此改造方案的描述及续建成本的测算，采用清华大学建筑设计院出具的设计方案要点及估算表作为此次估价依据。本次测算是设定其在规划上许可、技术上可行的前提下进行的。

四、估价的限制条件

1. 本报告估价结果为2006年5月21日的市场价格，随着时间及市场情况的变化，该价格需作相应的调整。如使用本报告估价结果的时间与报告的估价日期相差12个月或以上，我公司对应用此结果给有关方面造成的损失不承担任何责任。

2. 本报告仅为委托人进行投资提供价格参考依据，如果改变估价目的或用于其他用途对使用者造成的损失，我公司不承担任何责任。

3. 委托人和北京××有限公司所提供的资料是此次估价的重要依据，注册房地产估价师未向政府有关部门核实和查证，对于该资料的真实性和准确性由委托人负责，对由此而引起的后果及相关责任，我公司不承担任何责任。

4. 报告中数据全部采用电算化连续计算得出，由于在报告中计算的数据均按四舍五入保留两位小数或取整，因此，可能出现个别等式左右不完全相等的情况，但不影响计算结果及最终评估结论的准确性。

5. 本报告和估价结果的使用权归委托人所有，本公司对估价结果有最终解释权。

6. 未经我公司允许，本估价报告全部或部分内容不得公开发表。

房地产估价结果报告

一、委托人：××银行

二、估价机构

北京市×××房地产评估有限责任公司

单位地址：北京市××区×××胡同24号院

资质级别：建设部一级

资质证书：建房估证字【2005】×××号

法人代表：×××

联系人：×××

三、估价对象

(一)估价对象界定

估价对象是指位于北京市××区××大街××号的××公寓2号楼土地使用权及地上建筑物(停建)。估价对象状况见表10-1。

表10-1 估价对象状况一览表

项目名称	××公寓2号楼
项目位置	××区××大街××号
建筑结构	框架-剪力墙
楼层	地上12层，无地下
土地使用权类型	出让
土地使用权用途	公寓
土地使用面积/m^2	5 550
土地使用权终止日期	2065年10月30日
总建筑面积/m^2	15 032.27(主体14 805.48，锅炉房226.79)
建筑年代	1995年至1998年由旧厂房改造为现状，尚未完工且闲置多年
国有土地使用证	市东涉外国用(99)字第××号
房屋所有权人与土地使用权人	北京××有限公司

(二)估价对象概况

1. 估价对象四至

估价对象位于北京市××区××大街××号西院，东至××大街××号东院，南至××大街22号，西至小夹道，北至嵩祝寺。

2. 建筑物历史背景

该楼为原牡丹集团东风电视机厂生产组装车间，始建于1974年，原设计为六层框架结构，局部七层。

该楼于20世纪90年代中期进行了结构改造。1995年11月由清华建筑设计院完成改造设计，1997年完成改造施工，后由于使用功能改变于1998年再次进行修改，即在每层增设了一局部夹层(公寓楼格局形式)，总体上形成目前的十二层结构形式。此次改造期间对一层及二层部分框架柱、顶层框架梁进行了加固处理；在局部区域增设了现浇混凝土剪力墙、电梯井及楼梯间、承重柱和建筑面积约5 000 m^2的夹层楼板；另外，还对局部区域的预制圆孔板进行了拆除，改为现浇混凝土板。建筑物主体结构改造基本完成，闲置至今。

3. 建筑物现状

建筑物周边为水泥砂浆及沥青地面，地上停车位约50个。外立面为白色小块瓷砖兼有粉色瓷砖点缀，墙面有瓷砖脱落现象。内墙为水泥墙面，部分砌块外露。地面及楼梯间为水泥面，尚未抹平。顶棚未做处理，管线外露。外窗为中空双玻黑色铝合金窗，但折旧较大。

估价对象现保存有个别精装修标准样板间，楼道吊顶有筒灯、烟感喷淋。入户门为防盗门和实木门，大厅、卧室、书房为米黄色木地板，墙面刷白色涂料，卫生间瓷砖铺地面、铺墙面、铝合金吸声吊板，厨房为瓷砖铺地面、铺墙面。由于样板间长期闲置，装修有折旧现象。

建筑物原设计消防采用自动报警及喷淋系统。供暖及空调通风系统冬季采用暖气供暖，热源由锅炉房提供；夏季采用分体空调系统。各类管线、暖气片已安装到户，上述设施为原设计标准，部分管线已预留，但因长期闲置，在质量和功能上已不能满足当前的使用要求。

四、估价目的

确定估价对象房地产市场价格，为委托人以估价对象进行房地产交易提供价格参考依据。

五、估价时点：2006 年 5 月 21 日

六、价值定义

本报告的估价结果是指估价对象具备转让、出租、抵押的权利，房屋在维持现状并正常使用的条件下，于估价时点 2006 年 5 月 21 日的土地使用权及地上建筑物(停建)的房地产市场价格。

七、估价依据

本次评估的估价依据包括中华人民共和国全国人大及其常委会、国务院、国家建设部、国土资源部以及北京市人民政府有关部门颁布的有关法规和政策文件，委托人提供的有关资料等。具体资料如下：

1.《中华人民共和国土地管理法》。

2.《中华人民共和国城市房地产管理法》。

3.《北京市基准地价》。

4.《房地产估价规范》。

5. 委托人提供的涉及估价对象的有关法律文件、图表和资料。

6. 我公司掌握的有关市场资料及注册房地产估价师实地查看所获取的材料。

八、估价原则

我们在估价时遵循了以下原则：

(一)合法原则：房地产估价必须以房地产合法使用为前提。

(二)最高最佳利用原则：能给估价对象带来最高收益的使用，这种使用，是在法律上允许、技术上可能、财务上可行。

(三)替代原则：房地产价格遵循替代规律，有相同效用、有替代可能的房地产会相互影响和竞争，使其价格相互牵制而趋于一致。

(四)价值时点原则：由于房地产市场是不断变化的，在不同估价时点，同一宗房地产

往往具有不同的价格水平，对估价对象房地产市场情况及其自身情况的界定，均以其在估价时点已知或假设状况为准。

九、估价思路和方法

房地产估价常用方法有市场法、收益法、成本法、假设开发法和基准地价系数修正法等，评估过程中应根据估价对象的实际情况选择适合的估价方法。

此次评估运用了三种技术路线，分别是：采用成本法兼用基准地价法测算估价对象价格，采用假设开发法兼用收益法、市场法从改建为写字楼角度测算估价对象市场价格，采用假设开发法兼用市场法从续建为公寓角度测算估价对象市场价格。

具体分析如下：

1. 估价对象属于独立的整幢楼宇，并且尚未竣工，适用成本法测算。成本法是指以现时开发建造估价对象房地产或者类似房地产所需的各项必要费用之和为基础，再加上正常利润得出房地产价格的方法。其中土地使用权价格用基准地价法测算。

2. 估价对象属于停建工程，可继续建设装修或改变用途进行改建，使用假设开发法测算。假设开发法是将预测的估价对象开发完成后的价值，减去未来的正常开发成本、税费和利润等，以此求取估价对象的客观合理价格或价值的方法。

估价对象投资方向和现状用途分别是写字楼和公寓，因此，从改建为写字楼后的价值和续建为公寓后的价值两个角度分别进行假设开发的测算能更加客观的反映估价对象的合理价格。

(1)估价对象改建为写字楼后的价值，由于市场中有类似的写字楼项目出售、出租，交易价格较透明，因此可以用市场法和收益法综合测算。市场法是指在求取估价对象的房地产价格时，将估价对象与在较近时期内交易的类似房地产加以比较对照，从交易价格修正得出估价对象房地产价格的一种方法。收益法是将预期的房地产未来各期的正常净收益折算到估价时点上的现值，求其之和得出估价对象房地产市场价格的方法。以估价对象改建为写字楼后的价值，扣除应补交的土地出让金和改建费用，即为估价对象的市场价格。

(2)估价对象续建为公寓后的价值，采用市场法测算。市场中有类似的二手公寓出售，交易价格较透明，可作为转让实例，采用市场法测算能较准确地反映估价对象的比准价格。以估价对象续建为公寓后的价值，扣除续建费用，即为估价对象的市场价格。

3. 采用成本法测算估价对象价格，采用假设开发法从改建为写字楼角度测 算估价对象市场价格，采用假设开发法从续建为公寓角度测算估价对象市场价格三种技术路线从不同角度反映了房地产价格，根据估价对象的特点、房地产市场行情，根据最高最佳使用原则并结合估价师的经验，采用加权平均的方法求取房地产市场价格。

十、估价结果

在整个估价过程中，注册房地产估价师本着公平、公正、客观的原则，在对估价对象进行了实地查看、广泛收集有关市场信息和估价对象信息的基础上，全面分析了影响估价对象市场价格的因素，并运用科学的估价方法对估价对象的房地产市场价格进行了评估。最终确定估价对象的房地产市场价格，见表 10-2。

表 10-2 估价对象的房地产市场价格

项目	单价/(元·m^{-2})	建筑面积/m^2	总价/万元
合计	8 197	15 032.27	12 323

十一、估价人员

×××（注册房地产估价师　注册号：××××××××××）

×××（注册房地产估价师　注册号：××××××××××）

十二、估价作业日期

2006 年 4 月 27 日至 2006 年 6 月 1 日

十三、估价报告使用期限

本报告使用期限为一年(2006 年 6 月 1 日至 2007 年 5 月 31 日)

房地产估价技术报告

一、个别因素分析

1. 估价对象四至

估价对象位于北京市××区××大街××号西院，东至××大街××号东院，南至××大街 22 号，西至小夹道，北至嵩祝寺。

2. 估价对象概况

××银行委托评估的估价对象是指位于北京市××区××大街××号的××公寓 2 号楼。估价对象概况一览表见表 10-3。

表 10-3 估价对象概况一览表

项目名称	××公寓 2 号楼
项目位置	××区××大街××号
建筑结构	框架-剪力墙
楼层	地上 12 层，无地下
土地使用权类型	出让
土地使用权用途	公寓
土地使用面积/m^2	5 550
土地使用权终止日期	2065 年 10 月 30 日
总建筑面积/m^2	15 032.27(主体 14 805.48，锅炉房 226.79)
建筑年代	1995 年至 1998 年由旧厂房改造为现状，尚未完工且闲置多年

续表

国有土地使用证	市东涉外国用(99)字第××号
房屋所有权人与土地使用权人	北京××有限公司

3. 估价对象建筑物状况(略)

二、区域因素分析

(一)地理位置：估价对象位于北京市××区××大街××号西院，东至××大街××号东院，南至××大街22号，西至小夹道，北至嵩祝寺。

(二)交通便捷度：估价对象东隔××1号楼(现××银行)，临近××大街及××街，向北约500 m为××大街，向南约500 m为××大街，道路等级较低。周边公交线路有8路、60路、112路，道路通达性和便捷性较好。估价对象不直接临街，其出入口为建筑东侧与××1号楼之间的夹道。

(三)公共配套设施：商务配套主要有中国进出口银行等。生活配套设施如购物场所、邮电局、饭店等较齐全但距估价对象有一定距离。周边公共配套设施基本满足商务活动和日常生活的需要。

(四)周边环境：估价对象位于北京市××区中心地带。北临文化遗迹嵩祝寺，西南方向约1 km有故宫博物院、景山公园，距离东南方向1.5 km左右是北京市著名的王府井商业街。估价对象区域的文化气氛浓郁、商业气氛较弱。周边新建的建筑物较少，以旧有建筑物或改建建筑物为主。

(五)基础设施状况：估价对象位于北京市市中心，市政基础设施齐全，区域土地的水、电、气、暖、通信、宽带等管网均已接通。

三、市场背景分析

北京是全国政治、经济、文化的中心，也是全国性交通枢纽，铁路四通八达，空中航线、公路交通十分便利。北京作为首都的特殊地位及其良好的投资环境吸引了大量的投资者进驻北京，北京的房地产市场需求始终保持着较高的水平。北京2008年奥运会的申办成功、中国加入世界贸易组织等事件在一定程度上刺激了北京房地产市场，特别是外国公司重新审视其在中国的市场运作，对扩大投资抱有积极的态度，而且市政府加大对市政基础设施建设的力度，这些因素为房地产市场带来了良好的预期。

估价对象位于××大街附近，已经脱离×××商业中心的辐射影响。所在区域道路等级较低，新建高层建筑少，周边房地产以居住及旧有办公用房为主，办公集聚度一般，商业繁华度处于较低水平，土地级别为居住一级、综合二级、商业三级。此区域新建居住项目均为高档次住宅，且数量较少。周边写字楼可大致分为中低、中高两个档次。中低档写字楼所占比例较大，建筑为多层砖混结构，普遍已经进行过二次装修、改造，但装修档次不高，配套落后；中高档以新建写字楼、商务酒店式写字楼为主，其特点是办公环境好，装修档次高，配套全。

四、最高最佳使用分析

根据《国有土地使用证》〔市东涉外国用(99)字第××号〕记载，估价对象的用途为居住。根据对估价对象的个别因素和区位条件的分析，其最高最佳使用用途为居住或综合。

五、估价测算过程

(一)采用成本法测算估价对象价格

估价对象属于独立的整幢楼宇，并且尚未竣工，适用成本法测算。成本法是求取估价对象在估价时点的重新购建价格，然后扣除折旧，以此估算估价对象的客观合理价格或价值的方法。重新购建价格中包括土地使用权价格，建筑安装工程费、红线内市政工程费、专业人士费、管理费、投资利息以及投资利润。

1. 土地使用权价格(采用基准地价修正法)

北京市基准地价是指各土地级别内，土地开发程度为宗地外通路、通电、通信、通上水、通下水、通燃气、通热力及宗地内土地平整(简称“七通一平”)或宗地外通路、通电、通信、通上水、通下水及宗地内土地平整(简称“五通一平”)，在平均容积率条件下，同一用途的完整土地使用权平均价格。基准地价的表示形式为楼面熟地价，同时公布楼面毛地价；楼面熟地价是指各土地级别内，完成通平的土地在平均容积率条件下，每建筑面积分摊的完整土地使用权的平均价格；楼面毛地价是指各土地级别内，在平均容积率条件下，政府收取的某种用途法定最高出让年限内的土地出让金、市政基础设施配套建设费的平均楼面价格。

楼面熟地价的计算公式为：

楼面熟地价＝适用的楼面熟地价×期日修正系数×年限修正系数×容积率修正系数×因素修正系数

北京市基准地价表见表10-4。

表10-4　北京市基准地价表

元/m^2

土地用途	价格类型	土地级别									
		一级	二级	三级	四级	五级	六级	七级	八级	九级	十级
商业	基准地价(楼面熟地价)	7 210～9 750	5 680～7 680	4 530～6 130	3 720～5 090	2 720～4 000	1 970～2 900	1 150～1 980	530～1 180	250～540	140～260
	楼面毛地价	2 660～4 900	1 680～3 120	1 500～2 420	1 240～1 860	970～1 450	720～1 090	500～740	360～540	180～380	90～190
综合	基准地价(楼面熟地价)	5 540～8 250	4 440～6 000	3 620～4 940	2 650～3 900	1 960～2 790	1 290～2 080	880～1 320	430～900	200～450	140～260
	楼面毛地价	1 640～4 500	1 460～2 200	1 130～1 690	880～1 320	660～990	500～740	400～600	250～470	140～260	90～150

续表

土地用途	价格类型	土地级别									
		一级	二级	三级	四级	五级	六级	七级	八级	九级	十级
居住	基准地价（楼面熟地价）	4 740～7 000	3 800～5 760	2 730～4 590	2 090～3 600	1 500～2 790	1 060～1 820	630～1 080	330～650	180～370	140～260
	楼面毛地价	1 710～3 000	900～2 100	550～1 300	400～930	300～680	190～430	150～350	120～280	100～220	90～150
工业	基准地价（楼面熟地价）	1 200～1 800	1 000～1 220	850～1 050	600～900	420～680	310～510	220～330	150～240	100～170	—
	楼面毛地价	420～850	430～530	340～440	270～360	195～300	135～225	100～160	60～100	20～60	—

北京市基准地价内涵如下：

(1)土地开发程度：居住用途一至六级土地开发程度为“七通一平”。

(2)平均容积率：居住一至六级平均容积率为2。

(3)基准日期：基准地价的基准日期为2002年1月1日。

(4)土地使用年限：居住用途最高使用年限为70年。

(5)适用的基准地价：估价对象现状用途为居住，是北京市基准地价区类划分标准中的居住一级地价区，土地使用权楼面熟地价为4 740～7 000元/m²。计算高低限的平均值，确定楼面熟地价为5 870元/m²。

(6)期日修正系数：基准地价的基准日期为2002年1月1日，基准日期至估价时点期间，估价对象所在区域土地使用权价格基本没有变化，所以不需要修正。

(7)基准地价因素修正系数的确定(表10-5)。

表10-5 北京市居住一级基准地价因素修正系数表

影响因素	调整幅度	修正系数
A、居住社区成熟度	−2%～2%	−2.00%
B、交通便捷度	−4%～4%	−2.00%
C、区域土地利用方向	−2%～2%	0.00%
D、临街状况	−2%～2%	−2.00%
E、宗地形状及可利用程度	−1.6%～1.6%	1.50%
F、公共服务设施和基础设施状况	−2.4%～2.4%	−1.00%

续表

影响因素	调整幅度	修正系数
G、自然和人文环境状况	−4%～4%	3.00%
H、与商业中心的接近程度	−2%～2%	0.00%
合计	−20%～20%	−2.50%

注：A、居住社区成熟度：指区域居住用地比例、居住小区规模和社区发展完善程度。B、交通便捷度：指公交条件、距离火车站等交通疏散中心距离、区域道路密集程度。C、区域土地利用方向：指周边土地利用方向的一致性。D、临街道路状况：指临街道路类型、级别、人行道宽度和交通管制。E、宗地形状及可利用程度：指宗地形状对土地利用的影响程度。F、公共服务设施和基础设施状况：指各种基础设施的配套完善程度。G、自然和人文环境状况：指学校数目和类型；文体设施状况；居民素质；景观；噪音、空气和水体污染及危险设施或污染源的临近程度。H、与商业中心的接近程度：与各种规模商业中心的距离和相互通达状况。

$$因素修正系数=1-2.5\%=97.5\%$$

(8)年限修正系数：基准地价界定的居住用途土地使用权年限为70年，估价对象土地使用权终止日期为2065年10月30日，土地剩余使用年限为59.48年。

$$年限修正系数=\{1-[1/(1+r)^n]\}\div\{1-[1/(1+r)^m]\}=0.994$$

式中 r——土地报酬率(取8.00%)；

n——宗地剩余使用年限(59.48年)；

m——法定最高出让年限(70年)。

(9)容积率修正系数的确定：按照城市规划管理部门给定的宗地容积率(R)，查相应的《容积率修正系数表》确定容积率修正系数。估价对象现状容积率约为2.71，确定容积率修正系数为0.932。

(10)估价对象楼面熟地价的确定：

楼面熟地价＝适用的楼面熟地价×期日修正系数×年期修正系数×容积率修正系数×因素修正系数

$$楼面熟地价=5\,870\times1\times0.994\times0.932\times0.975=5\,302(元/m^2)$$

2. 建筑安装工程费

根据北京市建筑工程概预算定额标准，估价对象的建筑结构的建筑安装工程费约为1 800元/m^2。

3. 红线内市政工程费

红线内市政包括供暖、给水、排水、弱电、道路、绿化等，参考目前市政工程建设标准，类似于估价对象的红线内市政工程费大约为建筑安装工程费的10%，由此可测算红线内市政工程费：

$$1\,800\times10\%=180(元/m^2)$$

4. 专业人士费

专业人士费包括工程的工程设计、勘察、可行性研究等以及不可预见费，该费用约占建筑安装工程费及红线内市政工程费的 10%：

$$(1\ 800+180)\times 10\%=198(\text{元/m}^2)$$

5. 管理费

管理费是指在建设施工过程中的发生人员工资、福利等，该项费用占建筑安装工程费和红线内市政工程费的 8%，则管理费为：

$$(1\ 800+180)\times 8\%=158.40(\text{元/m}^2)$$

上述 4 项费用合计为 2 336.40 元/m²。

6. 投资利息

利率按年贷款利率 6.03%计算。类似于估价对象的正常建造期为 2 年，其中土地开发期为 0.5 年、建设期 1.5 年。各项费用均匀投入，则投资利息为：

土地投资利息：$5\ 302\times[(1+6.03\%)^{0.5/2+1.5}-1]=658.70(\text{元/m}^2)$

建筑物投资利息：$2\ 336.40\times[(1+6.03\%)^{1.5/2}-1]=104.89(\text{元/m}^2)$

投资利息：$658.70+104.89=763.59(\text{元/m}^2)$

7. 投资利润

根据北京市同类房地产投资的平均利润率水平状况，估价对象的实际情况，设定估价对象整个建设周期的客观开发利润，以上述土地使用权价格、建安工程费、红线内外市政工程费、专业人士费及管理费之和为基数，成本利润率取 10.00%，则投资利润为：

土地投资利润：$5\ 302\times 10.00\%=530.20(\text{元/m}^2)$

建筑物投资利润：$2\ 336.40\times 10.00\%=233.64(\text{元/m}^2)$

投资利润：$530.20+233.64=763.84(\text{元/m}^2)$

8. 建筑物现值的确定

成本法中的成新折扣法是根据建筑物的建成年代、新旧程度等，确定建筑物的成新率，直接求取建筑物的现值。根据注册房地产估价师实地查看，并结合委托人和资产占有方的介绍，估价对象于 1998 年改造为现状，根据原建设部、财政部制定的《房地产单位会计制度——会计科目和会计报表》(1992 年 6 月 5 日建综〔1992〕349 号印发)，钢筋混凝土结构(包括框架大板与框架轻板)的说明，非生产用房的年限为 60 年，截止估价时点，估价对象房屋剩余耐用年限约为 52 年。求取建筑物的成新率的计算公式为：

(1)该建筑物的成新率$=n\div(t+n)\times 100\%$

t 为建筑物已使用过的年限为 8 年；n 为建筑物剩余的年限为 52 年。

该建筑物的成新率$=52\div(8+52)\times 100\%=86.67\%$

(2)求取最终建筑物的现值，其计算公式为：

$$V=C\times q$$

V 为建筑物现值；C 为建筑物重新购建价格（估价对象建筑物现状价值为上述建安工程费、红线内外市政工程费、专业人士费及管理费、建筑物投资利息、建筑物投资利润之和）；q 为建筑物的成新率（%）。

最终建筑物现状价值单价＝(1 800＋180＋198＋158.40＋104.89＋233.64)×86.67%

＝2318.36（元/m²）

9. 估价对象房地产价值的确定

最终估价对象的价值单价＝建筑物现状价值单价＋土地使用权价格＋土地投资利息＋土地投资利润

＝2 318.36＋5 302＋658.70＋530.20＝8 809.26（元/m²）

最终估价对象现状价值总价＝8 809.26×15 032.27＝13 242（万元）

（二）从改建为写字楼角度测算估价对象市场价格

根据清华建筑设计院出具的改造方案要点，估价对象现状主楼所有夹层拆除；主楼 4～12 轴设为办公及设备用房；主楼 1～4 轴楼板及剪力墙拆除，设为立体机械停车库；主楼 12～16 轴梁、板、柱、剪力墙及四层以上部分均拆除，四层屋顶改为网架屋顶，共设三层会议室；基地面积为 1 875m²，总建筑面积为 9 036m²；主楼为六层；前面附属楼为八层（由于是砖混结构，不宜对这一部分的结构再行改造）；主楼顶上还加有一层设备层；结构形式为框架-剪力墙结构；大会议室按观演空间设计，共有池座一层，楼座两层，总面积为 533 m²，可设 732 座；停车库设为立体机械停车库，设六个出口，停车总数为 132 辆。各楼层面积见表 10-6。

表 10-6　各楼层面积表

项目名称 楼层	办公及设备用房/m²	会议室/m²	停车库/m²	前附楼/m²	小计/m²
一层	966	358	301	504	2 129
二层	759	156	301	504	1 720
三层	847	99	301	504	1 751
四层	847	—	301	504	1 652
五层	786	—	—	—	786
六层	786	—	—	—	786
设备层	212	—	—	—	212
合　计	5 203	613	1 204	2 016	9 036

改建方案的室内外装修设计如下：

外墙面：背槽式瓷板干挂幕墙（重量轻，强度高）；

外墙窗：断桥隔热铝合金中空玻璃窗；

天棚：T型铝合金龙骨，面层采用铝合金板；

隔断墙：采用双排T型龙骨，岩棉填充，双层AT板刮胶；

会议室屋顶：采用轻型钢架，保温隔声屋面加芯板；

楼地面：会议室采用地毯，办公用房采用复合木地板，卫生间采用瓷砖。

A、采用收益法测算改建完成后的写字楼市场价格

收益法是指运用适当的报酬率，将预期的房地产未来各期的正常净收益折算到估价时点上的现值，求其之和得出估价对象房地产市场价格。

1. 年租金毛收入

经对估价对象周边相类似的物业调查分析，确定估价对象可出租建筑面积的租金水平。整个区域类似中高档次写字楼每天每平方米租金4～6元。实例见表10-7。

表10-7　写字楼租金实例

物业名称	位　置	租　金
平安发展大厦	东城区东四十条	5元/(d·m²)
御都友谊大厦	东城区东安门大街	5元/(d·m²)
柏景大厦	东城区灯市口大街	5元/(d·m²)

最终取其平均值确定估价对象的租金为每天每建筑平方米5元，在市场上有一定的竞争力，办公面积、会议室面积等在计算租金时统一按可出租的办公用房面积，即7 832 m^2计算；车库收益按停车位计算，停车总数为132辆，根据当前市区写字楼车位出租情况，估价对象的车位租金取600元/个·月，在市场上有一定的竞争力。则估价对象的年租金毛收入为：

$$(5\times7\ 832\times365+600\times12\times132)\div10\ 000=1\ 524.38(\text{万元})$$

2. 年有效租金收入

考虑出租代理费用、出租空置率、租赁缓租期、租金交付拖欠等情况的影响，每年每套房屋总收益损失的租金按1.5个月计算，则年有效租金收入为：

$$1\ 524.38\text{万元}\times(1-1.5/12)=1\ 333.83\text{万元}$$

3. 年客观运营费用

(1)房产税。按年有效租金收入的12%计算：

$$1\ 333.83\text{万元}\times12\%=160.06\text{万元}$$

(2)营业税、城市建设维护税和教育费附加。按年有效租金收入的5.5%计算：

$$1\ 333.83\text{万元}\times5.5\%=73.36\text{万元}$$

(3)物业维修费用。根据目前物业维修的统计资料，维修费用约占年有效租金收入的2%，则物业维修理费为：

$$1\ 333.83\text{万元}\times2\%=26.68\text{万元}$$

(4)土地使用税。按 4 元/m²(土地面积)计算，土地使用税为：

$$5\ 550\times4\div10\ 000=2.22(\text{万元})$$

(5)物业管理费(含公共水电费、垃圾处理费、物业公司工作人员工资等)。按年有效租金收入的 5%计算：

$$1333.83\text{万元}\times5\%=66.69\text{万元}$$

(6)年客观运营成本：

年客观运营成本＝上述 5 项之和＝329.01(万元)

4. 年净收益

年净收益＝年有效租金收入－年客观运营成本

＝1 333.83 万元－329.01 万元

＝1 004.82 万元

5. 确定报酬率

报酬率实质上是一种投资收益率，即报酬率应等同于与获取估价对象产生的净收益具有同等风险投资的收益率。虽然目前北京房地产投资的风险较以往有所增加而投资收益率有所下降，但相对其他行业仍然具有较高的投资收益率。由于房地产本身的固有特性以及房地产存在的地域性，使不同区位、不同类型、不同时期的房地产投资收益率会存在一定的差异。经过调查计算分析，估价对象所在区域为北京市最中心地带，房价回落的可能性很小，但同时总房价款较高，因此仍具有一定的投资风险，最终确定投资收益率为 8%。

6. 采用收益法测算的房地产市场价格

$$V=\frac{A}{r}\times\left[1-\frac{1}{(1+r)^n}\right]$$

式中 V——房地产市场价格；

A——年净收益(1 004.82 万元/年)；

r——报酬率(8%)；

n——收益年限(综合土地使用年限 50 年)。

根据上述公式以及分析取得的数据，采用收益法测算出估价对象房地产市场价格为总价 12 292 万元，单价 13 603 元/m²。

B、采用市场法测算改建完成后的写字楼市场价格

市场法是指在求取估价对象的房地产价格时，将估价对象与在较近时期内交易的类似房地产加以比较对照，从交易价格修正得出估价对象房地产价格的一种方法。

1. 可比实例选择

选择三个与估价对象的用途相近、交易类型相同、区域及个别因素条件相近、交易情况正常的交易的实例，以它们的价格作比较，结合影响房地产的因素，进行因素修正，求取估价对象的价格。由于估价对象周边新建出售的写字楼项目较少，选取实例时以同一地价区位的写字楼为参照。

具体实例如下：

实例 A：金宝通汇大厦

位于东城区建国门内金宝街 18 号，金宝街东段路南。金宝通汇大厦左右邻街无其他办公建筑，其商业、办公气氛主要受金宝街西段众多商务大厦影响。公共配套、基础设施齐全。交通便利，有 24 路、44 路、713 路、820 路到达，距东二环线较近。项目占地 3 347 m^2，总建筑面积 17 056 m^2。建筑共 9 层，有底商，为新建建筑，目前主体结构及外立面装修均已完成，正进行内部装修，尚未有企业入住。抛光大理石外立面，采暖通风系统采用中央空调。物业管理费拟定为 10 元/m^2 · 月。2006 年 5 月的市场价格为 15 500 元/m^2。

实例 B：盈地大厦

位于东城区朝阳门内大街 298 号，北邻朝阳门内大街，西距东四北大街约 50 m。地段商业气氛较好，公共配套、基础设施齐全。公交线路有 110 路、111 路、106 路、112 路、202 路、807 路、846 路等。大厦为建成并已使用项目，共地上 9 层，地下 3 层，含商业和写字楼。商业部分名称为盈通购物城，现正在招商。项目占地 6 500 m^2，总建筑面积 48 000 m^2。建筑物外立面铺米花石材，部分为淡绿色玻璃幕墙。公共部分精装修，淡绿色玻璃外窗，采用中央空调系统。办公物业管理费为 23 元/月 · m^2，由专业物业管理公司进行管理。2006 年 5 月写字楼的市场价格为 15 000 元/m^2。

实例 C：金域中心

位于东城区朝阳门内大街以南，北距朝阳门内大街约 50 m，东距东二环约 100 m，西邻朝内小街。项目东有新建成的凯恒中心、北有中海油大厦，区域商务气氛浓郁，公共配套设施齐全。交通便利公交线路多，有 112 路、115 路、109 路等，距环线地铁朝阳门站约 100 m。项目总建筑面积 12 万 m^2，共分九个组团，规模巨大。建筑物地下 2 层，地上 7 至 12 层不等，一至二层为商业。底商层高 4.5 m，二层商业及办公部分层高 3.9 m。配有美国约克和瑞士成克特中央空调系统、美国艾顿自控系统，美国 GIC 通信系统、日本 BOLIN 安防系统等先进楼宇配套，通宽带及有线电视。建筑外立面采用抛光大理石与褐色玻璃幕墙相间，公共部分精装修。2006 年 5 月的市场价格为 15 000 元/m^2。

2. 编制比较因素条件说明表

估价对象与可比实例的比较因素条件详述见表 10-8。

表 10-8　比较因素条件说明表

比较因素 \ 估价对象与可比实例	待估宗地	实例 A	实例 B	实例 C
位置	××区××大街××号	东城建国门内金宝街 18 号	东城区朝阳门内大街 298 号	东城区朝阳门内大街
土地使用期限/年	50	50	50	50

续表

比较因素 \ 估价对象与可比实例		待估宗地	实例 A	实例 B	实例 C
交易日期		2006 年 5 月	2006 年 5 月	2006 年 5 月	2006 年 5 月
土地用途		综合	综合	综合	综合
交易情况		正常	正常	正常	正常
交易价格/(元·m^{-2})		待估	15 500	15 000	15 000
区域因素	交通便捷度	位于市中心有多条公交线路	位于二环内有多条公交线路	位于二环内有多条公交线路	位于二环内有地铁及多条公交线路
	商业繁华度与办公集聚度	有少量写字楼	以西有大量商业和写字楼	商业物业多、办公气氛一般	新建高档项目多、商务气氛好
	区域土地利用方向	土地利用方向较好	土地利用方向好	土地利用方向好	土地利用方向好
	公共设施状况	较齐全	齐全	齐全	齐全
	基础设施状况	齐全	齐全	齐全	齐全
个别因素	临街状况	不临街	一面临街	一面临街	三面临街
	临街道路情况	北河沿大街	金宝街	朝阳门内大街、东四北大街	朝阳门内大街、朝内小街
	项目知名度与美誉度	普通知名度	不知名	知名度高、美誉度一般	知名度、美誉度较高
	建筑档次	中档	中档	中档	高档
	总建筑面积/m^2	9 036	17 056	48 000	120 000
	建筑内部设施情况	基本设施	基本设施	基本设施	高档设施
	物业管理状况	自有物业管理	自有物业管理	专业物业管理	专业物业管理

3. 编制比较因素条件指数表

根据估价对象与可比实例各种因素具体情况，编制比较因素条件指数表。比较因素指数确定见表 10-9。

表 10-9　比较因素条件指数表

比较因素 \ 估价对象与可比实例	估价对象	实例 A	实例 B	实例 C
土地使用期限	100	100	100	100
交易日期	100	100	100	100

续表

比较因素 \ 估价对象与可比实例		估价对象	实例 A	实例 B	实例 C
土地用途		100	100	100	100
交易情况		100	100	100	100
区域因素	交通便捷度	100	100	100	101
	商业繁华度	100	102	101	102
	区域土地利用方向	100	101	101	101
	公共设施状况	100	101	101	101
	基础设施状况	100	100	100	100
个别因素	临街状况	100	101	101	102
	临街道路情况	100	102	103	103
	项目知名度与美誉度	100	99	101	102
	建筑档次	100	100	100	101
	总建筑面积/m^2	100	100	101	103
	建筑内部设施情况	100	100	100	102
	物业管理状况	100	100	101	101

4. 编制因素比较修正系数表

根据比较因素条件指数表，编制因素比较修正系数表(表 10-10)。

表 10-10 因素比较修正系数表

比较因素 \ 估价对象与可比实例		实例 A	实例 B	实例 C
土地使用期限		100/100	100/100	100/100
交易日期		100/100	100/100	100/100
土地用途		100/100	100/100	100/100
交易情况		100/100	100/100	100/100
区域因素	交通便捷度	100/100	100/100	100/101
	商业繁华度	100/102	100/101	100/102
	区域土地利用方向	100/101	100/101	100/101
	公共设施状况	100/101	100/101	100/101
	基础设施状况	100/100	100/100	100/100

续表

比较因素 \ 估价对象与可比实例		实例 A	实例 B	实例 C
个别因素	临街状况	100/101	100/101	100/102
	临街道路情况	100/102	100/103	100/103
	项目知名度与美誉度	100/99	100/101	100/102
	建筑档次	100/100	100/100	100/101
	总建筑面积/m^2	100/100	100/101	100/103
	建筑内部设施情况	100/100	100/100	100/102
	物业管理状况	100/100	100/101	100/101
比准价格		14 606	13 583	12 428

5. 选取交易实例时，根据估价对象的实际用途，采用了中高档写字楼作为实例。但是估价对象在商业与办公集聚度等区域因素及临街方面均劣于实例。因此，市场法测算的价格低于可比实例的平均价格。

根据注册房地产估价师的估价经验和市场状况，采用加权平均求取房价，权重分别为全宝通汇大厦 0.4、盈地大厦 0.3、金域中心 0.3。则采用市场法测算的结果为：

办公部分单价：14 606×0.4 ＋ 13 583×0.3 ＋ 12 428×0.3＝13 646(元/m^2)

6. 根据当前市区写字楼车位出售情况，价格从 15 万元至 20 万元不等，估价对象属于立体车库，且其位置决定需要其提供停车服务的物业较少，车位售价应取低限，为 15 万元/个。

7. 改建后写字楼的总建筑面积变更为 9 036 m^2，其中办公部分建筑面积(包括办公及设备用房、会议室、前附楼)为 7 832 m^2，总停车位 132 个。则改建后写字楼价格为：

总价：13 646×7 832÷10 000 ＋ 15×132 ＝ 12 668(万元)

单价：12 668÷9 036 ＝ 14 019(元/m^2)

C、改建完成后的写字楼市场价格估价结果的确定

收益法和比较法从不同角度反映了房地产价格，估价对象为投资收益型房地产，因此，收益法与市场法测算的房地产市场价格较为接近。根据估价对象的特点以及目前房地产市场行情，结合估价师的经验，取上述两种评估方法测算结果的平均值作为最终的评估结果。测算的结果见表 10-11。

表 9-11　两种评估方法评估结果一览表

评估方法	总价/万元	单价/(元·m^{-2})	权重
收益法	12 292	13 603	0.5
市场法	12 668	14 019	0.5
写字楼市场价格	12 480	13 811	1

改建完成后的写字楼单价：13 603×0.5 ＋ 14 019×0.5＝13 811(元/m^2)

改建完成后的写字楼总价：13 811×9 036÷10 000＝12 480(万元)

D、假设开发法测算估价对象市场价格

1. 补交出让金

根据《国有土地使用证》〔市东涉外国用(95)字第××号〕、《北京市城镇国有土地使用权出让合同》{京房地出让[合]字(95)第××号}和《建设工程规划许可证》〔(95)规建字××号〕记载，东城区××大街××号建筑面积 45 910 m^2(不含古建)，土地用途为商业办公及公寓，总出让金 5 396.85 万元。由于资产占有方北京××有限公司无法提供各个用途土地的出让金额，在此我们根据总出让金和总建筑面积测算出原楼面毛地价为 1 175.53 元/m^2，并以此为假设前提计算因用途改变而需补交的出让金额。

估价时点时，估价对象用地应交楼面毛地价由市场法测算，可比实例为综合二级类别，测算过程具体如下：

(1)可比实例选择。选择三个与估价对象的用途相近、交易类型相同、区域及个别因素条件相近、交易情况正常的土地出让交易实例，以它们的价格作比较，结合影响土地价格的因素，进行因素修正，求取待估土地的价格。

具体实例如下：

实例 A：海运仓危改 B2 国华大厦用地。

位于东城区海运仓，总占地面积 9 502 m^2，地上建筑面积 56 990 m^2，2004 年土地楼面价格为 1 800 元/m^2。

实例 B：中国石油大厦 1、2 期用地

位于东直门内大街，总占地面积 22 519.88 m^2，地上建筑面积 144 959 m^2，2004 年土地楼面价格为 1 800 元/m^2。

实例 C：东营房住宅小区用地

位于东城区东营房，总占地面积 9 573 m^2，地上建筑面积 66 053.7 m^2，含居住、商业、办公，2004 年综合用地土地楼面价格为 1 600 元/m^2。

(2)编制比较因素条件说明表。估价对象与可比实例的比较因素条件详述见表 10-12。

表 9-12 比较因素条件说明表

比较因素 \ 估价对象与可比实例	待估宗地	实例 A	实例 B	实例 C
位置	东城区北河沿大街	东城区海运仓	东直门内大街	东城区东营房
土地使用年限/年	50	50	50	50
交易日期	2006 年	2004 年	2004 年	2004 年
土地用途	综合	综合	综合	综合

续表

比较因素 \ 估价对象与可比实例		待估宗地	实例 A	实例 B	实例 C
交易情况		正常	正常	正常	正常
楼面毛地价/(元·m^{-2})		待估	1 800	1 800	1 600
区域因素	交通便捷度	较好	较好	较好	一般
	区域土地利用方向	较好	较好	较好	一般
	临街道路状况	一般	较好	较好	一般
	宗地形状及可利用度	较好	较好	较好	较好
	基础设施状况	较好	较好	较好	较好
个别因素	商业繁华度	一般	较好	较好	一般
	临街状况	不临街	一面临街	一面临街	三面临街
	临街宽度和深度	较差	较好	较好	一般
	土地面积/m^2	5 550	9 502	22 519.88	9 573
	容积率	2.71	6.00	6.44	6.9
	地价区类	二类	二类	二类	二类

(3)编制比较因素条件指数表。根据估价对象与可比实例各种因素具体情况，编制比较因素条件指数表。比较因素条件指数见表10-13。

表 10-13　比较因素条件指数表

比较因素 \ 估价对象与可比实例		待估宗地	实例 A	实例 B	实例 C
土地使用期限		100	100	100	100
交易日期		100	100	100	100
土地用途		100	100	100	100
交易情况		100	100	100	100
区域因素	交通便捷度	100	100	100	98
	区域土地利用方向	100	100	100	98
	临街道路状况	100	101	101	100
	宗地形状及可利用度	100	100	100	100
	基础设施状况	100	100	100	100

续表

比较因素 \ 估价对象与可比实例		待估宗地	实例 A	实例 B	实例 C
个别因素	商业繁华度	100	102	102	100
	临街宽度和深度	100	102	102	101
	土地面积/m²	100	101	102	101
	容积率	100	97	96	95
	地价区类	100	100	100	101

(4)编制因素比较修正系数表。根据比较因素条件指数表，编制因素比较修正系数表(表 10-14)。

表 10-14　因素比较修正系数表

比较因素 \ 估价对象与可比实例		实例 A	实例 B	实例 C
土地使用期限		100/100	100/100	100/100
交易日期		100/100	100/100	100/100
土地用途		100/100	100/100	100/100
交易情况		100/100	100/100	100/100
区域因素	交通便捷度	100/100	100/100	100/98
	区域土地利用方向	100/100	100/100	100/98
	临街道路状况	100/101	100/101	100/100
	宗地形状及可利用度	100/100	100/100	100/100
	基础设施状况	100/100	100/100	100/100
个别因素	商业繁华度	100/102	100/102	100/100
	临街宽度和深度	100/102	100/102	100/101
	土地面积/m²	100/101	100/102	100/101
	容积率	100/97	100/96	100/95
	地价区类	100/100	100/100	100/100
修正后的地面出让金		1 748	1 749	1 719
比准价格		1 739		

(5)上述三个实例中与估价对象的相关性强度相近，采用算术平均求取，则测算的结果为：

正常楼面毛地价：(1 748＋1 749＋1 719)÷3＝1 739(元/m^2)

则需补交楼面毛地价＝正常楼面毛地价－原楼面毛地价

＝1 739－1 175.53＝563.47(元/m^2)

补交地价总额＝563.47×9 036÷10 000＝509.15(万元)

2. 建筑安装工程费

(1)改造方案

根据清华建筑设计院出具的改造方案要点，估价对象现状主楼所有夹层拆除；主楼 4～12 轴设为办公及设备用房；主楼 1～4 轴楼板及剪力墙拆除，设为立体机械停车库；主楼 12～16 轴梁、板、柱、剪力墙及四层以上部分均拆除，四层屋顶改为网架屋顶，共设三层会议室；本方案占地面积为 1 875 m^2，总建筑面积为 9 036 m^2；主楼为六层；前面附属楼为八层(由于是砖混结构，不宜对这一部分的结构再行改造)；主楼屋顶上还加有一层设备层；结构形式为框架-剪力墙结构；大会议室按观演空间设计，共有池座一层，楼座两层，总面积为 533 m^2，可设 732 座；停车库设为立体机械停车库，设六个出口，停车总数为 132 辆。各楼层面积见表 10-15。

实施基本步骤：首先拆除 1995—1997 年新建的夹层部分，1～4 轴、12～15 轴、A～F 轴五层及五层以上部分；再对 3～5 轴，11～13 轴的剪力墙进行拆除，最后拆除 1～4 轴、12～15 轴、A～F 轴楼板和中间的梁柱，并且对不满足结构安全性要求的部位进行加固处理。拆除加固完成后，对 1～4 轴，A～F 轴范围内委托专业厂家安装机械停车设备；对 12～15 轴，A～F 轴形成的四层通高室内无柱空间按照剧院模式设置一层池座、两层楼座，并且按会议室声学要求进行室内装修；同时对其他部位的办公室进行装修。主要的设备用房设于首层的 A～C 轴、4～12 轴。

表 10-15　各楼层面积表

楼层＼项目名称	办公及设备用房/m^2	会议室/m^2	停车库/m^2	前附楼/m^2	小计/m^2
一层	966	358	301	504	2 129
二层	759	156	301	504	1 720
三层	847	99	301	504	1 751
四层	847	—	301	504	1 652
五层	786	—	—	—	786
六层	786	—	—	—	786
设备层	212	—	—	—	212
合　计	5 203	613	1 204	2 016	9 036

改建方案的室内外装修设计如下：

外墙面：背槽式瓷板干挂幕墙(质量轻，强度高)；

外墙窗：断桥隔热铝合金中空玻璃窗；

天棚：T 型铝合金龙骨，面层采用铝合金板；

隔断墙：采用双排 T 型龙骨，岩棉填充，双层 AT 板刮胶；

会议室屋顶：采用轻型钢架，保温隔声屋面加芯板；

楼地面：会议室采用地毯，办公用房采用复合木地板，卫生间采用瓷砖。

(2)改造预算

根据清华建筑设计院出具的《××2 号楼改造估算表》，改建工程预算费用为 31 695 861 元，估价对象的续建安装修工程费为 3 540 元/m²，详见表 10-16。

表 10-16　改造估算表

项目名称	单位造价	工程量	估价费/元	利润	税金	小计
一、拆除费用同拆除余下废料相抵消			0	0	0	0
二、土建部分	894 元/m²	9 036 m²	7 316 116	512 128	248 747	8 076 992
1. 外墙背槽式瓷板干挂幕墙	380 元/m²	6 003 m²	2 281 140	159 680	77 559	2 518 379
2. 断桥中空玻璃铝合金窗	802 元/m²	848 m²	680 096	47 607	23 123	750 826
3. 楼地面工程	103 元/m²	9 036 m²	930 708	65 150	31 644	1 027 502
4. 铝合金天棚	115 元/m²	9 036 m²	1 039 140	72 740	35 331	1 147 211
5. 龙骨式隔墙	300 元/m²	4 712 m²	1 413 600	98 952	48 062	1 560 614
6. 脚手架	25 元/m²	9 036 m²	225 900	15 813	7 680	249 394
7. 大型垂直运输费	42 元/m²	9 036 m²	379 512	26 566	12 903	418 981
8. 水电费	10 元/m²	9 036 m²	90 360	6 325	3 072	99 757
9. 会议室钢架屋顶	770 元/m²	358	275 660	19 296	9 372	304 329
三、加固改造	500 元/m²	9 036 m²	4 518 000	316 260	153 612	4 987 872
四、立体停车库	5 万元/车位	132 辆	6 600 000	462 000	22 400	7 286 400
五、电梯	50 万元/部	4 部	2 000 000	140 000	68 000	2 208 000
六、中央空调系统	450 元/m²	9 036 m²	4 066 200	284 634	138 251	4 489 085
七、强、弱电工程	320 元/m²	9 036 m²	2 891 520	202 406	9 832	3 192 238
八、火灾报警系统	30 元/m²	9 036 m²	271 080	18 976	9 217	299 272
九、自动喷淋系统	80 元/m²	9 036 m²	722 880	50 601	24 578	798 060
十、给排水工程	65 元/m²	9 036 m²	587 340	41 113	19 970	648 423
总计：	3 540 元/m²	9 036 m²	28 973 136	2 028 115	694 606	31 695 861
本估价表未计入项目：会议室的内装修、音响及灯光系统。						

3. 红线内市政工程费

上述预算价格中包含了续建工程的红线内市政工程费，此处不再重复计算。

4. 专业人士费

专业人士费包括工程的工程设计、勘察、可行性研究等以及不可预见费，该费用约占建筑安装工程费及红线内市政工程费的10%：

$$3\ 540\times10\%=354(\text{元}/\text{m}^2)$$

5. 管理费

管理费是指在建设施工过程中发生的人员工资、福利等，该项费用占建筑安装工程费和红线内市政工程费的8%，则管理费为：

$$3\ 540\times8\%=283.20(\text{元}/\text{m}^2)$$

上述4项费用合计为4 177.20元/m^2。

6. 投资利息

利率按年贷款利率6.03%计算。类似于估价对象的正常继续建造装修期为1年，各项费用均匀投入，则投资利息为：

$$4\ 177.20\times[(1+6.03\%)^{1/2}-1]=124.10(\text{元}/\text{m}^2)$$

7. 投资利润

根据北京市同类房地产投资的平均利润率水平状况，估价对象的实际情况，设定估价对象整个建设周期的客观开发利润，以上述建安工程费、红线内外市政工程费、专业人士费及管理费之和为基数，利润率取10.00%，则投资利润为：

$$4\ 177.20\times10.00\%=417.72(\text{元}/\text{m}^2)$$

8. 估价对象改建费用

估价对象改建费用单价：4 177.20+124.10+417.72=4 719.02(元/m^2)

9. 估价对象价格测算结果

估价对象价格=改建完成后的写字楼价值-改建费用-应补交的出让金

估价对象单价=13 811-4 719.02-563.47=8 528.50(元/m^2)

估价对象总价=8 528.50×9 036÷10 000=7 706(万元)

(三)从续建为公寓角度测算估价对象市场价格

公寓的续建工程主要包括部分未完工的土建工程、装修工程、设施设备工程等。

续建公寓的基本设施情况：供暖及空调通风冬季采用暖气供暖，热源由锅炉房提供；夏季采用分体空调系统。消防设自动报警及喷淋系统，地面停车位约50个。

续建公寓的建成后主要部分装修设计标准见表10-17。

表 10-17　主要部分内装修一览表

位置	地面	踢脚	墙裙	墙面	顶棚
客厅、卧室、餐厅	单层长条硬木	硬木		彩喷	纸面石膏板吊顶上做彩喷
卫生间	防滑地砖			艺术瓷砖（到顶）	T 型铝合金龙骨，矿棉吸收板吊顶
厨房	防滑地砖			艺术瓷砖（到顶）	纸面石膏板吊顶上做彩喷
阳台	防滑地砖	地砖			涂料
走廊	防滑地砖		木墙裙	彩喷	矿棉吸收板吊顶
门厅、电梯厅	磨光花岗石			彩喷	矿棉吸收板吊顶
楼梯间、前室	防滑地砖	地砖		乳胶漆	涂漆
门卫值班室	防滑地砖	地砖		涂漆	涂漆

A、采用市场法测算改建完成后的公寓市场价格

市场法是指在求取估价对象的房地产价格时，将估价对象与在较近时期内交易的类似房地产加以比较对照，从交易价格修正得出估价对象房地产价格的一种方法。

1. 可比实例选择

选择三个与估价对象的用途相近、交易类型相同、区域及个别因素条件相近、交易情况正常的二手房交易实例，以它们的价格作比较，结合影响房地产的因素，进行因素修正，求取估价对象的价格。

具体实例如下：

实例 A：元嘉国际公寓

位于东城区东四十条，总建筑面积约 3.5 万 m^2，其中包括酒店式服务公寓、底商、地下停车场及其相应配套服务设施，交通便利公交线路多临近地铁，距东二环约 200 m。2006 年 5 月精装修公寓的二手房市场价格为 13 627 元/m^2。

实例 B：恒基中心汇豪阁公寓

位于东城区建国门内大街，北京站附近，交通便利公交线路多临近地铁，公寓为酒店式管理，精装修，2006 年 5 月公寓的二手房市场价格为 13 043 元/m^2。

实例 C：巷上家园

位于东城区钟楼北桥东北向安德路，有底商。交通便利，公交线路较多。容积率 4.9，绿化率 30.27%，2006 年 5 月简装修公寓的二手房市场价格为 11 280 元/m^2。

2. 编制比较因素条件说明表

估价对象与可比实例的比较因素条件详见表 10-18。

表 10-18　比较因素条件说明表

比较因素 \ 估价对象与可比实例		实例 A	实例 B	实例 C	
位置		××区××大街××号	东城区东四十条	东城区建国门内大街	东城区钟楼北桥东北角
剩余土地使用年限/年		60	65	60	66
交易日期		2006 年 5 月	2006 年 5 月	2006 年 5 月	2006 年 5 月
土地用途		居住	居住	居住	居住
交易情况		正常	正常	正常	正常
交易价格/(元 · m^{-2})		待估	13 627	13 043	11 280
区域因素	交通便捷度	较好	较好	好	较好
	商业繁华度	一般	一般	较好	一般
	区域土地利用方向	一般	一般	一般	一般
	公共设施状况	较好	好	好	较好
	基础设施状况	较好	较好	较好	较好
	临街道路状况	一般	较好	较好	一般
个别因素	停车状况	地上停车，车位不足	地上地下停车，车位充足	地下停车，车位充足	地下停车，车位较充足
	装修档次	普通装修	精装修	精装修	简单装修
	楼层状况	共 12 层	共 18 层	共 24 层	共 14 层
	物业管理状况	较好	较好	较好	较好

3. 编制比较因素条件指数表

根据估价对象与可比实例各种因素具体情况，编制比较因素条件指数表。比较因素指数确定见表 10-19。

表 10-19　比较因素条件指数表

比较因素 \ 估价对象与可比实例	待估宗地	实例 A	实例 B	实例 C
土地使用期限	100	101	100	101
交易日期	100	100	100	100
土地用途	100	100	100	100
交易情况	100	100	100	100

续表

比较因素 \ 估价对象与可比实例		待估宗地	实例 A	实例 B	实例 C
区域因素	交通便捷度	100	100	101	100
	商业繁华度	100	100	101	100
	区域土地利用方向	100	100	100	100
	公共设施状况	100	101	101	100
	基础设施状况	100	100	100	100
个别因素	临街道路状况	100	101	101	100
	停车状况	100	104	102	101
	装修档次	100	102	102	100
	楼层状况	100	100	100	100
	物业管理状况	100	100	100	100

4. 编制因素比较修正系数表

根据比较因素条件指数表，编制因素比较修正系数表(表 10-20)。

表 10-20　因素比较修正系数表

比较因素 \ 估价对象与可比实例		实例 A	实例 B	实例 C
土地使用年限		100/101	100/100	100/101
交易日期		100/100	100/100	100/100
土地用途		100/100	100/100	100/100
交易情况		100/100	100/100	100/100
区域因素	交通便捷度	100/100	100/101	100/100
	商业繁华度	100/100	100/101	100/100
	区域土地利用方向	100/100	100/100	100/100
	公共设施状况	100/101	100/101	100/100
	基础设施状况	100/100	100/100	100/100
个别因素	临街道路状况	100/101	100/101	100/100
	停车状况	100/104	100/102	100/101
	装修档次	100/102	100/102	100/100
	楼层状况	100/100	100/100	100/100
	物业管理状况	100/100	100/100	100/100
修正后的价格		12 468	12 048	11 058
比准价格			11 919	

5. 上述三个实例中与估价对象的相关性强度依次为元嘉国际公寓、恒基中心汇豪阁公寓、巷上家园，根据注册房地产估价师的估价经验和市场状况，采用加权平均求取，权重分别为：元嘉国际公寓取 0.4，恒基中心汇豪阁公寓 0.3，巷上家园取 0.3，则测算的结果为：

改建完成后的公寓单价：$0.4\times12\,468+0.3\times12\,048+0.3\times11\,058=11\,919$(元/$m^2$)

改建完成后的公寓总价：$11\,919\times15\,032.27\div10\,000=17\,917$(万元)

B、假设开发法测算估价对象市场价格

1. 建筑安装工程费

根据北京市建筑工程概预算定额标准以及原设计方案，估价对象的继续建安装修工程费为 1 000 元/m^2。

2. 红线内市政工程费

红线内市政包括供暖、给水、排水、弱电、道路、绿化等，参考目前市政工程建设标准，类似于估价对象的红线内市政工程费大约为建筑安装工程费的 10%，由此可测算红线内市政工程费：

$$1\,000\times10\%=100(\text{元}/m^2)$$

3. 专业人士费

专业人士费包括工程的工程设计、勘察、可行性研究等以及不可预见费，该费用约占建筑安装工程费及红线内市政工程费的 10%：

$$(1\,000+100)\times10\%=110(\text{元}/m^2)$$

4. 管理费

管理费是指在建设施工过程中发生的人员工资、福利等，该项费用占建筑安装工程费和红线内市政工程费的 8%，则管理费为：

$$(1\,000+100)\times8\%=88(\text{元}/m^2)$$

上述 4 项费用合计为 1 298 元/m^2。

5. 投资利息

利率按年贷款利率 6.03%计算。类似于估价对象的正常继续建造装修期为 1 年，各项费用均匀投入，则投资利息为：

$$1\,298\times[(1+6.03\%)^{\frac{1}{2}}-1]=38.56(\text{元}/m^2)$$

6. 投资利润

根据北京市同类房地产投资的平均利润率水平状况，估价对象的实际情况，设定估价对象整个建设周期的客观开发利润，以上述建安工程费、红线内外市政工程费、专业人士费及管理费之和为基数，利润率取 10.00%，投资利润为：

$$1\,298\times10.00\%=129.80(\text{元}/m^2)$$

7. 估价对象续建费用

估价对象续建费用单价：1 298＋38.56＋129.80＝1 466(元/m^2)

8. 估价对象价格测算结果

估价对象价格＝改建完成后的公寓价值－改建费用

估价对象单价＝11 919－1 466＝10 453(元/m^2)

估价对象总价＝10 453×15 032.27÷10 000＝15 713(万元)

(四)估价结果的确定

估价结果运用了三种技术路线测算，分别是：采用成本法兼用基准地价法测算估价对象价格，采用假设开发法兼用收益法、市场法从改建为写字楼角度测算估价对象市场价格，采用假设开发法兼用市场法从续建为公寓角度测算估价对象市场价格。

三种评估技术路线从不同角度反映了房地产价格，测算的结果见表 10-21。

表 10-21　三种评估技术路线评估结果一览表

评估方法	单价/(元·m^{-2})	建筑面积/m^2	总价/万元	权重
成本法	8 809	15 032.27	13 242	0.4
假设开发法一(写字楼)	8 528	9 036	7 706	0.3
假设开发法二(公寓)	10 453	15 032.27	15 713	0.3
评估价格	8 197	15 032.27	12 323	1

三种评估路线测算出的方法价格差别较大，分析有以下原因：

(1)设定建成后为写字楼时扣除的续建成本较大，根据对目前周边写字楼市场价值的估算，续建后增值空间并不明显，而续建成本的价值偏高，导致现状房地产价格较低，同时，续建方案中对写字楼的建筑面积由现状的 15 032.27 m^2，变更为 9 036 m^2，导致房地产的总价同样降低。

(2)目前北京市房地产市场的居住房地产价格增势明显，通过对该区域的市场调查分析，该区域的公寓与写字楼的销售价格差别较小，而由于两种类型的房地产的续建成本差别较大，也导致最终价格差异性明显。

根据估价对象的特点以及目前房地产市场行情，结合估价师的经验，采用加权平均求取最终评估结果，权重分别为：0.4、0.3、0.3，测算的结果为：

总价：13 242 万元×0.4 ＋ 7 706 万元×0.3＋15 713 万元×0.3＝12 323 万元

平均单价：12 323 万元÷15 032.27 m^2＝8 197 元/m^2

六、最终测算结果

最终确定估价对象的房地产市场价格，见表 10-22。

表 10-22　估价对象的房地产市场价格

项目	单价/(元·m^{-2})	建筑面积/m^2	总价/万元
合计	8 197	15 032.27	12 323

附件（略）

注：上述报告选自《全国房地产估价师执业资格考试用书——房地产估价案例与分析》。

附录　房地产估价师执业资格考试《理论与方法》试题(2013)

一、单项选择题(共 35 题，每题 1 分。每题的备选答案中只有一个最符合题意，请在答题卡上涂黑其相应的编号)

1. 不同的注册房地产估价师对同一估价对象在同一估价目的、同一价值时点下的评估值可能有所不同，主要原因是(　　)。

A. 掌握的估价信息不同
B. 遵循的估价原则不同
C. 履行的估价程序不同
D. 估价对象的状况不同

2. 根据《房地产估价机构管理办法》，不同资质等级房地产估价机构的业务范围按照(　　)划分。

A. 行政区域
B. 估价目的
C. 估价对象规模
D. 价值类型

3. 在估价中选取估价依据应有针对性，主要是根据(　　)来选取。

A. 估价假设和估价原则
B. 价值类型和估价结果
C. 估价程序和估价方法
D. 估价目的和估价对象

4. 房地产利用中存在外部性，这体现了房地产(　　)的特性。

A. 不可移位　　B. 独一无二　　C. 相互影响　　D. 用途多样

5. 关于房地产互补品的说法，下列正确的是(　　)。

A. 商业用房与工业用房是互补品
B. 新建商品房与存量房是互补品
C. 经济适用住房与普通商品住房是互补品
D. 郊区住宅与连接它和市区的高速公路收费是互补品

6. 某公司 5 年前与一办公楼所有权人签订了租赁合同，租用其中建筑面积 1 000 m^2 的写字楼，约定租赁期限为 20 年，第一年租金为 24 万元，以后每年租金在上年租金基础上增加 1 万元，第 8 年以后每年租金与第 8 年租金相同。目前市场上类似办公楼的年租金为 360 元/m^2(建筑面积)。该类房地产的报酬率为 10%，目前该承租人权益价值为(　　)万元。

A. 39.48　　B. 40.67　　C. 41.81　　D. 46.84

7. 某套 100 m^2 的期房一年后竣工投入使用，目前类似现房的市场价格为 10 000 元/m^2，预计一年后涨至 10 500 元/m^2，每年末租赁净收益为 40 000 元/套。年折现率为 12%，年贷款利率为 7%，期房风险补偿为现房价格的 3%，该期房目前的市场价格为(　　)万元。

A. 93.26　　B. 93.43　　C. 98.11　　D. 98.28

8. 关于住宅估价中楼层因素的说法，下列错误的是(　　)。

A. 估价对象为整幢住宅楼时，楼层属于区位因素

B. 位于同一住宅楼不同楼层的住房，景观有所不同

C. 对于一套住房而言，楼层会影响其通达性

D. 同一住宅小区总层数相同的住宅楼的楼层差价可能不同

9. 下列房地产价格影响因素中，不属于制度政策因素的是(　　)。

A. 开征房产税　　B. 物价水平变化

C. 调整房地产信贷规模　　D. 城市规划变更

10. 有甲、乙两宗区位、面积、权益、规划条件等相当的土地，甲土地为空地，乙土地上有一幢建筑物。合理正确的估价结果显示乙土地连同地上建筑物的价值低于甲土地的价值，这是因为(　　)。

A. 乙土地价值低于甲土地价值

B. 该建筑物价值小于其重置成本

C. 该建筑物价值小于其拆除费用

D. 该建筑物更新改造后的价值低于其现状价值

11. 某办公楼的建筑面积为1 500 m^2，土地面积为1 000 m^2，目前的房地产市场价值为5 000 元/m^2，同类土地的市场单价为2 200 元/m^2。在法律、政策允许下，如果对该办公楼进行装修改造，预计装修改造费用及应得利润为1 300 元/m^2，装修改造后的房地产市场价值可达6 500 元/m^2；如果将建筑物拆除后新建较高标准的办公楼，预计拆除费用为300 元/m^2，旧建筑物残值为50 元/m^2，新建筑物重置价格为3 800元/m^2，新建后的房地产市场价值可达8 000 元/m^2。该房地产的最高最佳利用方式为(　　)。

A. 维持现状　　B. 装修改造

C. 拆除建筑物作为空地转让　　D. 新建较高标准的办公楼

12. 谨慎原则主要是评估房地产(　　)时应遵循的原则。

A. 抵押价值　　B. 征收价值　　C. 现状价值　　D. 投资价值

13. 某可比实例成交价格为100 万美元，成交时人民币兑美元的汇率为6.5∶1，至价值时点按人民币计的类似房地产价格上涨5%，人民币兑美元的汇率为6.3∶1，对该可比实例进行市场状况调整后的价格为人民币(　　)万元。

A. 630.0　　B. 650.0　　C. 661.5　　D. 682.5

14. 采用百分率法进行交易情况修正时，应以可比实例(　　)为基准确定交易情况修正系数。

A. 成交价格　　B. 账面价格　　C. 正常价格　　D. 期望价格

15. 某类房地产2013年4月的市场价格为6 500元/m²，该类房地产2013年3月至10月的环比价格指数分别为105.53、103.85、100.04、99.86、98.28、96.45、92.17、90.08，该类房地产2013年10月的市场价格为(　　)元/m²。

A. 5 110.51　　B. 5 307.26　　C. 5 548.37　　D. 5 638.13

16. 某套建筑面积为100 m²的住宅，含家电家具的成交价格为50万元，首付40%，余款半年后一次付清，假设年利率为8%，家电家具价值为5万元，现将该交易实例作为可比实例，评估类似住宅不含家电家具的市场价格，可比单价为(　　)元/m²。

A. 4 387　　B. 4 398　　C. 4 500　　D. 4 887

17. 评估某宗房地产的市场价值，选取了甲、乙、丙三个可比实例，甲可比实例的成交价格为8 000元/m²，比正常价格低2%；乙可比实例的卖方实收价格为7 800元/m²，交易税费全由买方负担，当地房地产交易中买方和卖方应缴纳的税费分别为正常交易价格的3%和6%；丙可比实例的成交价格为8 300元/m²，其装修标准比估价对象的装修标准高200元/m²。假设不考虑其他因素影响，三个可比实例比较价值的权重依次为0.4、0.2、0.4，该房地产的市场价格为(　　)元/m²。

A. 8 157.60　　B. 8 158.91　　C. 8 163.57　　D. 8 164.88

18. 某宗房地产的收益期限为8年，未来第一年的有效毛收入为80万元，运营费用为45万元，此后每年的有效毛收入和运营费用在上年基础上分别递增4%和3%，该房地产的报酬率为6%。该房地产的收益价格为(　　)万元。

A. 183.78　　B. 257.55　　C. 873.19　　D. 1 427.16

19. 某写字楼年净收益为420万元，未来三年内仍然维持该水平，预计三年后该写字楼为现在价格的1.3倍，该房地产的报酬率为13%。该写字楼现在的价格为(　　)万元。

A. 992　　B. 3 306　　C. 10 014　　D. 12 723

20. 关于有租约限制房地产估价的说法，下列错误的是(　　)。

A. 因估价目的不同，评估有租约限制房地产价值时可不考虑租约限制

B. 承租人权益价值可能为负值

C. 出租人权益价值与合同租金及市场租金有关

D. 承租人权益价值等于房地产剩余经济寿命期间合同租金与市场租金差额的现值之和

21. 某房地产每年净收益为20万元，加装空调系统后不考虑空调系统重置提拨款下的每年净收益为25万元，空调系统需在10年后以15万元更换，更换空调系统后立即转售的价格为260万元。偿债基金储蓄的年利率为4%，贷款年利率为7%，报酬率为10%，在考虑重置提拨款下，该房地产价值为(　　)万元。

A. 223.13　　B. 246.18　　C. 247.18　　D. 253.86

22. 某综合楼的土地取得成本为 1 000 万元，建设成本为 800 万元，管理费用为 60 万元，投资利息为 140 万元，营业税及附加和其他销售税费分别为售价的 5.6%和 2%，契税税率为 4%，直接成本利润率为 25%。该综合楼的价值为(　　)万元。

A. 2 651.52　　B. 2 667.75　　C. 2 705.63　　D. 2 771.49

23. 某商品住宅项目开发利润为 300 万元，土地取得成本为 600 万元，建设成本为 900 万元，管理费用为 50 万元，销售费用为 60 万元，投资利息为 150 万元，销售税金为 120 万元。该商品住宅项目的成本利润率为(　　)。

A. 15.96%　　B. 17.05%　　C. 23.44%　　D. 25.86%

24. 某房屋的建筑面积为 100 m^2，单位建筑面积的重置价格为 1 000 元/m^2，建筑物自然寿命为 45 年，残值率为 2.5%。经测算，至价值时点该建筑物有效年龄为 10 年，建筑物市场价格为 7.5 万元。假设该建筑物在经济寿命内每年折旧率相等。该建筑物的经济寿命为(　　)年。

A. 29　　B. 39　　C. 40　　D. 45

25. 某办公楼的建筑面积为 20 000 m^2，土地面积为 10 000 m^2，土地已取得 9 年，取得土地 2 年后建成。目前该办公楼的市场价格为 5 200 元/m^2，土地重新购置价格为 4 800 元/m^2，建筑物重置价格 3 200 元/m^2，建筑物自然寿命为 50 年，残值率为 2%，建筑物折旧总额为(　　)万元。

A. 800　　B. 878　　C. 896　　D. 1 129

26. 某在建商城的建设用地使用权于 2 年前以出让方式取得，土地使用期限 40 年，不可续期。预计尚需 1.5 年建成，总建筑面积为 50 000 m^2，可供出租的面积为总建筑面积的 80%；经市场调查，目前当地该类商城的市场租金为每月 90 元/m^2，空置率为 10%；预测该商城建成后当地该类商城的市场租金为每月 100 元/m^2，空置率为 15%，运营费用率为 30%。报酬率为 10%，折现率为 12%，该商城开发完后的现值为(　　)万元。

A. 22 253　　B. 23 352　　C. 26 488　　D. 27 796

27. 关于假设开发法静态分析法和动态分析法的说法，下列错误的是(　　)。

A. 静态分析法中应根据价值时点的房地产市场状况测算后续建设成本

B. 动态分析法中要进行现金流量预测

C. 静态分析法中投资利息和开发利润都不显现出来，而是隐含在折现过程中

D. 动态分析法中要考虑各项收入、支出发生的时间点

28. 某在建工程按正常建设进度建设 1 年后停工，停工半年后基坑进水，现人民法院强制拍卖该在建工程，预计拍卖处置正常期限为 0.5 年，之后处理基坑进水、清淤、协调施工约需 0.25 年。经市场调查，类似开发项目正常建设期为 2.5 年，开发完

成后的市场价格为 5 000 元/m²。折现率为 10%，用动态分析法估价时，开发完成后的市场价格的现值为(　　)元/m²。

A. 3 939.93　　B. 4 034.93　　C. 4 132.23　　D. 4 231.87

29. 假设开发法中，同一估价对象在业主自行开发、自愿转让开发、被迫转让开发三种估价前提下的评估值由大到小的顺序通常是(　　)。

A. 业主自行开发、自愿转让开发、被迫转让开发

B. 自愿转让开发、业主自行开发、被迫转让开发

C. 被迫转让开发、自愿转让开发、业主自行开发

D. 自愿转让开发、被迫转让开发、业主自行开发

30. 在运用长期趋势法测算房地产未来价格时，当房地产价格的变动过程是持续上升的，并且各期上升的幅度大致接近，宜选用(　　)测算。

A. 指数修匀法　　B. 平均增减量法

C. 平均发展速度法　　D. 二次抛物线趋势法

31. 在应用路线价法估价中，设定的标准临街深度宜为路线价区段内各宗临街土地的临街深度的(　　)。

A. 简单算术平均数　　B. 加权算术平均数

C. 众数　　D. 中位数

32. 根据标准临街宗地单价求得一宗临街深度为 50 m、临街宽度为 20 m 的土地总价为 280 万元。标准临街深度为 100 m，假设相同临街深度的矩形宗地以临街宽度 20 m 为基准，每增加临街宽度 1 m 单价增加 1%。根据四三二一法则，求取临街深度为 75 m，临街宽度为 25 m 的矩形宗地单价为(　　)元/m²。

A. 2 000　　B. 2 100　　C. 2 400　　D. 2 520

33. 关于明确估价目的的说法，下列正确的是(　　)。

A. 估价目的由价值类型决定

B. 估价目的根据估价师的经验确定

C. 估价目的由委托人的估价需要决定

D. 估价目的根据估价对象和价值时点综合确定

34. 房屋征收估价中，因房地产占有人拒绝注册房地产估价师进入被征收房屋内进行实地查勘，为完成估价，对估价对象内部状况进行的合理假定属于(　　)。

A. 未定事项假设　　B. 背离事实假设

C. 不相一致假设　　D. 依据不足假设

35. 价值时点为现在的估价，下列日期中不应选为价值时点的是(　　)。

A. 估价作业期间的某日　　B. 实地查勘估价对象期间的某日

C. 估价报告出具日期　　D. 估价报告出具后的某日

二、多项选择题(共15题，每题2分。每题的备选答案中有2个或2个以上符合题意，请在答题卡上涂黑其相应的编号，全部选对的，得2分；错选或多选的，不得分；少选且选择正确的，每个选项得0.5分)

1. 下列估价师的行为中，不符合估价规范的有(　　)。

A. 仅要求委托人提供估价对象权属证书复印件，但在实地查勘时对复印件中的相关信息进行核对

B. 委托人将其对估价对象价值的期望主动告知估价师，估价师认为该价值不离谱，便按此出具估价报告

C. 估价师认为估价对象有较大投资价值，将相关信息告知特定投资人

D. 估价师在估价过程中接受委托人提供给其个人的加班费

E. 估价师认为自己的专业能力还不足以做好估价，邀请其他估价师帮助其完成估价工作

2. 关于房地产状况描述内容中，下列属于反映房地产实物状况的有(　　)。

A. 房屋实际用途

B. 土地开发程度

C. 房屋建筑结构

D. 房屋出租情况

E. 房屋维护状况及完损程度

3. 影响工业房地产价格的区位因素主要有(　　)。

A. 是否适于安装设备

B. 是否易于取得动力

C. 是否便于处理废料

D. 是否接近大自然

E. 是否利于获取原料

4. 关于投资价值与市场价值异同点的说法，下列正确的有(　　)。

A. 市场价值是客观的价值，而投资价值是建立在主观的、个人因素基础上的价值

B. 用收益法评估投资价值时，净收益的计算通常要扣除所得税，而评估市场价值时通常不扣除所得税

C. 用收益法评估投资价值和市场价值时，其中的报酬率取值应相同

D. 用成本法评估投资价值和市场价值时，其中的利息取值可能不同

E. 投资价值的评估结果一般大于市场价值的评估结果

5. 某套期房住宅的套内建筑面积为120 m²，套内墙体面积为20 m²，分摊的共有建筑面积为30 m²，套内建筑面积的购买单价为15 000元/m²，购买人采用的付款方式为：首付60万元，余款向银行申请贷款。关于该房地产价格的说法，下列正确的有(　　)。

A. 使用面积的购买单价为12 500元/m²

B. 建筑面积的购买单价为12 000元/m²

C. 名义价格为180万元

D. 实际价格为180万元

E. 现房价格低于180万元

6. 下列房地产价格影响因素中，不属于区位因素的有（　　）。

A. 地形、地势

B. 土地开发程度

C. 土地用途、容积率

D. 朝向、楼层

E. 外部配套设施

7. 对某房地产转让价格进行评估时，经分析发现将其装修改造后能获得最大收益，这时应遵循的估价原则有（　　）。

A. 替代原则

B. 谨慎原则

C. 合法原则

D. 最高最佳利用原则

E. 价值时点原则

8. 某小区中有一幢沿街商业楼，一、二层为商业用房，三～六层为住宅，现需评估其中第四层某套住宅价格，拟选取该小区中另一幢6层住宅楼第四层的某套住宅为可比实例，该楼为同期建造但不临街。对该可比实例与估价对象进行对比，进行房地产状况调整时，判断错误的有（　　）。

A. 因位于同一小区，区位因素相同，不需进行区位状况调整

B. 因同期建造，质量一致，不需进行实物状况调整

C. 因房地产权利性质相同，不需进行权益位状况调整

D. 因楼层相同，不需进行楼层因素调整

E. 因临街状况不同，应进行噪声污染因素调整

9. 收益法估价中求取净收益时，通常不作为运营费用扣除的有（　　）。

A. 电梯折旧费

B. 租赁保证金利息

C. 房地产税

D. 企业（个人）所得税

E. 房屋保险费

10. 关于资本化率应用及内涵的说法，下列正确的有（　　）。

A. 资本化率应用在直接资本化法中

B. 资本化率是有效毛收入乘数的倒数

C. 资本化率是通过折现方式将房地产收益转换为价值的比率

D. 资本化率能明确表示房地产的获利能力

E. 资本化率通常用未来第一年的净收益除以价格来计算

11. 关于假设开发法中开发完成后的价值的说法，下列正确的有（　　）。

A. 静态分析法中开发完成后的价值是开发完成后的房地产状况在价值时点的房地产市场状况下的价值

B. 动态分析法中对适宜预售的房地产，开发完成后的价值是开发完成后的房地产状况在预售时的房地产市场状况下的价值

C. 评估酒店等在建工程的价值时，预测开发完成后的价值可以包含家具、设备及

特许经营权的价值

D. 可用成本法根据当前的客观成本及应得利润测算开发完成后的价值

E. 被迫转让开发前提下开发完成后的价值要低于自愿转让开发前提下开发完成后的价值

12. 在假设开发法的静态分析法中，应计利息的项目有(　　)。

A. 待开发房地产的价值

B. 后续建设成本

C. 后续管理费用

D. 后续销售税费

E. 待开发房地产取得税费

13. 下列房地产估价活动中，适用长期趋势法的有(　　)。

A. 比较某项目在不同档次商品房开发方式下的开发价值

B. 判断某经营性房地产的未来运营费用水平

C. 预测某地区限购政策出台后对房价的影响程度

D. 对可比实例进行市场状况调整

E. 对房地产市场中出现的新型房地产的价格进行评估

14. 关于路线价法中选取标准宗地的说法，下列正确的有(　　)。

A. 应一面临街

B. 土地形状应为矩形

C. 临街宽度与临街深度之比应为1∶1

D. 用途应为所在区段的代表性用途

E. 容积率一般设定为1.0

15. 一份完整的房地产估价报告通常包括封面、致估价委托人函、目录及(　　)。

A. 估价师声明

B. 估价假设和限制条件

C. 估价特殊说明

D. 估价技术报告

E. 估价结果报告

三、判断题(共15题，每题1分。请根据判断结果，在答题卡上涂黑其相应的符号，用"√"表示正确，用"×"表示错误。不答不得分，判断错误扣1分，本题总分最多扣至零分)

1. 在房地产损害赔偿估价中，如果损害修复的必要费用大于修复所能带来的价值增加额，则损害在经济上是可修复的。(　　)

2. 临街厂房实际用于商业运营，抵押估价时可按商业用途评估，但估价风险应通过估价假设来规避。(　　)

3. 城市经济发展和人口增加带来房地产需求增加，从而引起房地产价格上涨，这种房地产价格上涨属于房地产自然增值。(　　)

4. 运用收益法评估投资价值时采用的报酬率应是特定投资者所要求的最低期望收益率。(　　)

5. 在商品房价格快速上涨情况下，提高购买商品房首付款比例，上调购买商品房贷款利率，会抑制商品房价格上涨。（　）

6. 不论何种估价目的，估价所依据的房地产状况始终是价值时点时的状况，所依据的房地产市场状况不一定是价值时点时的状况。（　）

7. 比较法中权益状况调整的内容主要包括土地使用期限、规划条件、配套设施状况、出租情况、地役权设立情况等影响房地产价格的因素。（　）

8. 某可比实例房地产的实物状况优于标准房地产 3%，估价对象房地产的实物状况劣于标准房地产 5%。若采用直接比较法，可比实例房地产的实物状况调整系数为 0.922。（　）

9. 收益法估价中采用 $V=A\{1-[(1+g)/(1+Y)]^n\}/(Y-g)$ 的公式时，按照估价对象类似房地产客观租金逐年递增的比率确定 g 值。（　）

10. 收益法中运营费用包含经济寿命比整体建筑物经济寿命短的构件、设施设备、装饰装修等的重置提拨款。（　）

11. 位于同一住宅楼不同楼层的两套住宅，面积、户型、装修等条件均相同，采用成本法估价时，由于其分摊的成本相同，所以估价结果也相同。（　）

12. 假设开发法估价中运营期的预测主要考虑未来开发完成后的房地产的一般正常持有期或者经济寿命。（　）

13. 运用长期趋势法估价时，若历史价格受短期波动影响较大，可采用加权移动平均法进行趋势分析。（　）

14. 按照建筑面积分摊高层建筑地价的方法主要适用于各层用途相同且价格差异不大的建筑物。（　）

15. 夫妻共有一套房改房，房改售房价格 10 万元，现时市场价值 50 万元。现二人因离婚分割财产委托估价，该房改房的评估价格应为二者的平均值 30 万元。（　）

四、计算题（共 2 题，20 分。要求列出算式、计算过程；需按公式计算的，要写出公式；仅有计算结果而无计算过程的，不得分。计算结果保留小数点后 2 位。请在答题纸上作答）

1. 某商场的建筑面积 6 000 m^2，土地使用期限 40 年，从 2008 年 10 月 1 日起计，不可续期。该商城于 2010 年 10 月 1 日进行了抵押贷款，贷款金额 600 万元，贷款期限 10 年，贷款年利率 6%（贷款期间贷款利率不变），每年等额偿还本息。抵押当时的贷款成数为六成，现实社会一般贷款成数为五成。调查得知，现在附近类似商场较乐观、最可能和较保守的年净收益分别为 600 万元、560 万元和 500 万元。该商场除上述贷款外无其他法定优先受偿款，房地产报酬率为 8%。请计算该商场 2013 年 10 月 1 日的再次抵押价值以及正常市场条件下带抵押合同的购买价格（分别计算以下两种购买方式下的购买价格：一是购买者购买后按原偿还方式承担还款义务；二是购买者一次性偿还剩余贷款后购买）。（10 分）

2. 某厂房的建设用地使用权于2004年9月30日以出让方式取得，不可续期；建筑物为钢筋混凝土结构，于2005年9月30日建成，建筑面积10 000 m^2，容积率为1.25。因设计原因空调系统比正常多投入120万元，每年多耗电0.5万元。经调查，2013年9月30日，类似工业用途50年建设用地使用权的取得价格为1 500元/m^2，取得税费为4.5%。类似房地产开发项目土地重新购置价格是购置空地总成本的1.35倍；类似厂房的正常建设成本为1 800元/m^2，建筑物重建价格是建设成本的1.32倍；房屋门窗、屋顶破损修复需要30万元，空调系统以外的其他设备重置价格为80万元，平均寿命为10年，残值率为零。土地报酬率为7%，房地产报酬率为8%，请计算该厂房2013年9月30日的市场价值。(10分)

参考答案

一、单项选择题

1. A	2. B	3. D	4. C	5. D	6. B	7. B	8. A	9. B	10. C
11. B	12. A	13. D	14. C	15. A	16. B	17. D	18. B	19. C	20. D
21. B	22. A	23. B	24. B	25. A	26. B	27. C	28. B	29. A	30. C
31. C	32. D	33. C	34. D	35. D					

二、多项选择题

1. ABD	2. BCE	3. BCE	4. AB	5. BCD
6. ABC	7. ACDE	8. ABCD	9. BD	10. AE
11. ABCE	12. ABCE	13. BD	14. ABD	15. ABDE

三、判断题

1. ×	2. ×	3. √	4. √	5. √	6. ×	7. ×	8. ×	9. √	10. √
11. ×	12. √	13. √	14. √	15. ×					

四、计算题：

1. 解：(1)求解2013年10月1日再次抵押价值

再次抵押价值＝未设立法定优先受偿权下的市场价值－已抵押担保的债权数额－其他法定优先受偿款＝未设立法定优先受偿权下的市场价值－已抵押贷款余额/社会一般贷款成数－其他法定优先受偿款

1)2013年10月1日未设立法定优先受偿款下的市场价值

抵押目的估价遵循谨慎原则，在用收益法评估时，年净收益应采用较保守估计值500万元，收益期限为40年－5年＝35年，利用公式：$V=\frac{A}{r}\left[1-\frac{1}{(1+r)^n}\right]$，可得2013年10月1日未设立法定优先受偿权下的市场价值为：

$$V=\frac{500}{8\%}\times\left[1-\frac{1}{(1+8\%)^{35}}\right]=5\ 827.28(万元)$$

2)求解已抵押贷款余额

利用公式 $A=Pi+\frac{Pi}{(1+i)^n-1}$ 可得 $A=600\times 6\%+\frac{600\times 6\%}{(1+6\%)^{10}-1}=81.52$(万元)，利用公式 $P=\frac{A}{i}\left[1-\frac{1}{(1+i)^n}\right]$ 可得已抵押贷款余额 $P=\frac{81.52}{6\%}\times\left[1-\frac{1}{(1+6\%)^7}\right]=455.08$(万元)

3)2013 年 10 月 1 日再次抵押价值＝5 827.28－455.08/0.5－0＝4 917.12(万元)

(2)求解正常市场条件下带抵押合同的购买价格(购买者购买后按原偿还方式承担还款义务方式)

$$V=\frac{560}{8\%}\times\left[1-\frac{1}{(1+8\%)^{35}}\right]-\frac{81.52}{8\%}\times\left[1-\frac{1}{(1+8\%)^7}\right]=6\ 102.14(\text{万元})$$

另一种解法：

$$V=\frac{560-81.52}{8\%}\times\left[1-\frac{1}{(1+8\%)^7}\right]+\frac{560}{8\%}\times\left[1-\frac{1}{(1+8\%)^{35-7}}\right]\div\frac{1}{(1+8\%)^7}=6\ 102.14(\text{万元})$$

(3)求解正常市场条件下带抵押合同的购买价格(购买者一次性偿还剩余贷款后购买方式)。

利用公式 $V=\frac{A}{r}\left[1-\frac{1}{(1+r)^n}\right]$，可得 2013 年 10 月 1 日未设立法定优先受偿权下的市场价值为 $V=\frac{560}{8\%}\times\left[1-\frac{1}{(1+8\%)^{35}}\right]=6\ 526.56$(万元)，减去已抵押贷款余额 $P=\frac{81.52}{6\%}\times\left[1-\frac{1}{(1+6\%)^7}\right]=455.08$(万元)，可得购买者一次性偿还剩余贷款后购买价格为 6 071.48 万元。

2. 解：成本法计算公式：该厂房 2013 年 9 月 30 日的市场价值＝土地重新购建价格＋建筑物重新购建价格－建筑物折旧

(1)土地重新购建价格

$$1\ 500\times(1+4.5\%)\times 1.35\times 1/1.25\times\frac{1-\frac{1}{(1+7\%)^{41}}}{1-\frac{1}{(1+7\%)^{50}}}=1\ 643.02(\text{万元})$$

(2)建筑物重新购建价格

1 800×1.32×1＝2 376(万元)

(3)建筑物折旧

1)物质折旧

①房屋门窗、屋顶破损修复费用 30 万元

②空调系统以外的其他设备折旧费＝80×8/10＝64(万元)

③长寿命项目折旧费＝(2 376－30－80)×8/60＝302.13(万元)(在出让合同约定建筑用地使用权期间届满需要无偿收回建设用地使用权时，对收回的建筑物给予补偿前提下)

④长寿命项目折旧费＝(2 376－30－80)×8/49＝369.96(万元)(在出让合同约定建筑用地使用权期间届满需要无偿收回建设用地使用权时，对收回的建筑物不予补偿前提下)

⑤物质折旧小计：396.13 万元(即 30＋64＋302.13)或者 463.96 万元(即 30＋64＋369.96)万元

2)功能折旧(功能过剩引起的折旧)

在用建筑物重建价格情况下，功能过剩折旧＝无效成本＋超额持有成本＝120 万元＋$\frac{0.5}{8\%}\times\left[1-\frac{1}{(1+8\%)^{41}}\right]$＝125.98 万元

3)建筑物折旧小计：522.11 万元(即 396.13＋125.98)或者 589.94 万元(即 463.96＋125.98)万元。

(4)建筑物市场价值＝1 643.02＋2 376－522.11＝3 496.91(万元)(在出让合同约定建筑用地使用权期间届满需要无偿收回建设用地使用权时，对收回的建筑物给予补偿前提下)

或者建筑物市场价值＝1 643.02＋2 376－589.94＝3 429.08(万元)(在出让合同约定建筑用地使用权期间届满需要无偿收回建设用地使用权时，对收回的建筑物不予补偿前提下)

参考文献

[1] 中华人民共和国住房和城乡建设部. GB/T 50899—2013 房地产估价基本术语标准[S]. 北京：中国建筑工业出版社. 2013.

[2] 中国房地产估价师与房地产经纪人学会. 房地产估价案例与分析[M]. 北京：中国建筑工业出版社，2015.

[3] 柴强. 房地产估价理论与方法[M]. 北京：中国建筑工业出版社，2015.

[4] 中华人民共和国住房和城乡建设部. GB/T 50291—2015 房地产估价规范[S]. 北京：中国建筑工业出版社，2015.

[5] 威廉·L. 小文托洛，马莎·R. 威廉斯著，施建刚译. 房地产估价原理. 上海：上海人民出版社，2005.

[6] 王克强. 房地产估价[M]. 上海：上海财经大学出版社，2013.

[7] 宋良杰. 房地产估价实践教程[M]. 北京：电子工业出版社，2012.

[8] 覃芳. 房地产估价[M]. 北京：机械工业出版社，2014.

[9] 张勇，冯天才，张建中. 房地产估价[M]. 北京：北京大学出版社，2013.

[10] 杨中强，袁韶华. 房地产估价理论方法与实务[M]. 大连：大连理工大学出版社，2010.

[11] 祝平衡，吴老二. 房地产估价理论与实务[M]. 大连：东北财经大学出版社，2013.

[12] 美国估价学会. 房地产估价[M]. 北京：中国建筑工业出版社，2005.

[13] 史贵镇，黑敬祥. 全国房地产估价师执业资格考试历年真题精析[M]. 北京：机械工业出版社，2014.

[14] 左静. 房地产估价[M]. 北京：机械工业出版社，2011.